Knaur.

Knaur.

Im Knaur Taschenbuch Verlag sind bereits folgende Bücher der Autoren erschienen:

DEUTSCHLANDKARTE
DIE GROSSE JAHRESSCHAU

Über die Autoren:

Ole Häntzschel und Matthias Stolz machen seit 2008 gemeinsam Infografiken – die mehrfach ausgezeichnet wurden, unter anderem mit dem dpa-Infografik-Award und dem Malofiej-Award in Gold, dem weltweit bedeutsamsten Infografik-Preis.
Ole Häntzschel, geboren 1979 in München, lehrte zuletzt illustrative Infografik an der Fachhochschule Potsdam.
Matthias Stolz, geboren 1973 in St. Ingbert, ist Redakteur beim »ZEITmagazin« in Berlin.

Matthias Stolz
Ole Häntzschel

STOLZ' & HÄNTZSCHELS
WELT DER INFORMATIONEN

105 Grafiken, die einfach alles erklären

Knaur Taschenbuch Verlag

Besuchen Sie uns im Internet:
www.knaur.de

FSC
www.fsc.org
MIX
Papier aus verantwortungsvollen Quellen
FSC® C012425

Originalausgabe Dezember 2011
Knaur Taschenbuch

Ein Unternehmen der Droemerschen Verlagsanstalt
Th. Knaur Nachf. GmbH & Co. KG, München

Umschlaggestaltung: Ole Häntzschel, Berlin
Satz: Adobe InDesign im Verlag
Druck und Bindung: Offizin Andersen Nexö Leipzig GmbH, Zwenkau
Printed in Germany
ISBN 978-3-426-78479-2

2 4 5 3 1

VORWORT

Was heißt Polizei-Absperrband auf Polnisch? Die üblichen Internet-Wörterbücher helfen da nicht. Braucht man ja normalerweise nicht, dieses Wort. Es hat also ein bisschen gedauert, bis wir wussten, wie in aller Welt diese Flatterbänder heißen, die Polizisten ausrollen, wenn irgendwo etwas passiert ist. Und es hat noch ein bisschen länger gedauert, bis wir wussten, wie diese Bänder aussehen (schon die deutsche Polizei hielt unsere Anfrage für etwas eigenartig).

Um die Vielfalt der Handystecker zu zeigen, haben wir nicht etwas beim Verband der internationalen Steckerindustrie angerufen (den es auch gar nicht gibt), sondern wir haben kistenweise gebrauchte Kabel gekauft und, weil die meisten Kabel nicht mehr identifizierbar waren, uns in Berlin-Wedding in einigen Handy-Shops beraten lassen. So oft waren wir in diesem einen Shop, dass wir – das bilden wir uns jedenfalls ein – beinahe mit »Bruder« begrüßt worden wären wie die anderen Stammgäste auch.

In welchem Winkel die Tribünen in Fußballstadien angeordnet sind, war etwas leichter herauszufinden: Die Architekturbüros der Stadien hatten ihre Pläne zum Glück gut aufbewahrt. Außerdem haben uns in diesem Buch geholfen: ein Gebärden-Dolmetscher, ein Professor, der Millionen von Lotto-Tippscheinen ausgewertet hat, und eine nicht zu überschauende Anzahl von Menschen, die sich mit Tättowierungen auskennen.

An manchen Recherchen sind wir gescheitert, etwa, als wir nachweisen wollten, dass die FDP bei Sonnenschein öfter gewählt wurde als bei Regen (in Berlin, bei den historischen 1,8 Prozent, hatte es Mitte September ja auch geregnet). Ein Experte vom Deutschen Wetterdienst wertete netterweise alte Wetterkarten für uns aus – und am Ende ließ sich einfach kein Zusammenhang nachweisen.

Übrigens, nur nebenbei: Das Internet weiß erstaunlich wenig. Wenn es speziell wird, versagt es fast immer. Was vor ein paar Jahren war, weiß es offenbar aus Prinzip nicht. Wir haben dieses Buch also auch gemacht, weil wir den Umgang mit Fakten und Zahlen nicht einem Programm namens Google überlassen wollen, das meist nur Offensichtliches findet, und das als objektiven Treffer ausgibt, was in Wahrheit für jeden Nutzer hübsch vorsortiert ist. Mit etwas Glück finden Sie in diesem Buch also, auf was Sie durch das Internet niemals stoßen würden.

Bedanken möchten wir uns bei Nina Bengtson, unserer grafischen und inhaltlichen Beraterin, bei Friederike Milbradt, unserer Chef-Rechercheurin, und bei Birgit Vogel, die bei vielen Zeichnungen geholfen hat. Ohne die drei wäre das nichts geworden.

Berlin, September 2011

Ole Häntzschel und Matthias Stolz

AUTOBIOGRAPHIEN VON MUSIKERN

In welchem Jahr und in welchem Alter hat wer seine Memoiren herausgebracht?

Stand: März 2011

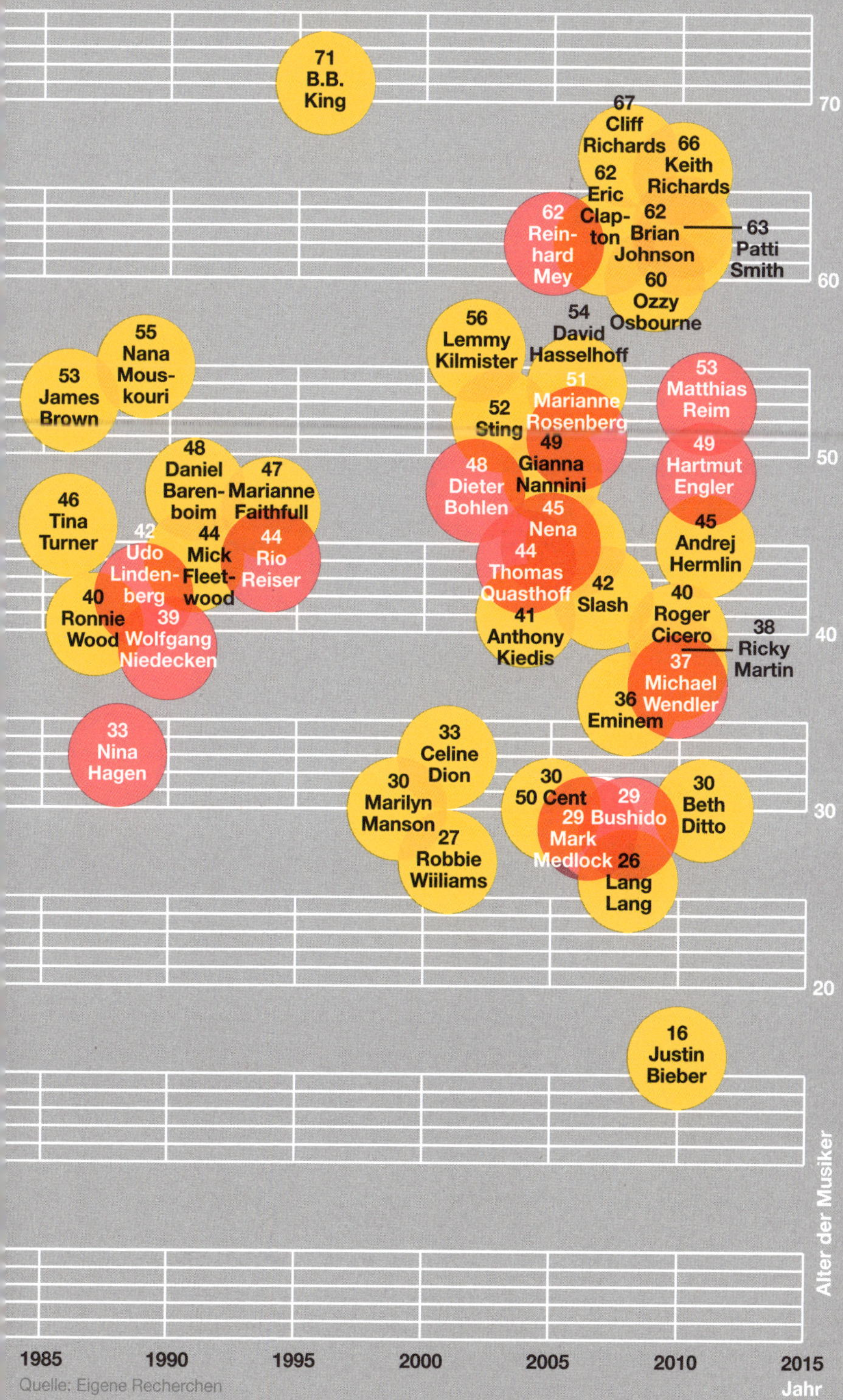

Quelle: Eigene Recherchen

DOPPELNAMEN IM BUNDESTAG

Welcher Anteil der Parlamentarierinnen und Parlamentarier führte einen Bindestrich im Nachnamen?

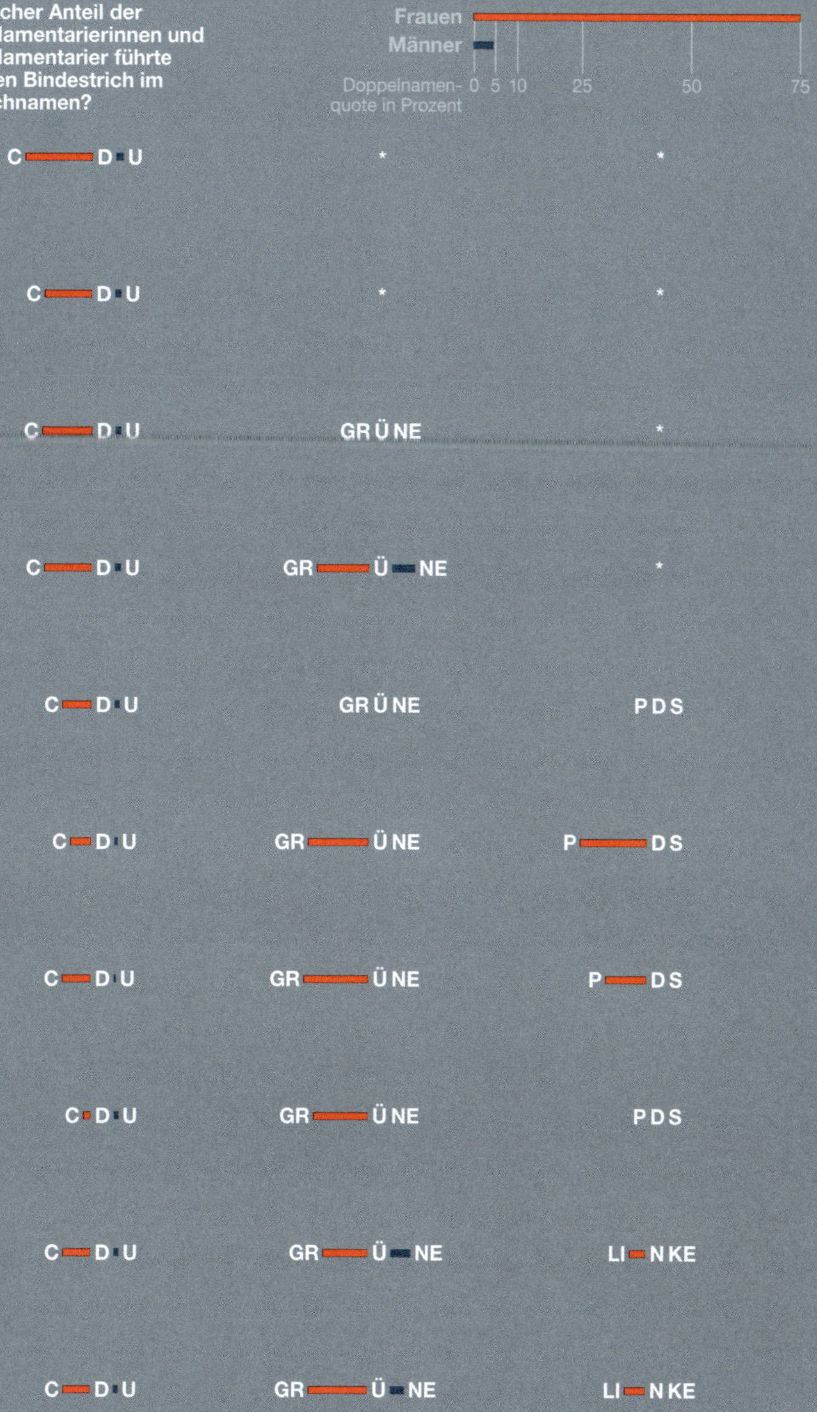

Quelle: Eigene Berechnungen

STEILE TRIBÜNEN

Welchen Winkel haben die Ränge in den Fußballstadien?

Gemessen jeweils an der steilsten Stelle

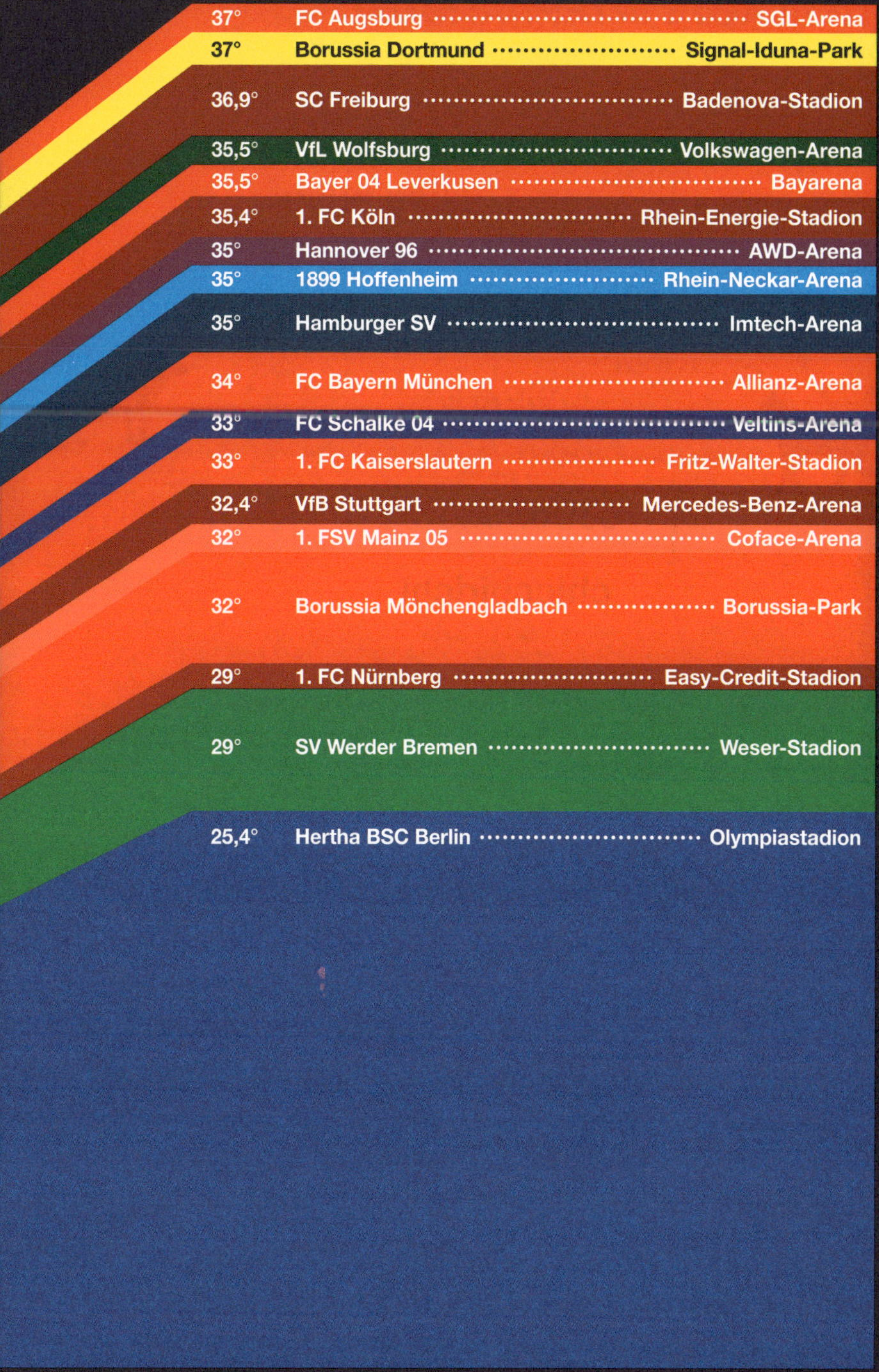

Quellen: Architekturbüros der einzelnen Stadien

TIERLAUTE INTERNATIONAL

Wie machen welche Tiere – in welchen Sprachen?

Quelle: Eigene Recherchen

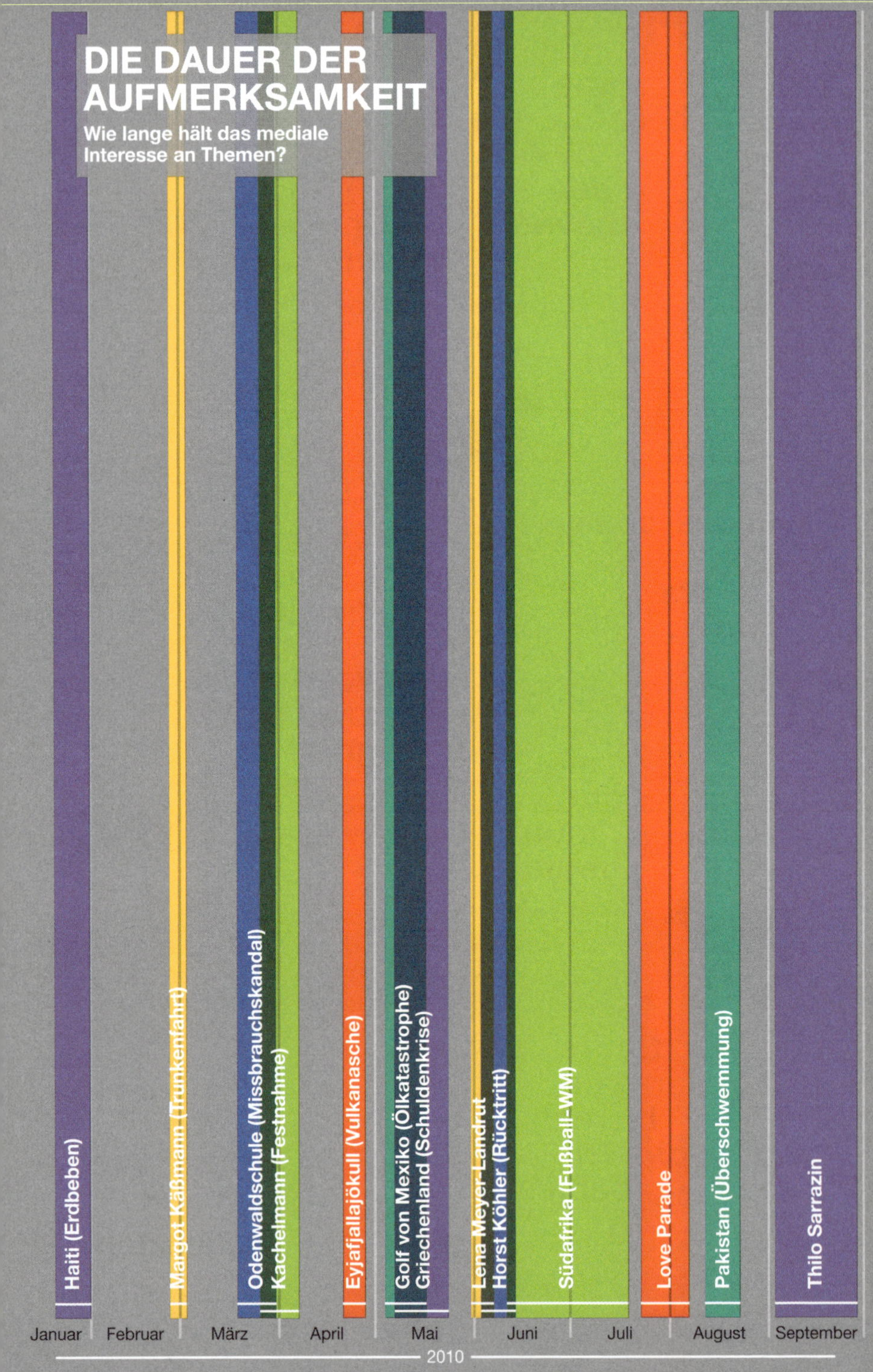
DIE DAUER DER AUFMERKSAMKEIT
Wie lange hält das mediale Interesse an Themen?
Haiti (Erdbeben)
Margot Käßmann (Trunkenfahrt)
Odenwaldschule (Missbrauchskandal)
Kachelmann (Festnahme)
Eyjafjallajökull (Vulkanasche)
Golf von Mexiko (Ölkatastrophe)
Griechenland (Schuldenkrise)
Lena Meyer-Landrut
Horst Köhler (Rücktritt)
Südafrika (Fußball-WM)
Love Parade
Pakistan (Überschwemmung)
Thilo Sarrazin
Januar
Februar
März
April
Mai
Juni
Juli
August
September
2010

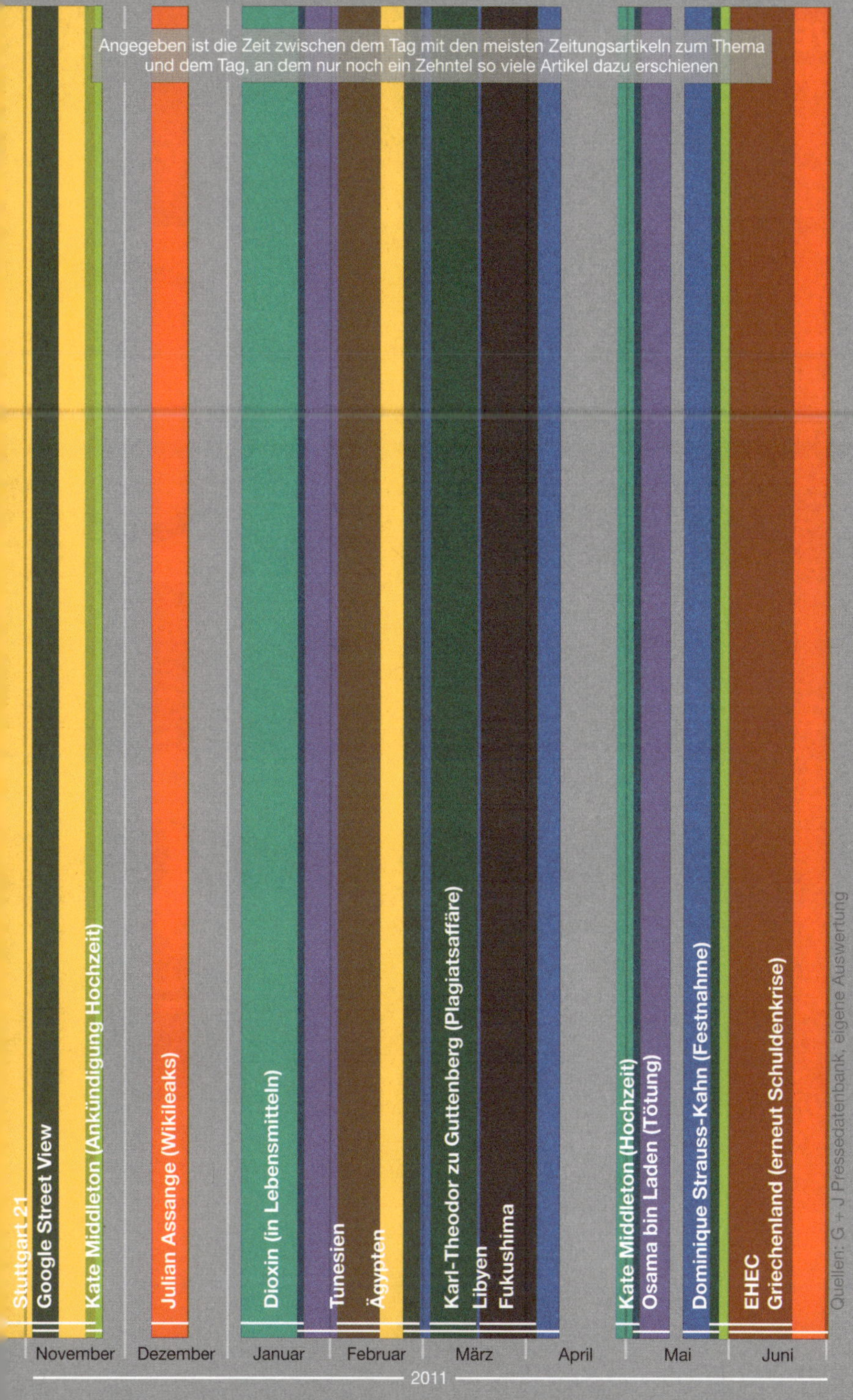
Angegeben ist die Zeit zwischen dem Tag mit den meisten Zeitungsartikeln zum Thema und dem Tag, an dem nur noch ein Zehntel so viele Artikel dazu erschienen
Stuttgart 21
Google Street View
Kate Middleton (Ankündigung Hochzeit)
Julian Assange (Wikileaks)
Dioxin (in Lebensmitteln)
Tunesien
Ägypten
Karl-Theodor zu Guttenberg (Plagiatsaffäre)
Libyen
Fukushima
Kate Middleton (Hochzeit)
Osama bin Laden (Tötung)
Dominique Strauss-Kahn (Festnahme)
EHEC
Griechenland (erneut Schuldenkrise)
November
Dezember
Januar
Februar
März
April
Mai
Juni
2011
Quellen: G + J Pressedatenbank, eigene Auswertung

VERSCHWÖRUNGSTHEORIEN

Die Beliebtheit kaum haltbarer Thesen im Internet

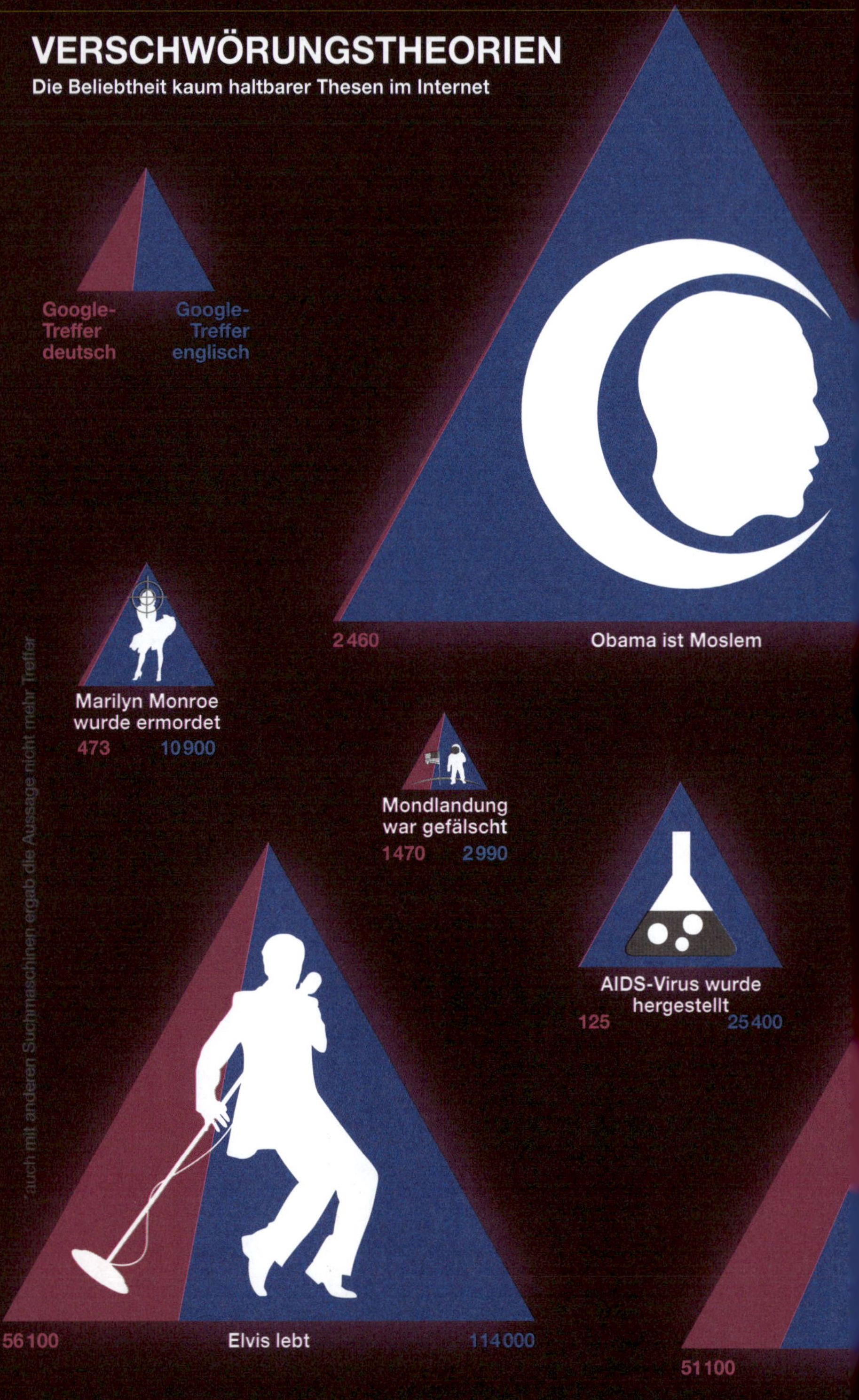

*auch mit anderen Suchmaschinen ergab die Aussage nicht mehr Treffer

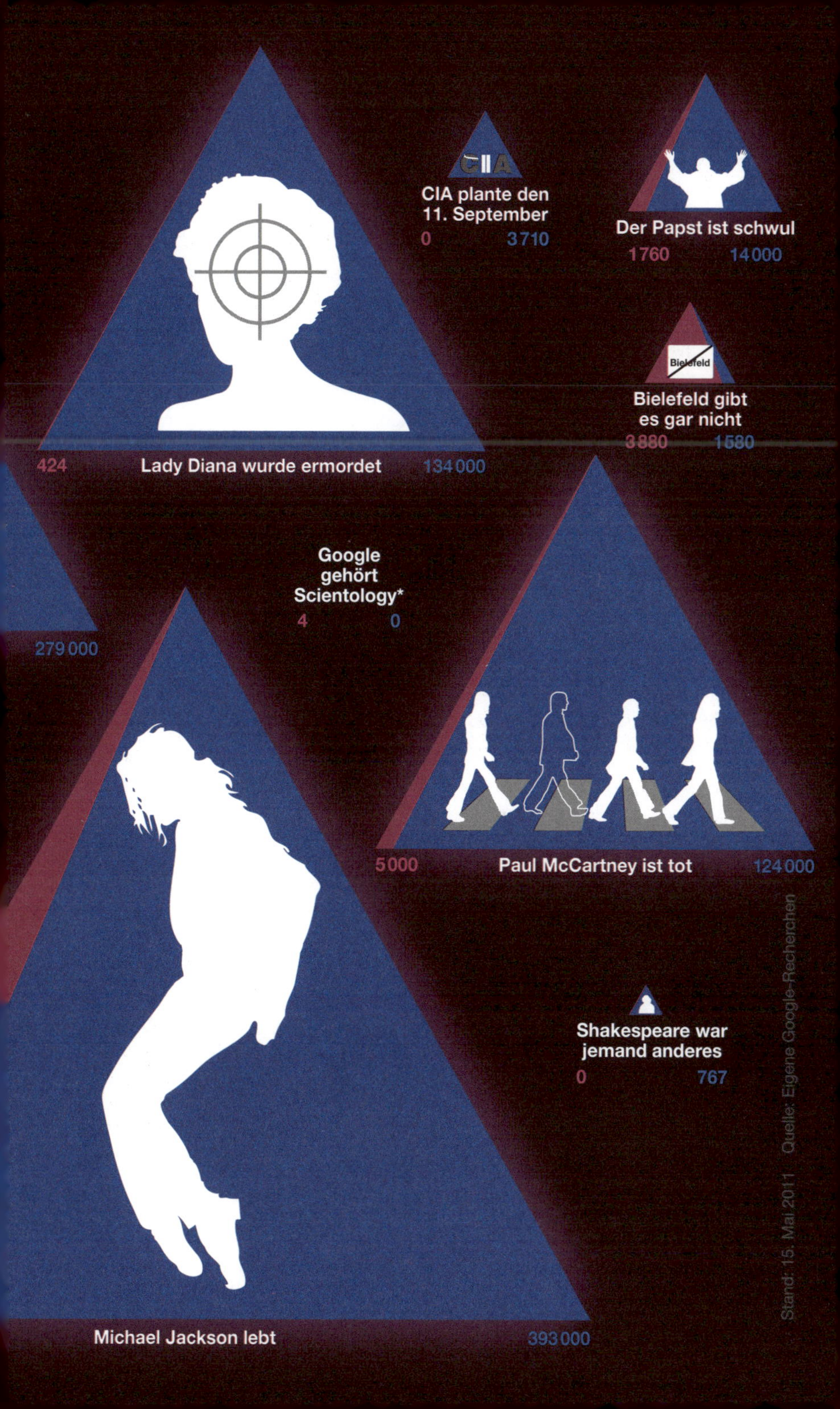
CIA
CIA plante den 11. September
0
3710
Der Papst ist schwul
1760
14000
Bielefeld
Bielefeld gibt es gar nicht
3880
1580
424
Lady Diana wurde ermordet
134000
279000
Google gehört Scientology*
4
0
5000
Paul McCartney ist tot
124000
Shakespeare war jemand anderes
0
767
Michael Jackson lebt
393000
Stand: 15. Mai 2011 Quelle: Eigene Google-Recherchen

GUTTENBERG HÄLT EINE REDE

Worte und Gesten von Karl Theodor zu Guttenberg bei einem Auftritt im Bundestag

0:00
Ja, das …

0:01
… hohe …

0:03
… und zu verteidigende Grundrecht der Pressefreiheit …

0:08
… ringt gelegentlich …

0:22
Zwei Dinge stehen allerdings unverrückbar …

0:26
… fest in der Debatte, die wir gerade führen. Gewalttätige Reaktion auf

0:32
… Karrikaturen wohlgemerkt und der Aufruf zu solchen sind …

1:03
… Symbolen und Einrichtungen sind keine Einbahnstraßen.
(Applaus)

1:13
Weshalb, weshalb …

1:15
… sollte dieser Anspruch nicht auch in der islamischen Welt vollständige Geltungskraft entfalten?

* Guttenberg kurz nicht im Bild der Kamera

Die Rede stammt aus dem Jahr 2006 – dem Jahr, in dem er seine Doktorarbeit einreichte

Quellen: Parlamentsfernsehen des Deutschen Bundestages und eigene Auswertung

DIE ALTERSPYRAMIDE DER FILMSTARS

Wie alt sind die erfolgreichsten Schauspielerinnen und Schauspieler Hollywoods?

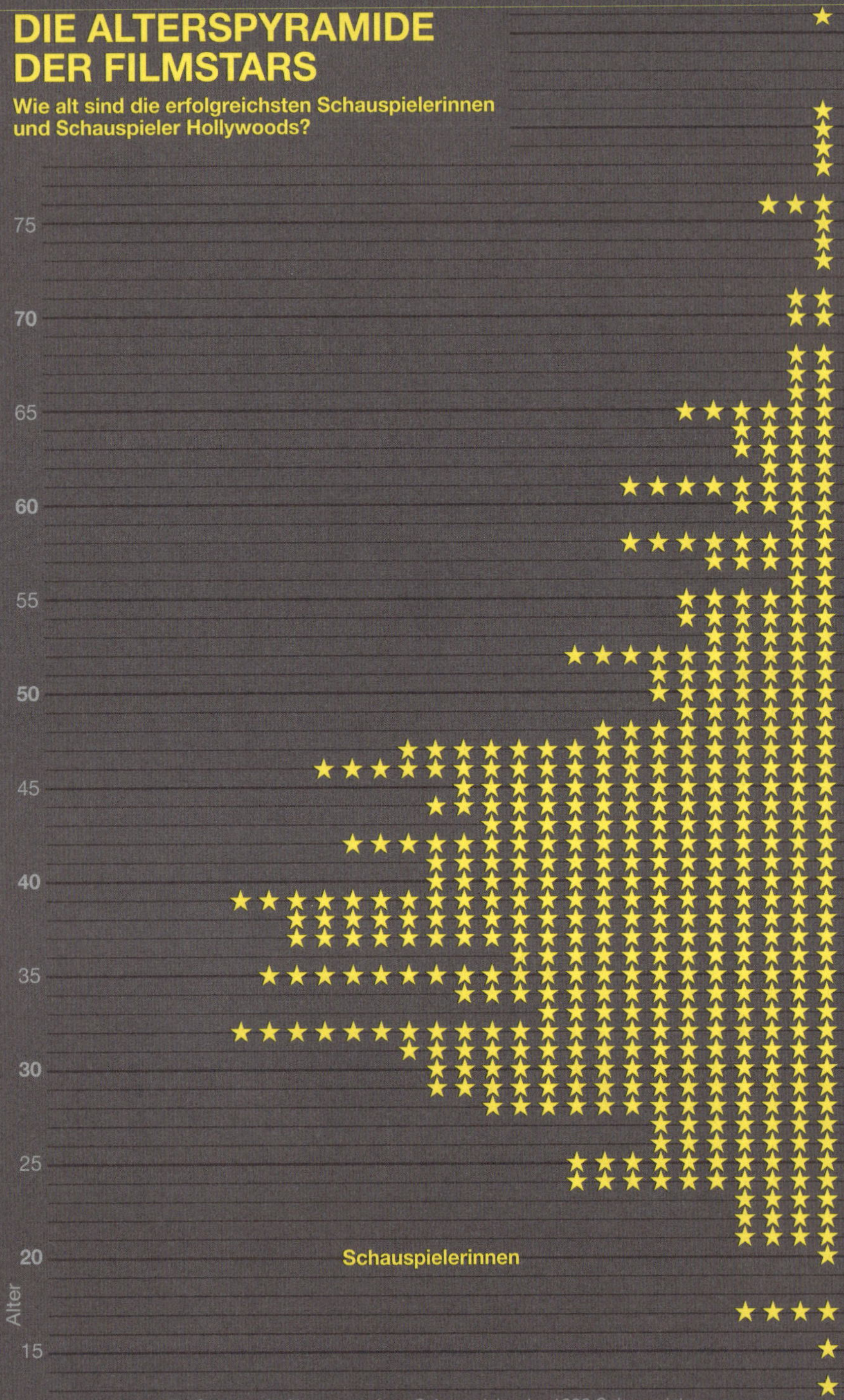

Ein Stern steht für genau einen Schauspieler der 1000 Schauspieler der Forbes-Liste, unabhängig von der Plazierung dort

85
80
75
70
65
60
55
50
45
40
35
30
25
20
15
Alter
Schauspieler
Quelle: Forbes

SACHBUCH-BESTSELLER

Aus welchen Themengebieten kamen die zehn meistverkauften Bücher eines Jahres?

Bücher aus dem gleichen Themengebiet wurden übereinandergestapelt, das heißt nicht nach ihrer Plazierung in der Bestsellerliste

Politik/Geschichte
Gesellschaft
Ratgeber/
Psychologie
Naturwissen-
schaften/Technik
Philosophie/
Religion
Unterhaltung
Abenteuer
Sport
Umwelt/Natur/
Gesundheit
Kultur
Schicksal
Wirtschaft
1986
1987
1988
1989
1990
1996
1997
1998
1999
2000
2006
2007
2008
2009
2010
Quellen: Spiegel Bestseller-Liste und eigene Auswertung

FETT IM KÄSE

Welchen Fettgehalt
haben welche Sorten?

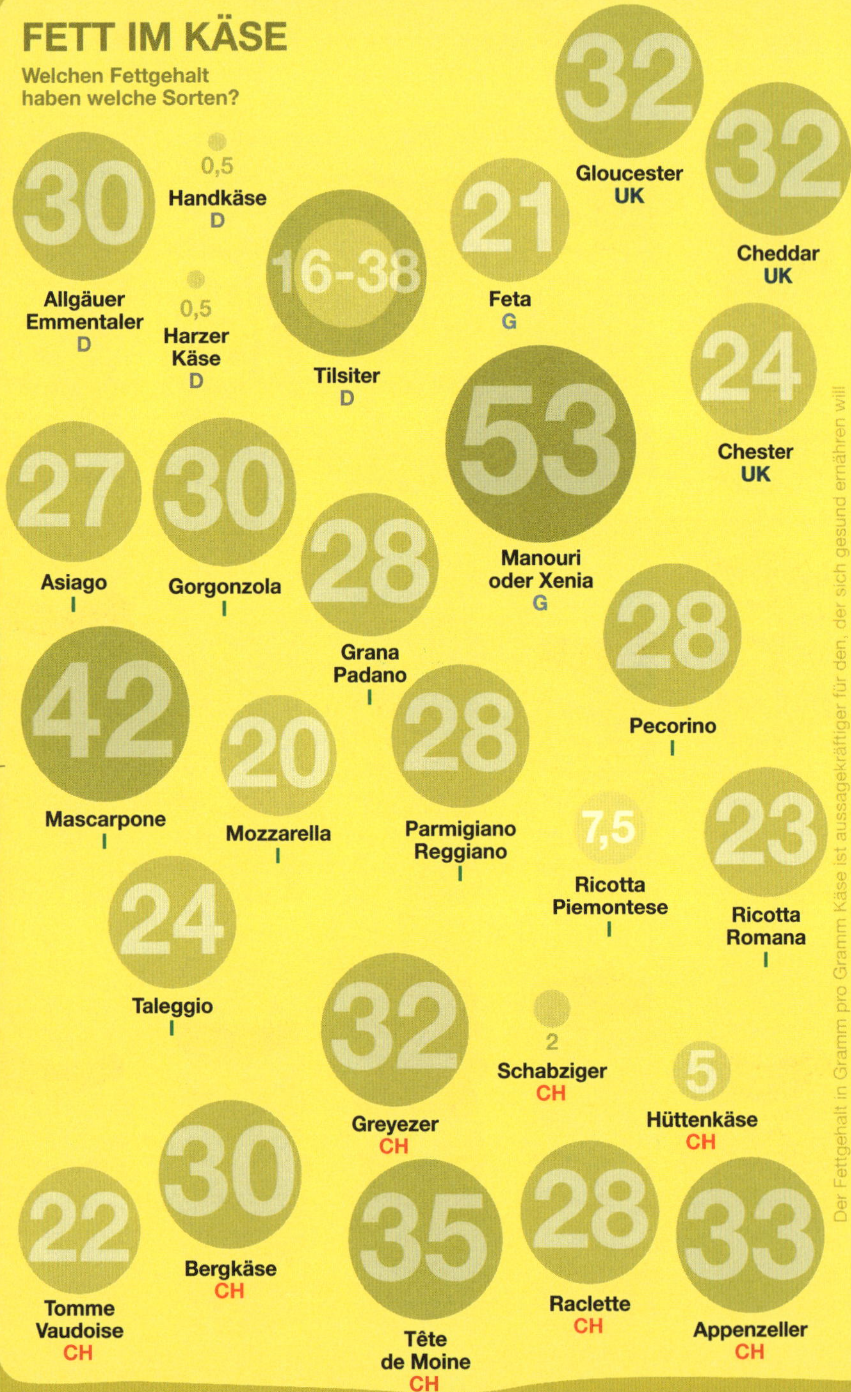

Der Fettgehalt in Gramm pro Gramm Käse ist aussagekräftiger für den, der sich gesund ernähren will

Fettgehalt in Gramm pro 100 Gramm Käse (nicht: in der Trockenmasse), teilweise mit Von-bis-Werten
34 Beaufort F
30 Bleu d'Auvergne F
41 Boursin F
20 Brie de Meaux F
22 Camembert de Normandie F
33 Camembert de St. Marei F
25 Chaumes F
29 Comté F
25 Epoisses F
33 Etorki F
25 Langres F
22 Morbier F
22,5 Munster F
31 Roquefort F
22,5 Rocamadour F
27 Reblochon F
30 Saint-Marcellin F
22 Tomme Rustique F
26-35 Gouda NL
23-30 Edamer NL
25-32 Manchego ES
49 Mahón ES
15 Queso Tetilla ES
Herkunft der Käsesorten:
D Deutschland
UK Großbritannien
G Griechenland
I Italien
CH Schweiz
F Frankreich
NL Niederlande
ES Spanien
Quellen: lebensmittellexikon.de, lebensmittel-warenkunde.de und eigene Recherchen

DIE BILDUNG DER FUSSBALLER

Welche Spieler der deutschen Nationalmannschaft hatten Abitur?

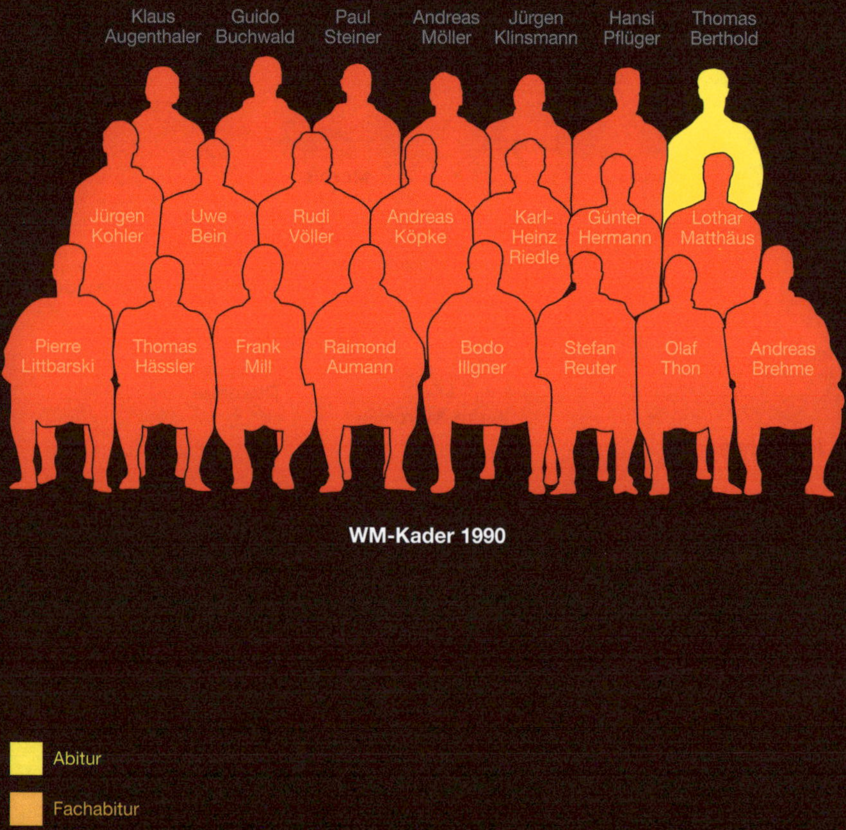

WM-Kader 2010

Quelle: Eigene Recherche

DER BUGABOO UND SEINE GESCHWISTER

Die feinen Unterschiede der Kinderwagen-Modelle

Safety 1st Roadmaster

Concord Neo

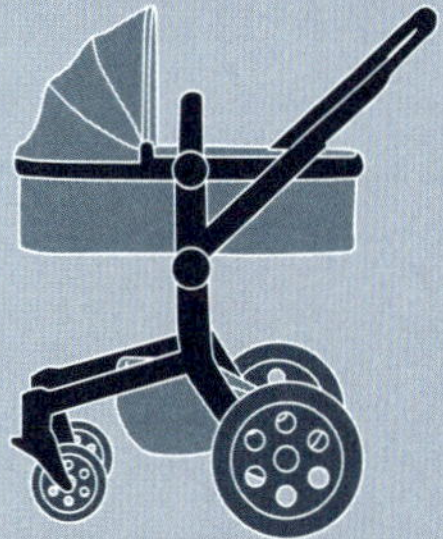
Joolz Day

Koelstra Latinique

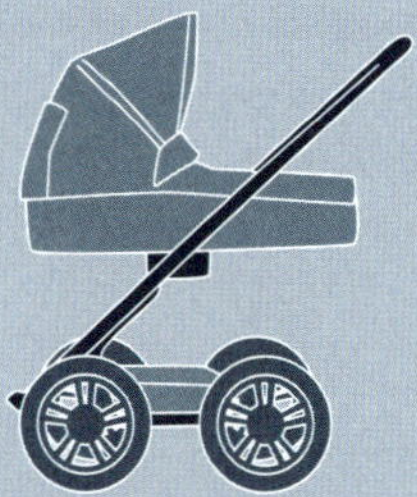
Mutsy Urban Rider

EasyWalker QTRO

Hoco Zaphir

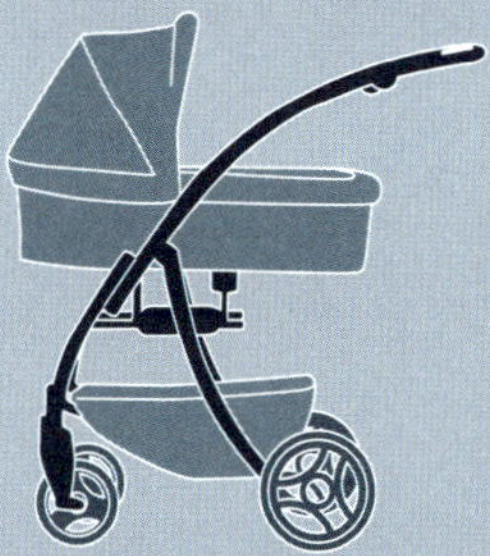
Teutonia Lambda

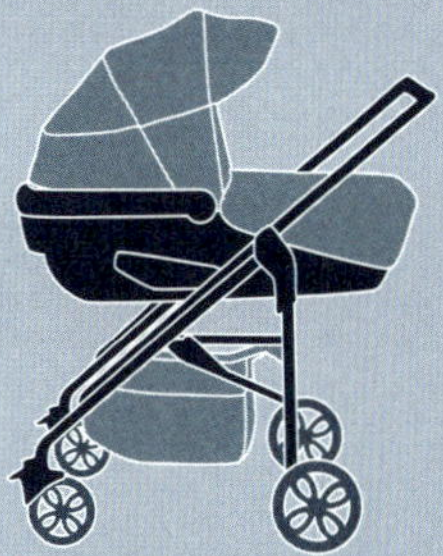
Chicco Black Label

Peg Perego Young

Gesslein F4

Bugaboo Cameleon

EINWOHNERDICHTE

Wie viele Menschen teilen sich einen Quadratkilometer?

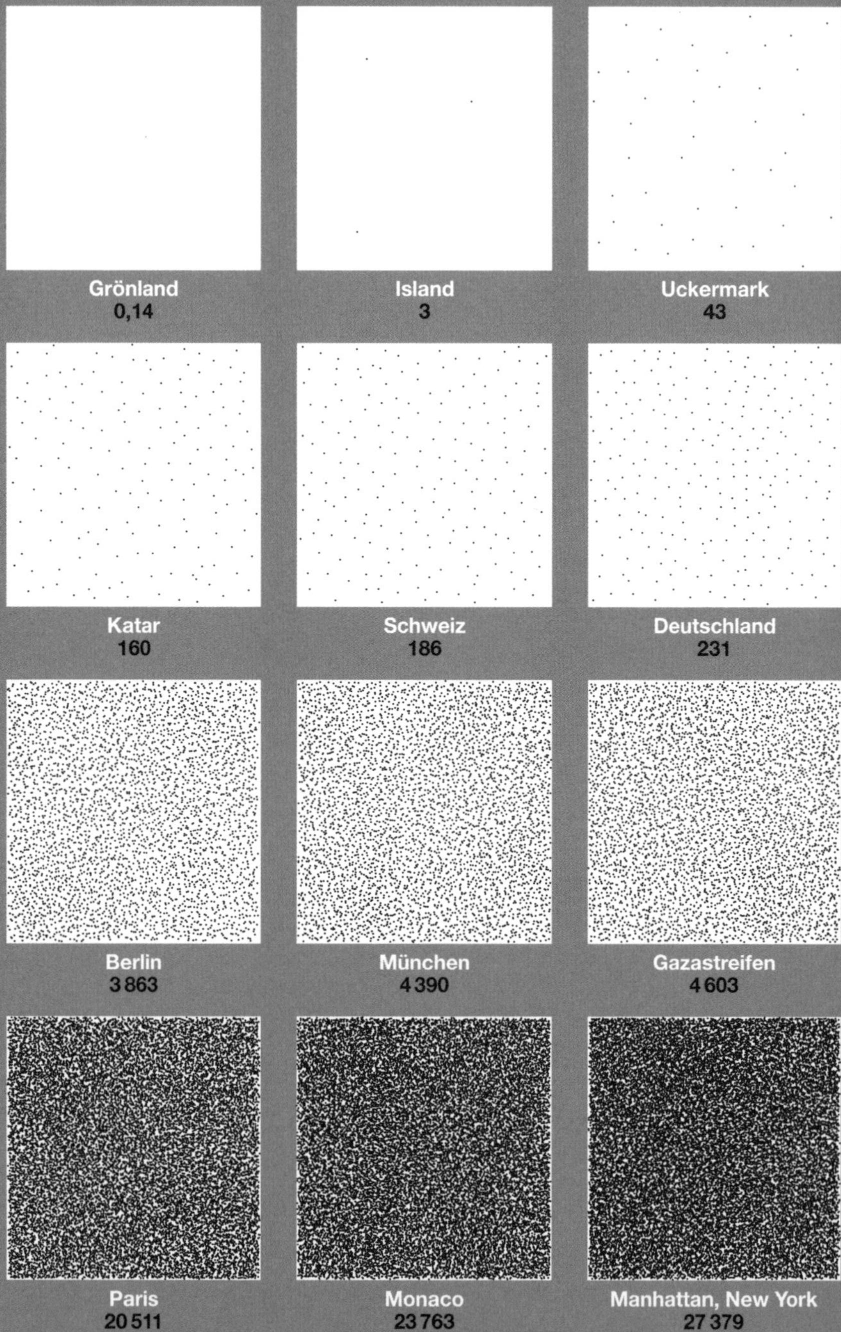

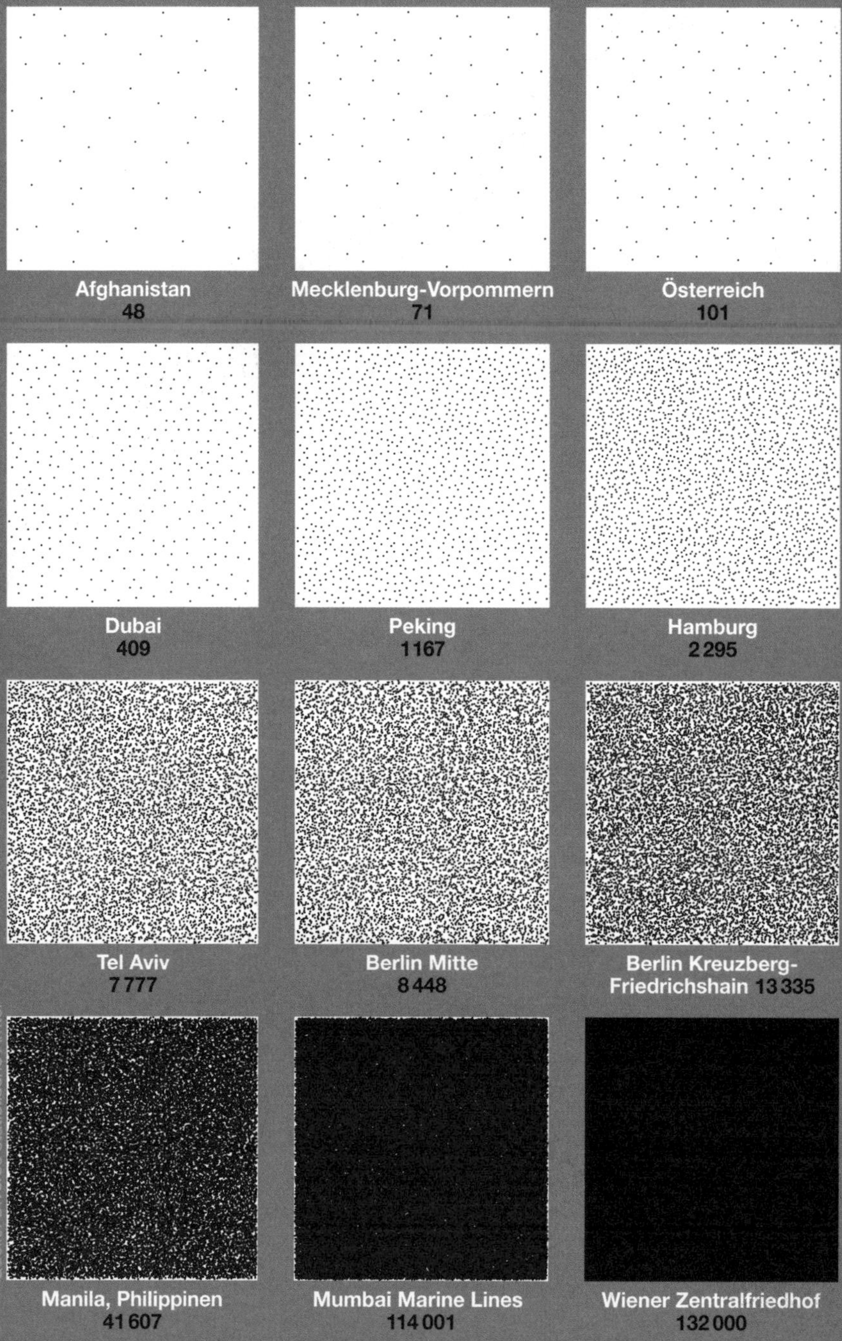

Quelle: Diverse statistische Ämter

VERBOTENE PFLANZEN

All diese Pflanzen dürfen in Deutschland nicht ohne Genehmigung angebaut werden

Verboten wegen betäubender Wirkung
Verboten wegen biologischer Invasion, die verhindert werden soll
Nadelkraut
Schlafmohn
Bärenklau
Vierblättrige Lupinie
Cannabis
Coca-Strauch
Ambrosie
Kartoffelrose
Arzneimohn
Quellen: BtMG und Julius Kühn-Institut

ICH-QUOTEN

Wie oft kommt das Wort »ich« in den Bundestagsreden von Politikern vor?

Ausgewertet wurden jeweils die drei letzten Reden vor dem 31.1.2011

Quellen: Bundestagsdrucksachen und eigene Auswertung

KULINARISCHES BERLIN

Wo gibt es die besonders begehrten Lebensmittelläden, Bäckereien, Restaurants und Cafés?

Quellen: Eigene Recherchen, Adressverzeichnisse der Ketten, Michelin

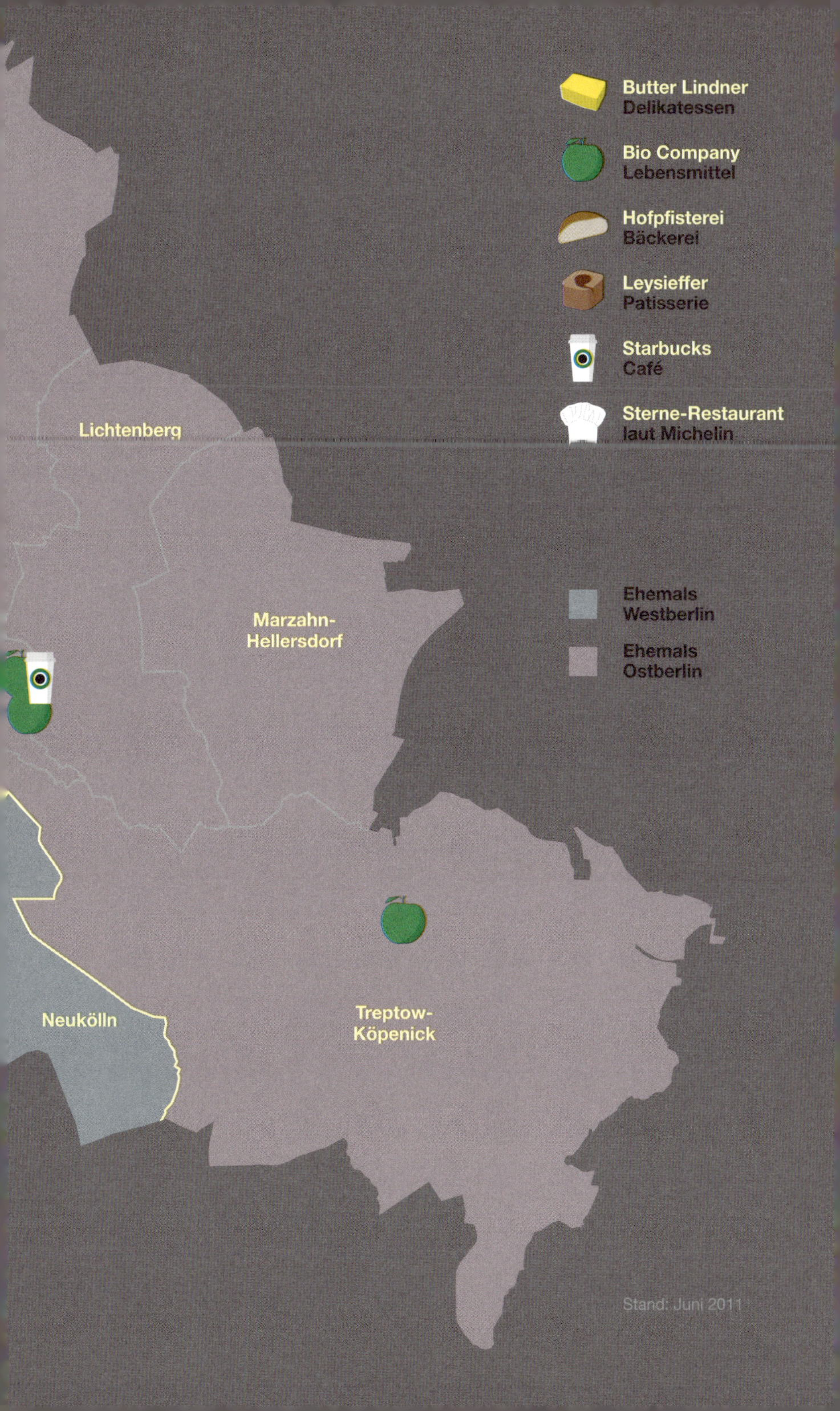
Butter Lindner
Delikatessen
Bio Company
Lebensmittel
Hofpfisterei
Bäckerei
Leysieffer
Patisserie
Starbucks
Café
Sterne-Restaurant
laut Michelin
Lichtenberg
Marzahn-
Hellersdorf
Ehemals
Westberlin
Ehemals
Ostberlin
Neukölln
Treptow-
Köpenick
Stand: Juni 2011

AUSSTIEG UND AUSBAU

Atomreaktoren in aller Welt

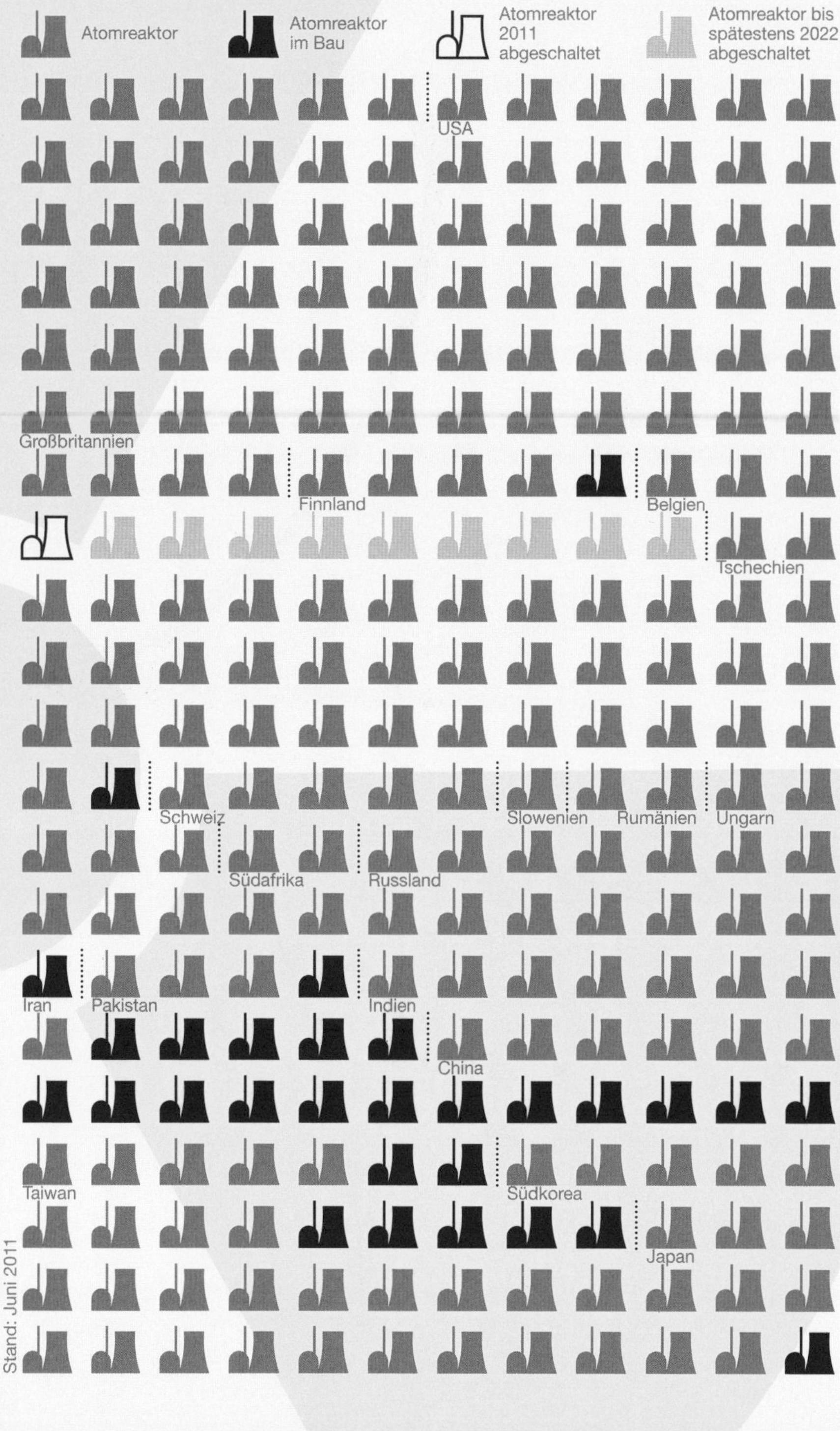
Atomreaktor
Atomreaktor im Bau
Atomreaktor 2011 abgeschaltet
Atomreaktor bis spätestens 2022 abgeschaltet
USA
Großbritannien
Finnland
Belgien
Tschechien
Schweiz
Slowenien
Rumänien
Ungarn
Südafrika
Russland
Iran
Pakistan
Indien
China
Taiwan
Südkorea
Japan
Stand: Juni 2011

STUDENTEN IM AUSLAND

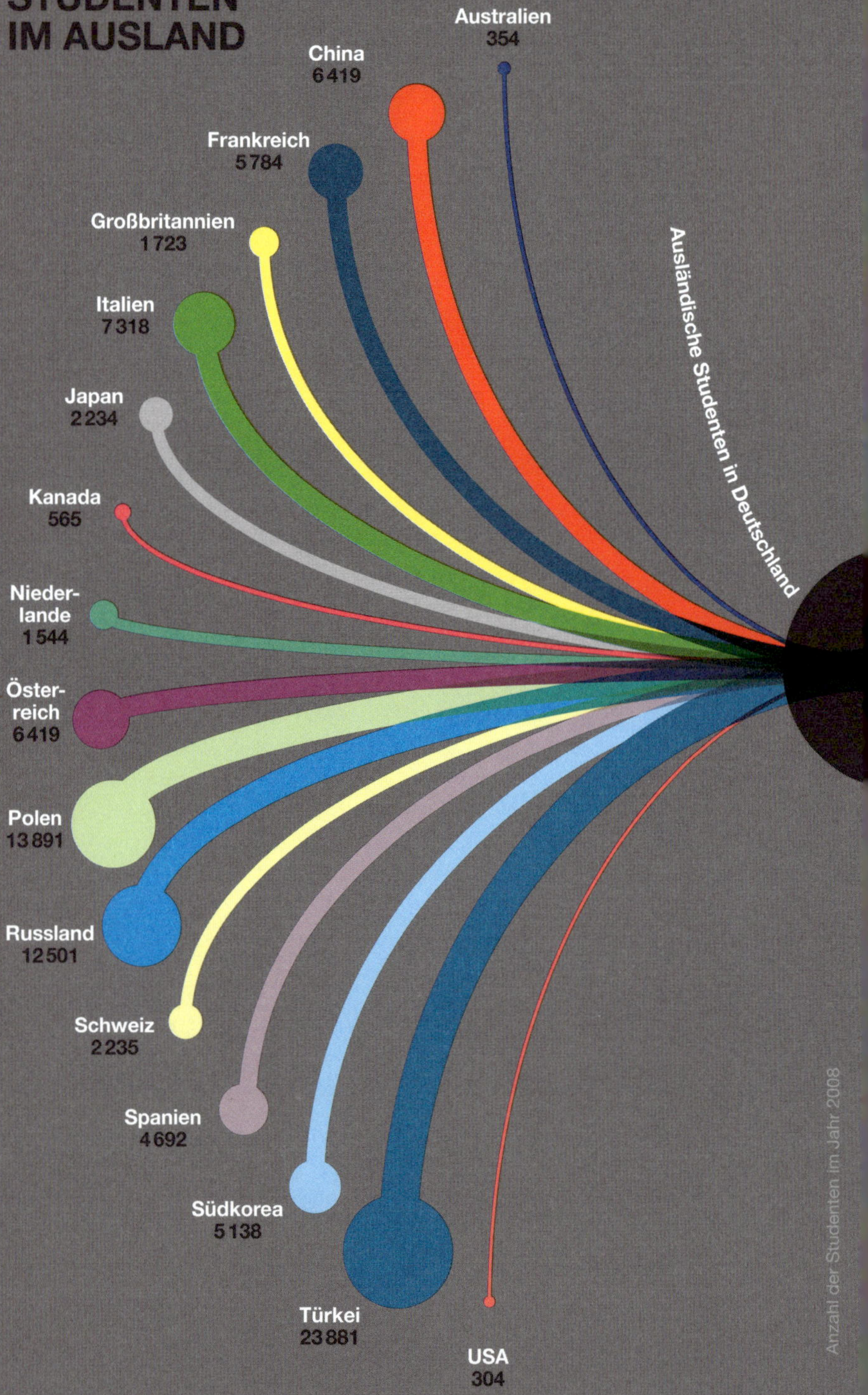

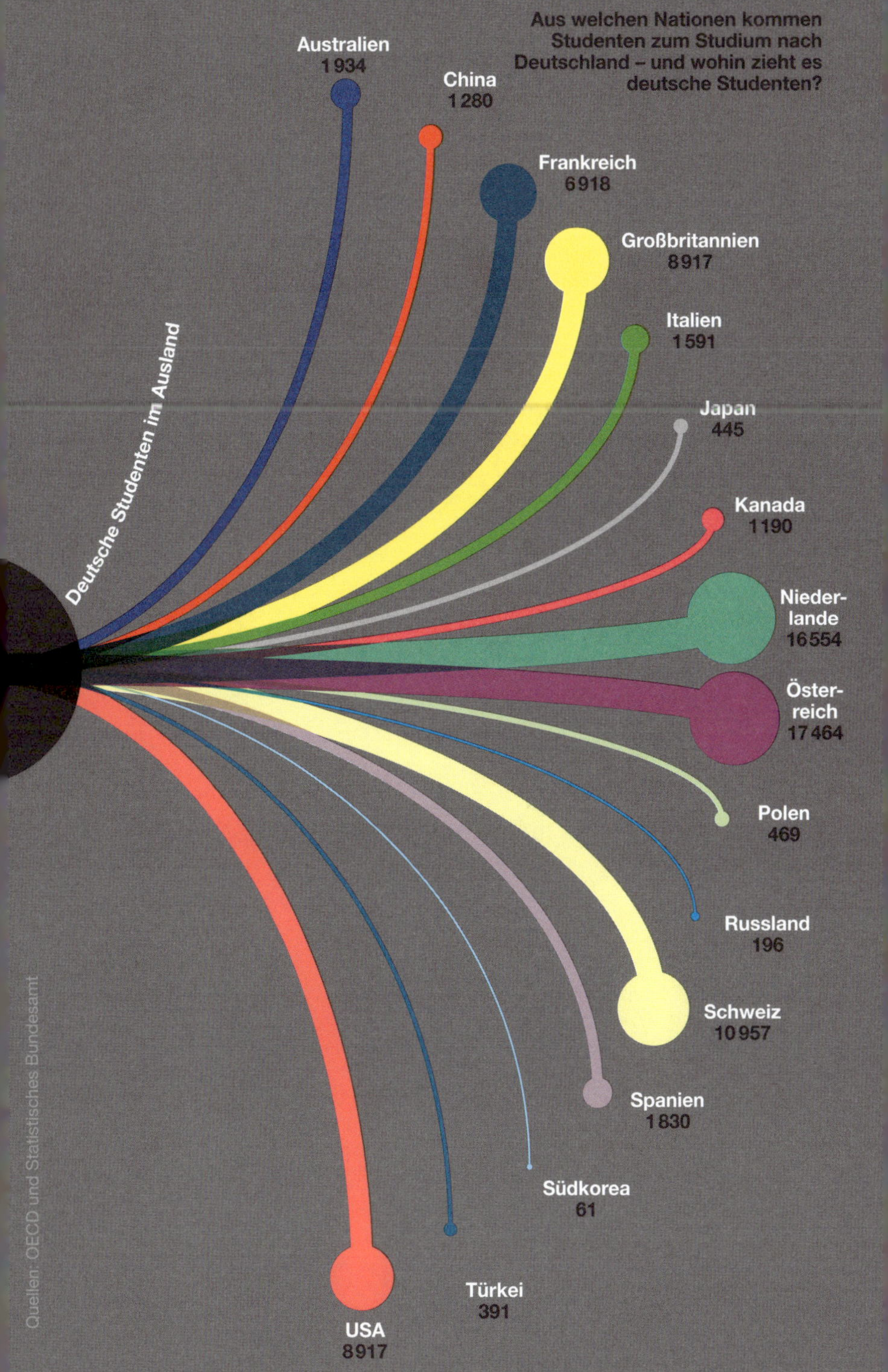
Aus welchen Nationen kommen Studenten zum Studium nach Deutschland – und wohin zieht es deutsche Studenten?
Deutsche Studenten im Ausland
Australien 1934
China 1280
Frankreich 6918
Großbritannien 8917
Italien 1591
Japan 445
Kanada 1190
Nieder-lande 16554
Öster-reich 17464
Polen 469
Russland 196
Schweiz 10957
Spanien 1830
Südkorea 61
Türkei 391
USA 8917
Quellen: OECD und Statistisches Bundesamt

STAATSSCHULDEN WELTWEIT

Wie hoch sind die Länder verschuldet – bezogen auf ihr Bruttoinlandsprodukt?

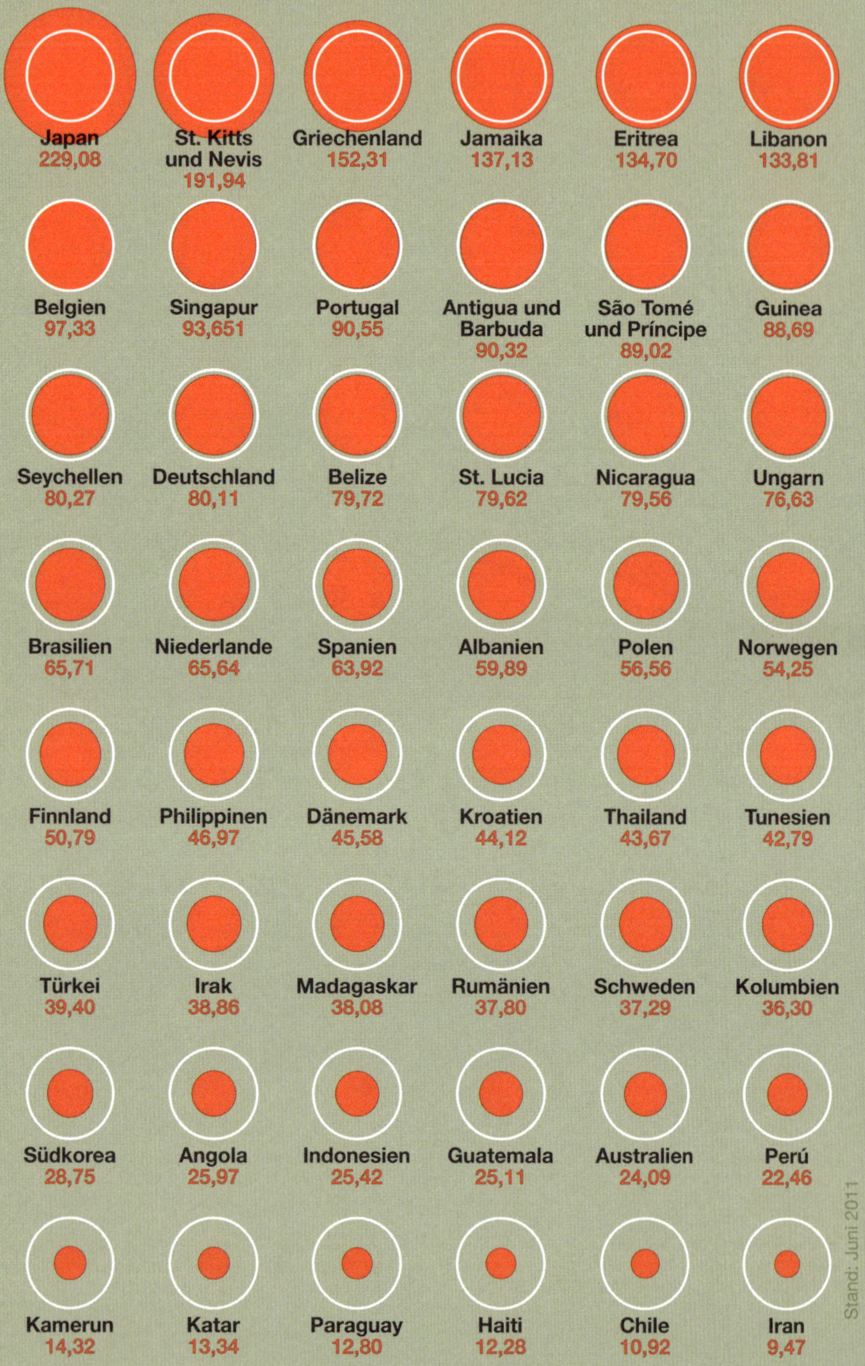

Angaben in Prozent; der weiße Ring bezeichnet das jeweilige Bruttoinlandsprodukt (100 Prozent)

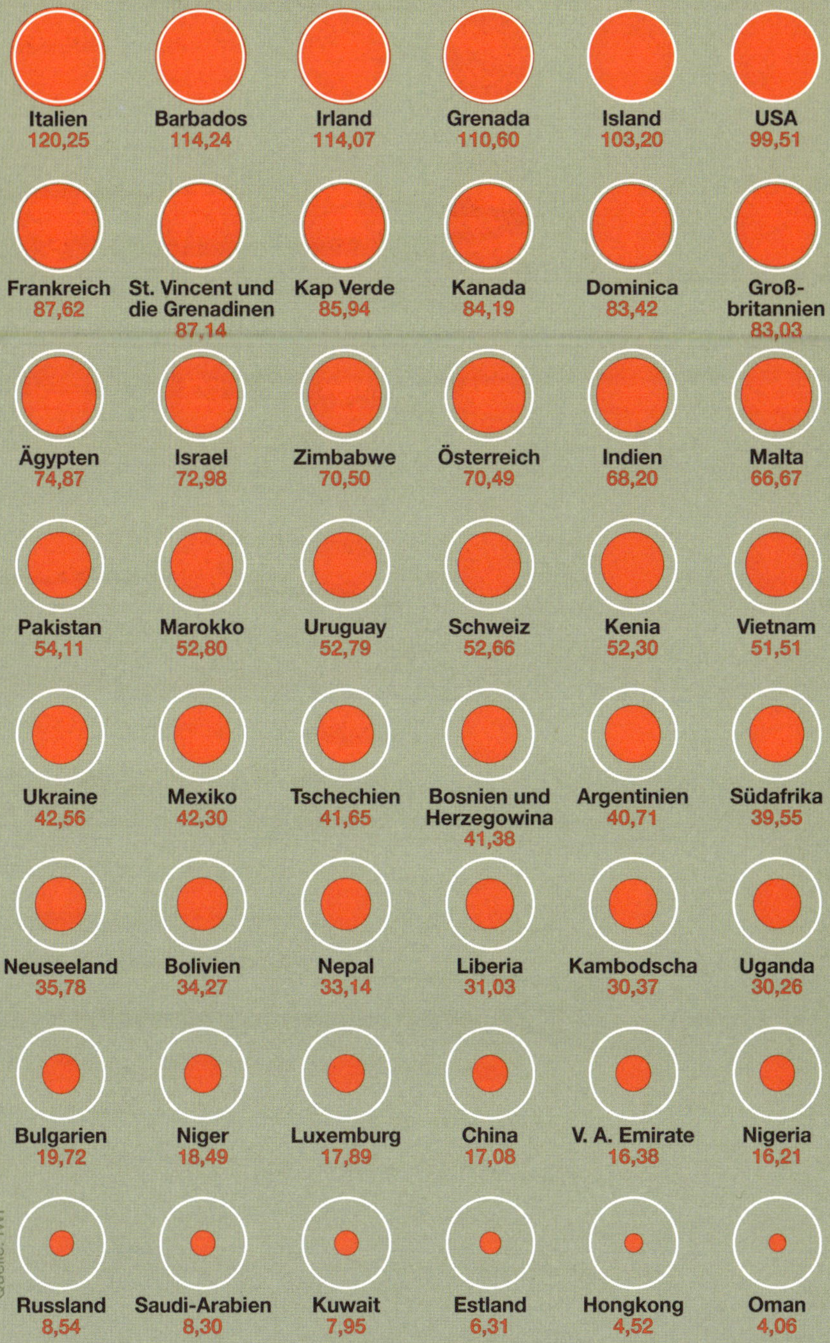

Quelle: IWF

KLEIDERGRÖSSE 38

Wie unterschiedlich die Größe von Herstellern definiert wird

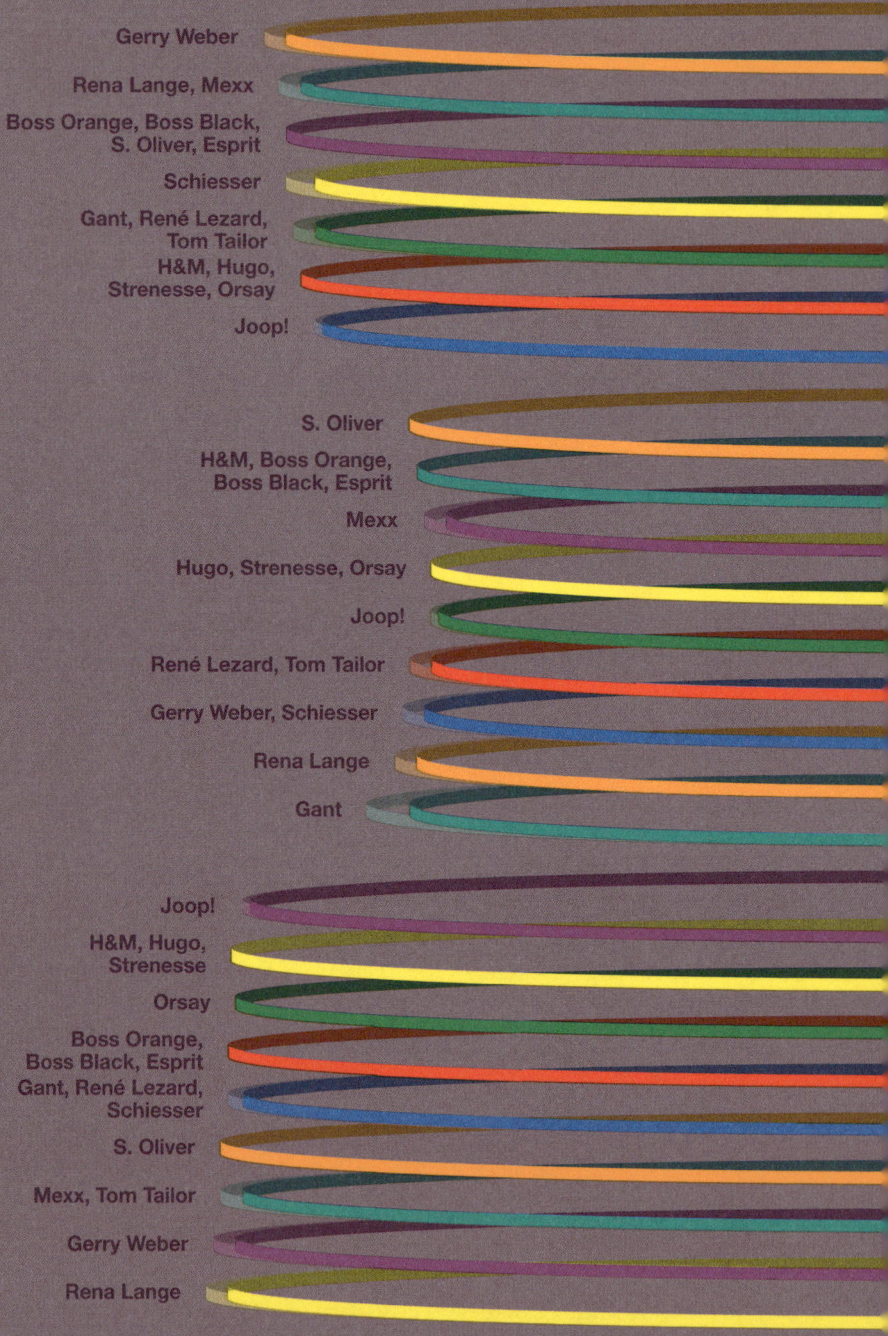

Angaben in Zentimetern, teilweise mit Von-bis-Werten

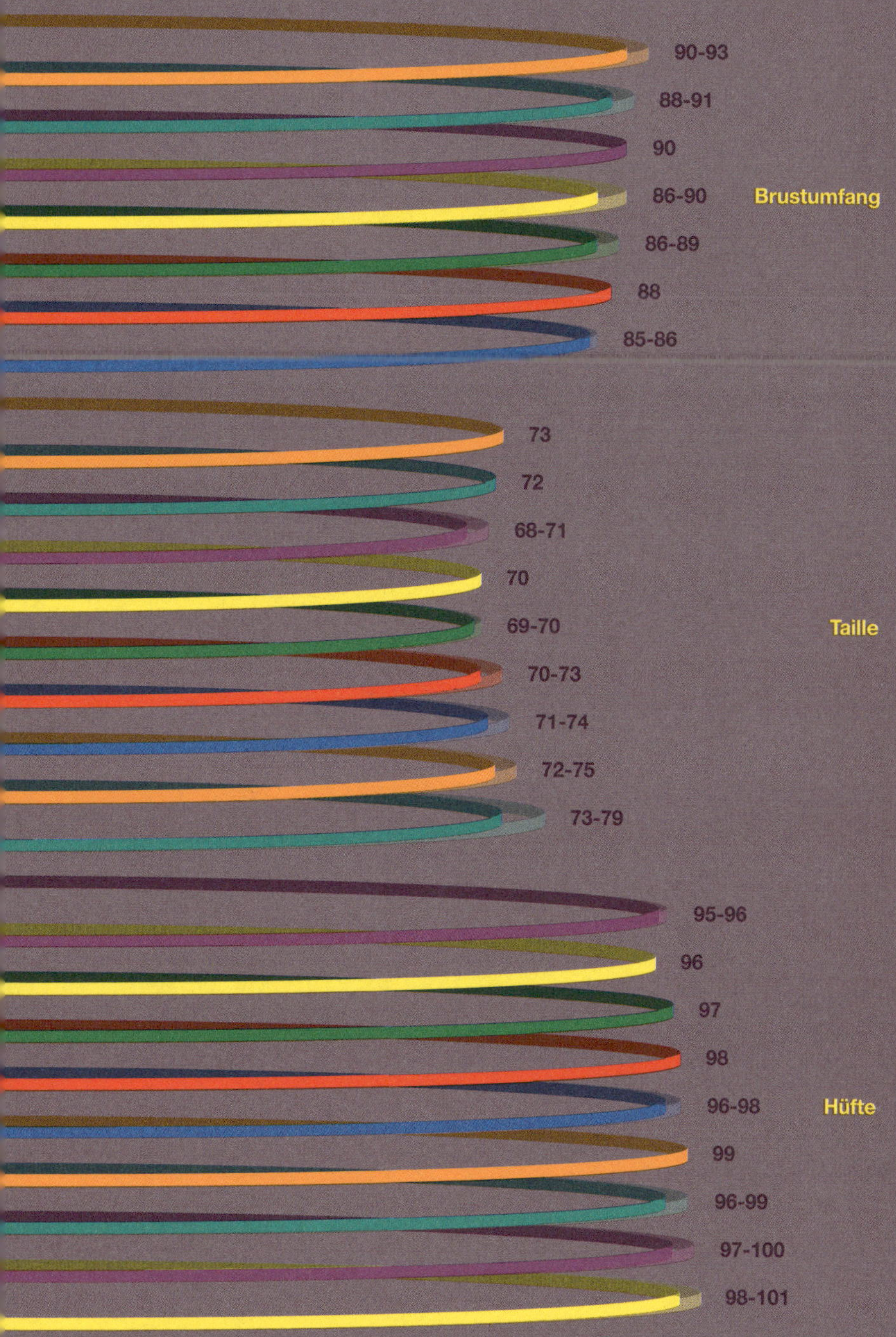

Quelle: Herstellerangaben

DIE FRAKTION DER FRAUEN

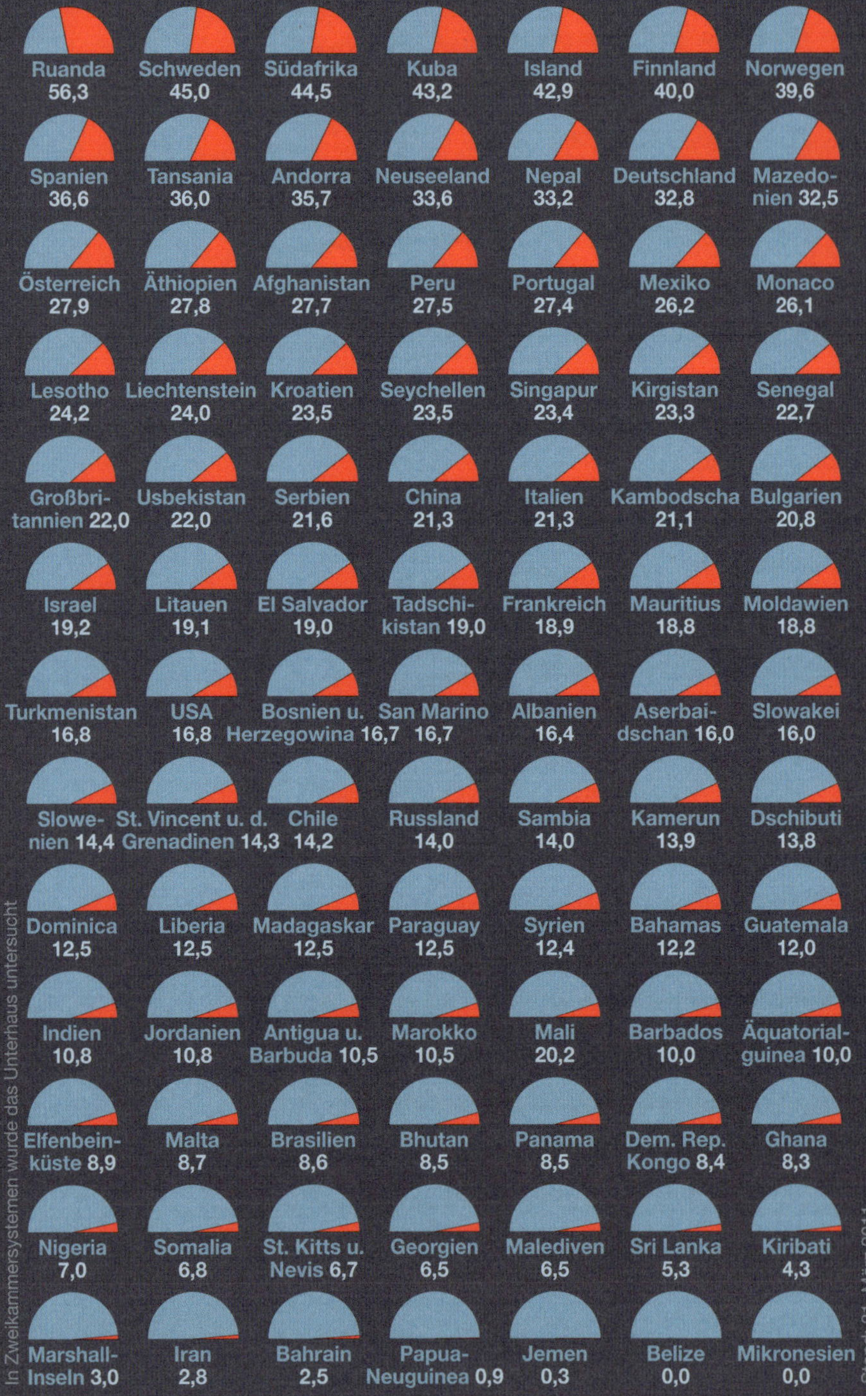

Wie hoch ist der Anteil der Parlamentarierinnen in aller Welt?

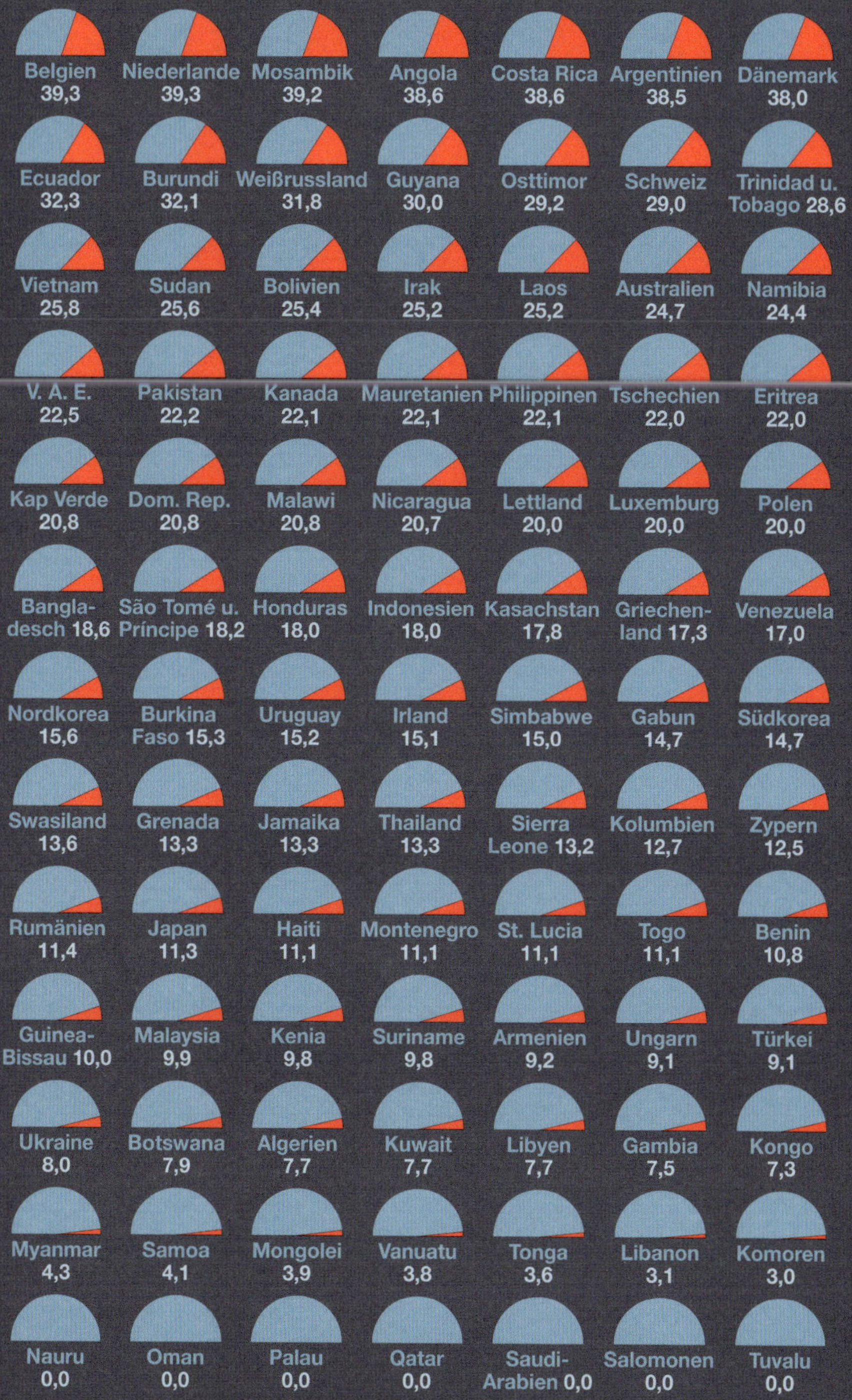

Quelle: Inter-Parliamentary Union

AUFPASSER FÜR VIELE

Aufsichtsräte, die in mehreren DAX-Konzernen einen Sitz innehaben

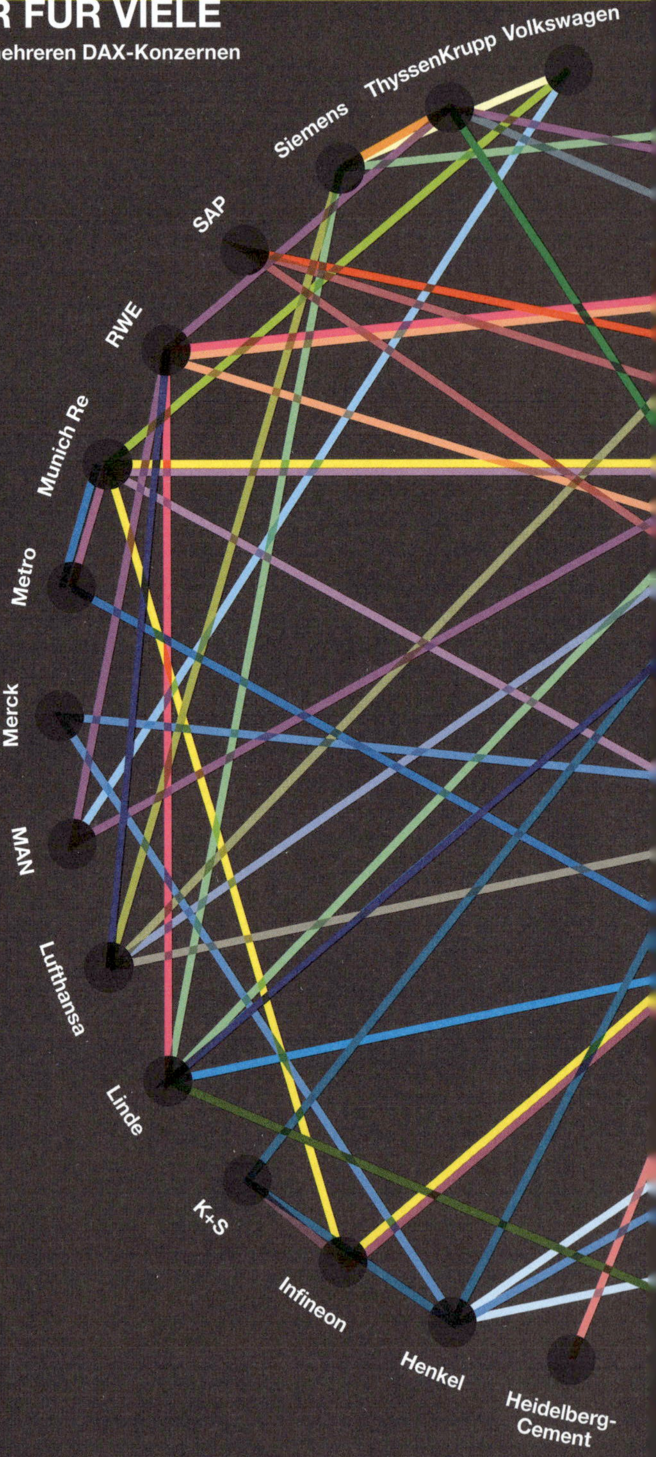

Jede Farbe steht für eine Person mit mehreren Posten

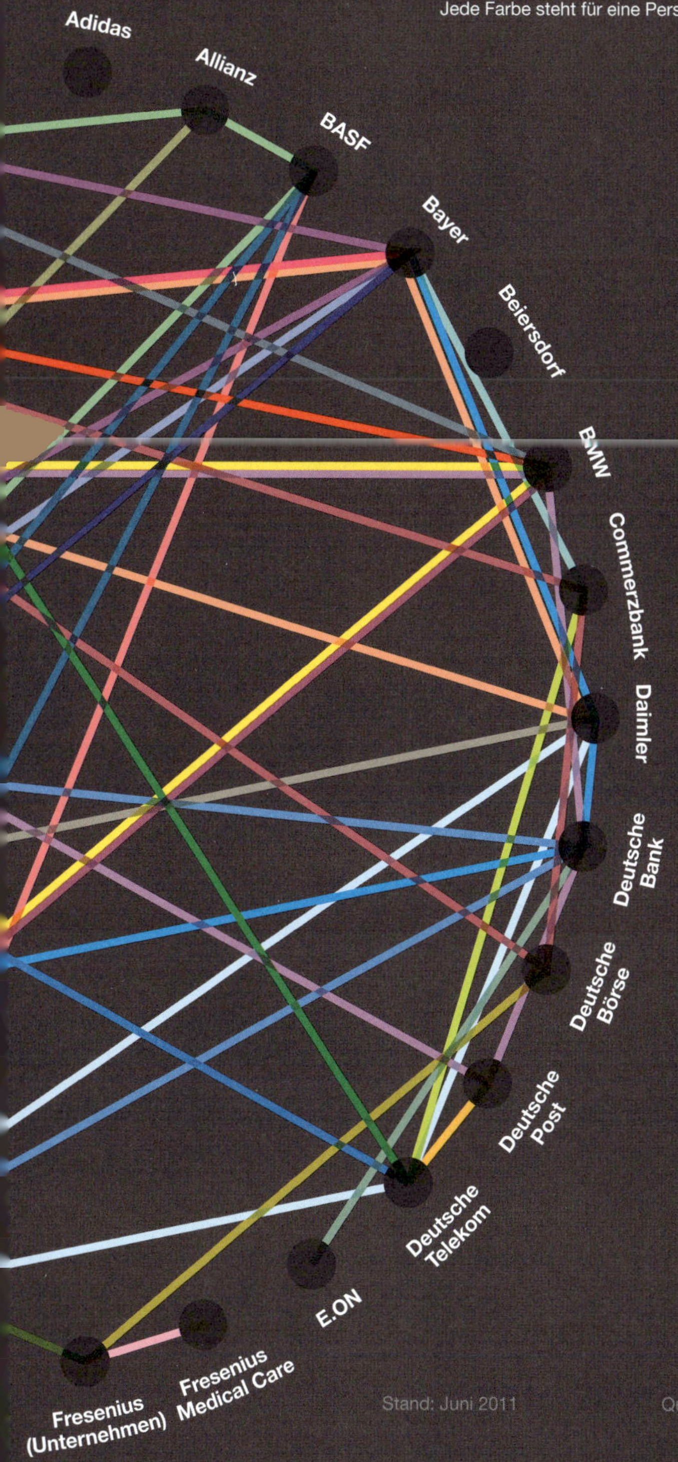

Stand: Juni 2011

Quelle: Eigene Recherche

FRISUREN VON MUSIKERN

Eine zeitgenössische Auswahl – sortiert nach Musikrichtungen

Jennifer Lopez
Shakira
Enrique Iglesias
Ricky Martin
LATIN POP
Taylor Swift
Vince Gill
COUNTRY
Beth Ditto
Mando Diao
The Strokes
Alison Mosshart (The Kills)
Franz Ferdinand
INDIE ROCK
Kastelruther Spatzen
Angela Wiedl
DEUTSCHE VOLKSMUSIK
Anne Sophie Mutter
Lang Lang
KLASSIK
Metallica
Iron Maiden
METAL
Beyoncé
Rihanna
Usher
Justin Timberlake
R. Kelly
R'n'B
Hot Chip
ELECTROPOP
Andrea Berg
Helene Fischer
Michael Wendler
DEUTSCHE SCHLAGER
Erykah Badu
Amy Winehouse †
SOUL

DIE OST-QUOTE

Wo machen die in Ostdeutschland aufgewachsenen welchen Anteil aus?

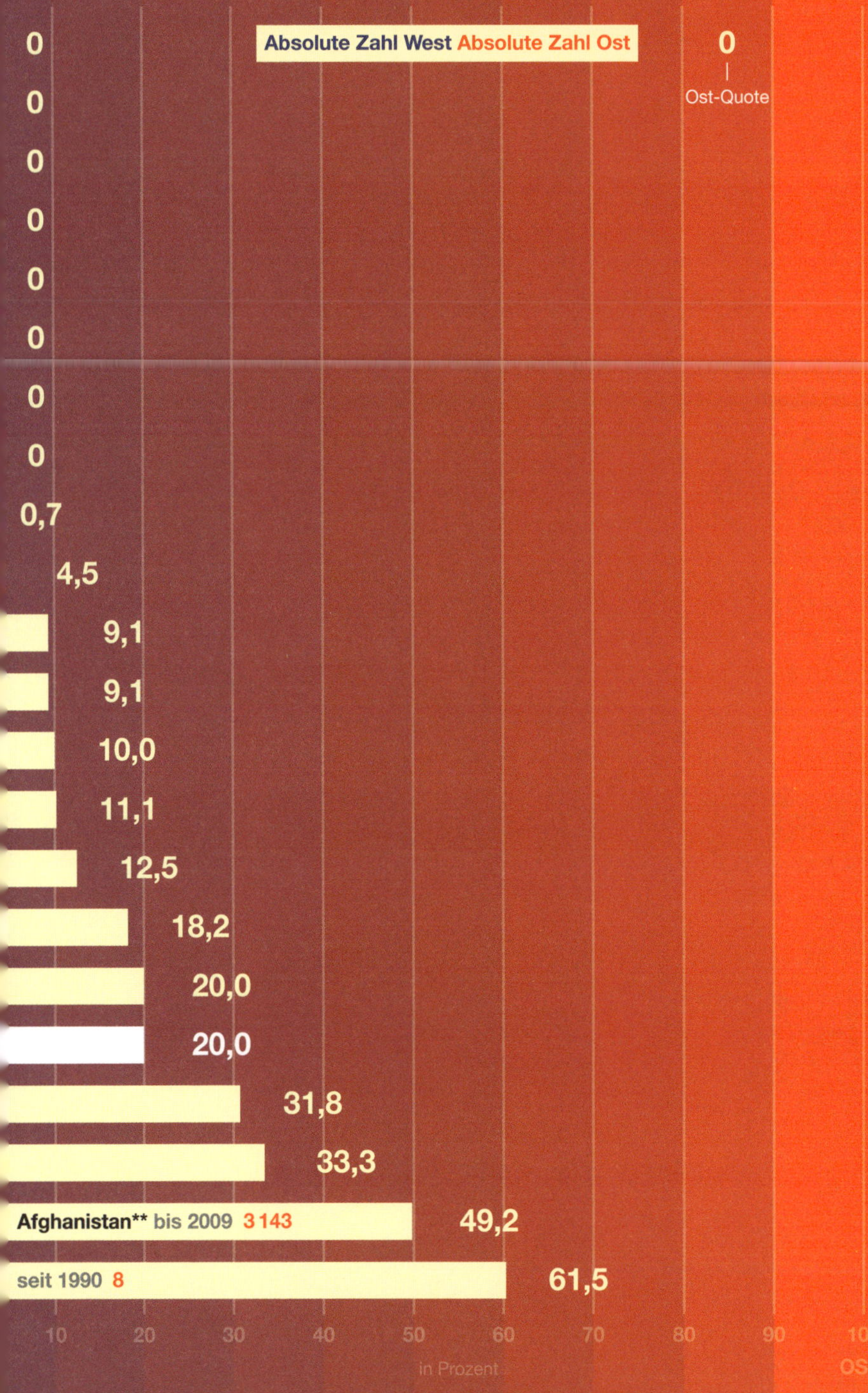

* drei DAX-Unternehmen gaben die Herkunft ihrer Vorstände nicht bekannt

** laut einer Bundestagsanfrage

KANZLERREISEN

Wo und wie häufig Konrad Adenauer und Angela Merkel dienstlich unterwegs waren

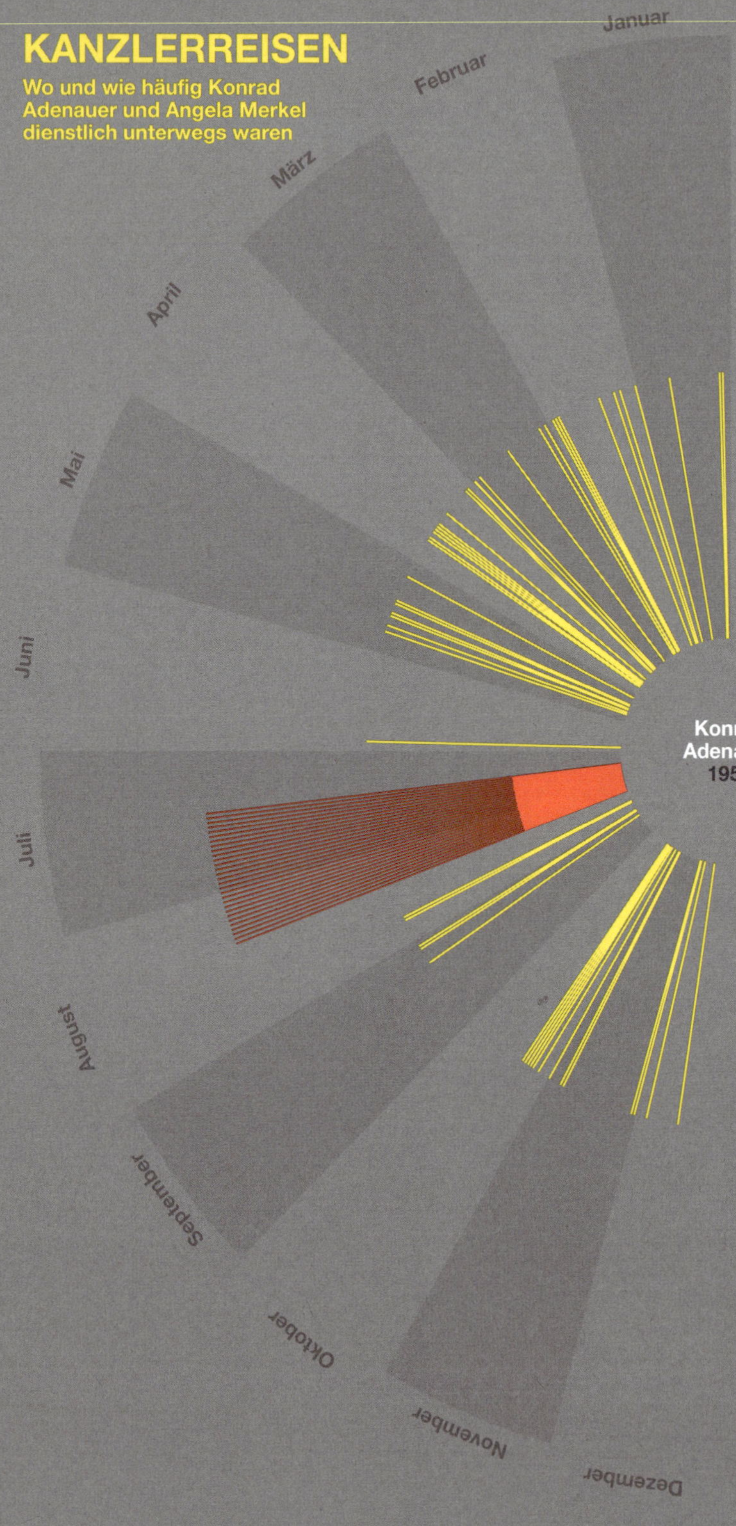

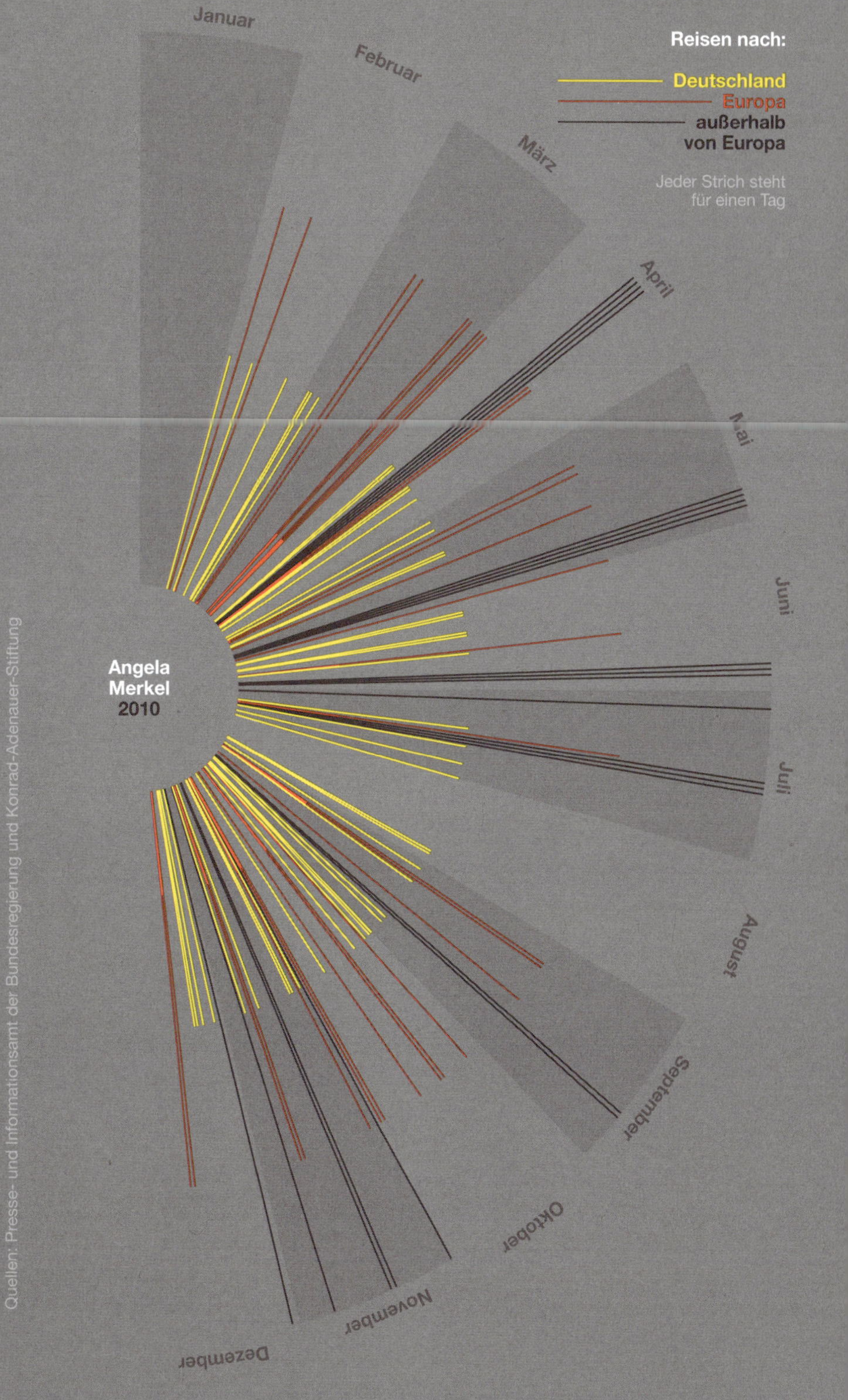
Reisen nach:
Deutschland
Europa
außerhalb von Europa
Jeder Strich steht für einen Tag
Angela Merkel 2010
Januar
Februar
März
April
Mai
Juni
Juli
August
September
Oktober
November
Dezember
Quellen: Presse- und Informationsamt der Bundesregierung und Konrad-Adenauer-Stiftung

TALKSHOW-MODERATOREN

Wie sie sich gegenseitig in ihren Sendungen besuchen

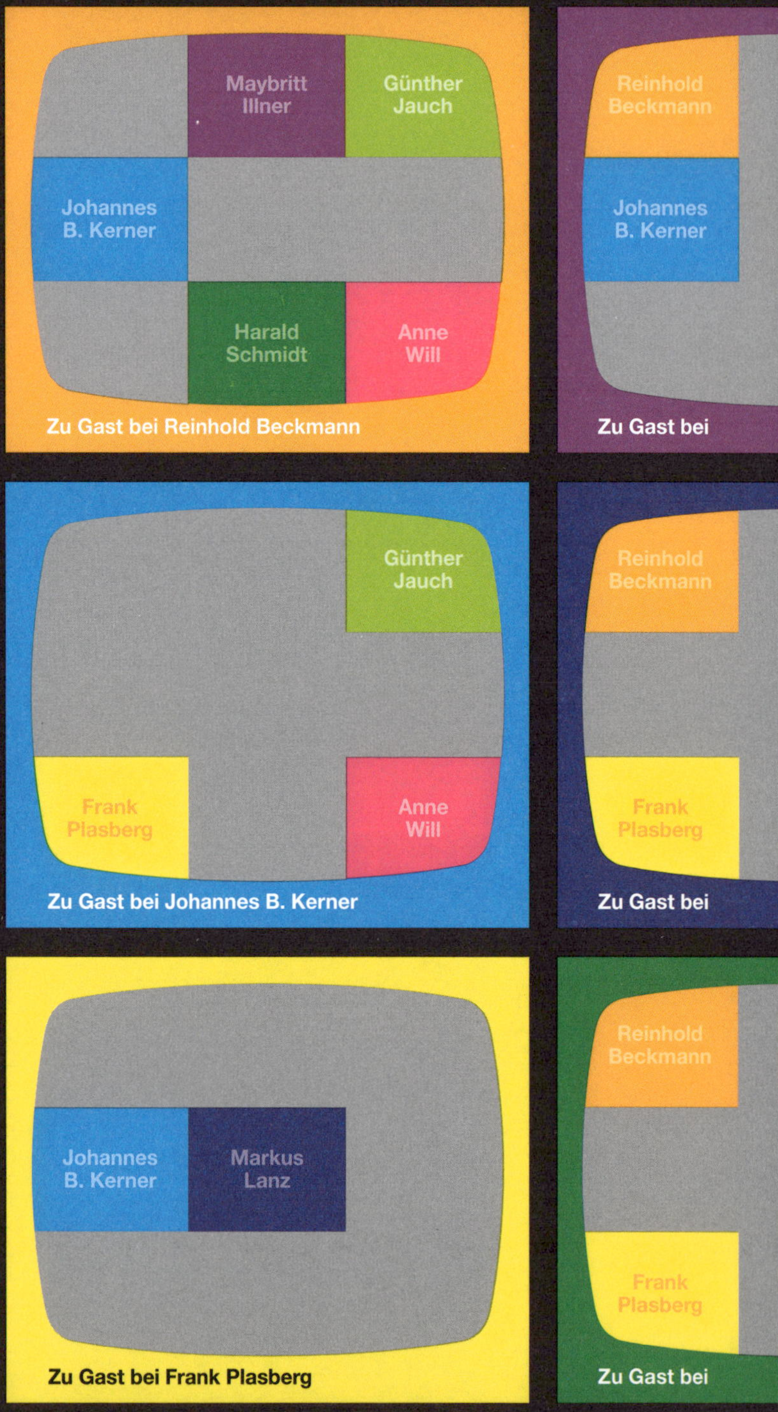

Günther Jauch
Anne Will
Maybritt Illner
Reinhold Beckmann
Johannes B. Kerner
Sandra Maischberger
Frank Plasberg
Harald Schmidt
Zu Gast bei Günther Jauch
Markus Lanz
Harald Schmidt
Anne Will
Zu Gast bei Sandra Maischberger
Günther Jauch
Sandra Maischberger
Anne Will
Harald Schmidt
Zu Gast bei Anne Will

DER ANSTIEG DES MEERESSPIEGELS

Die jährliche Veränderung während der vorigen zwei Jahrtausende

Quellen: Andrew C. Kemp u.a., »Climate related sea-level variations over the past two millennia«, 2011, PNAS
1000
1500
2000

BELIEBTE LOTTO-ZAHLEN

Welche Zahlen werden häufiger getippt als andere – und welche seltener?

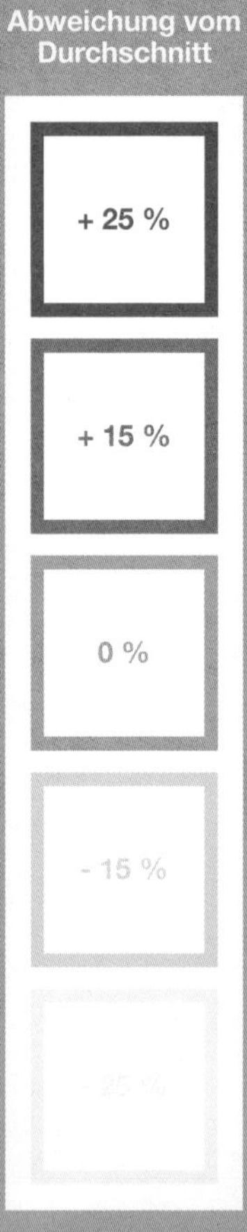

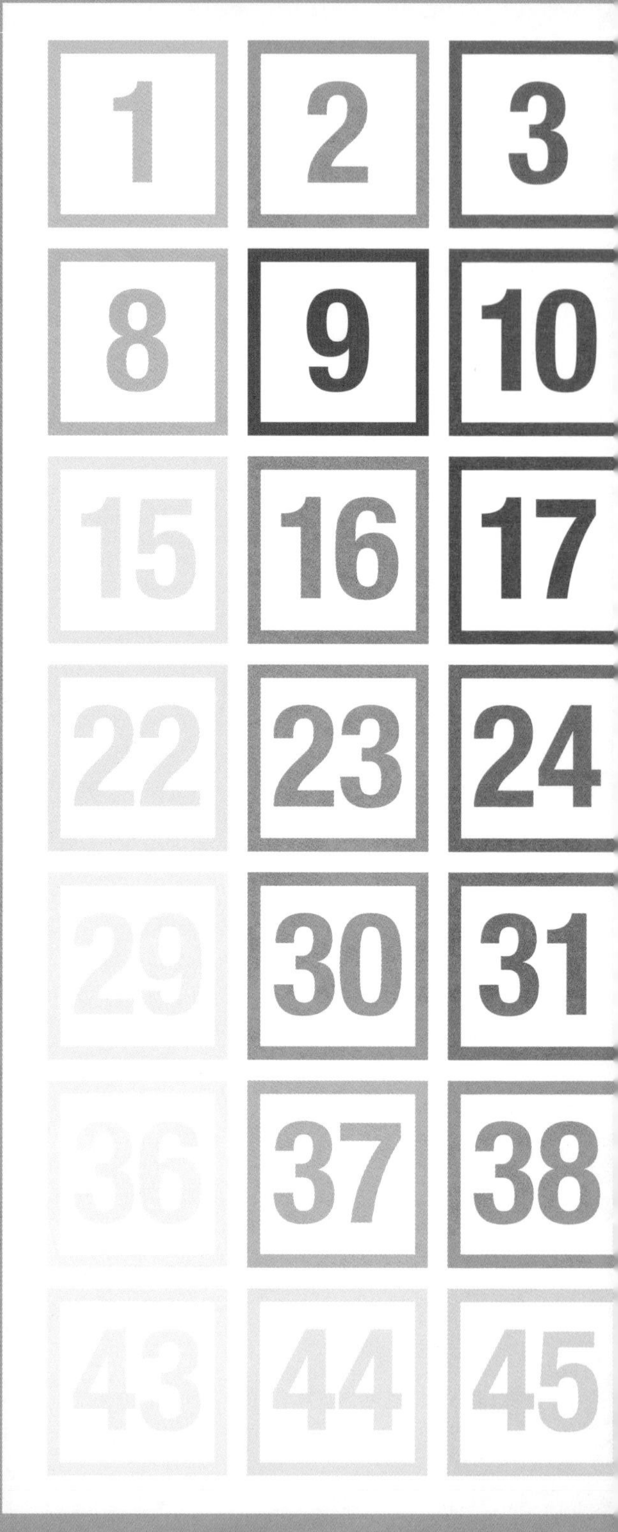

Ausgewertet wurden mehr als 7 Millionen Tippreihen Quelle: Karl Bosch, »Lotto. Spiel mit Grips«, Oldenbourg, 2008

REGISSEURE UND IHRE ERFOLGE

Wie viele Zuschauer sahen die Filme?

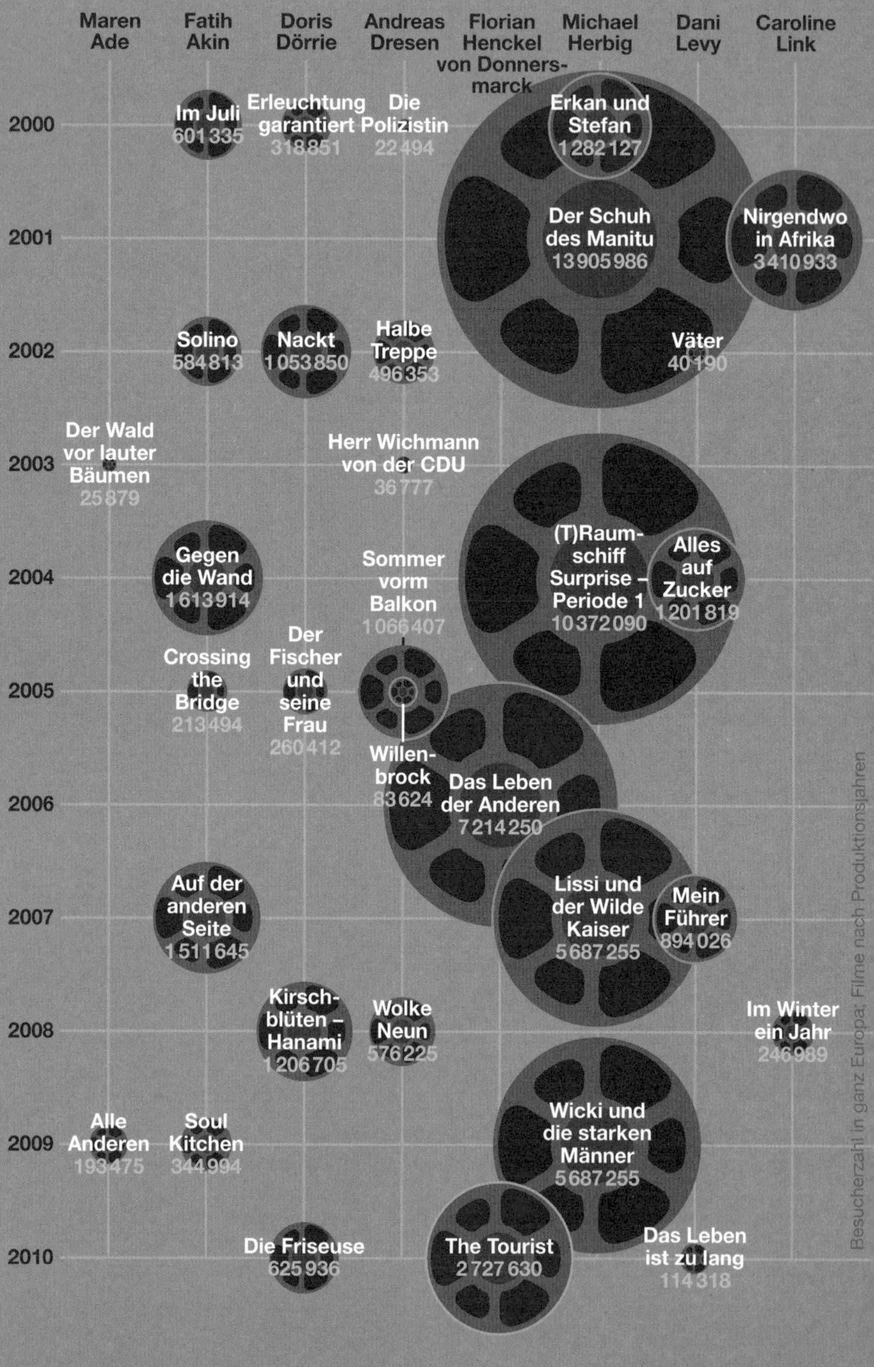

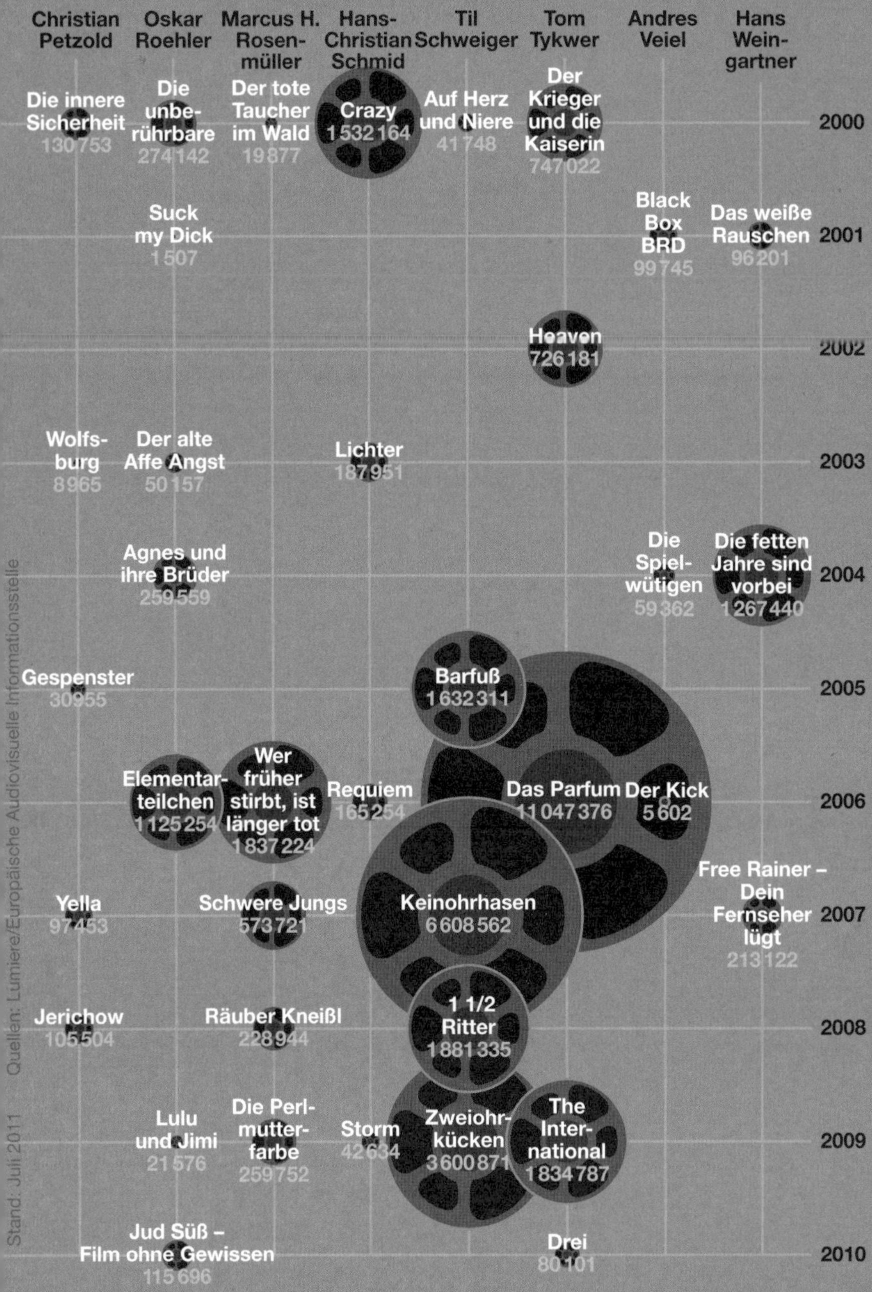
Christian Petzold
Oskar Roehler
Marcus H. Rosenmüller
Hans-Christian Schmid
Til Schweiger
Tom Tykwer
Andres Veiel
Hans Weingartner
2000
2001
2002
2003
2004
2005
2006
2007
2008
2009
2010
Die innere Sicherheit 130 753
Die unberührbare 274 142
Der tote Taucher im Wald 19 877
Crazy 1 532 164
Auf Herz und Niere 41 748
Der Krieger und die Kaiserin 747 022
Suck my Dick 1 507
Black Box BRD 99 745
Das weiße Rauschen 96 201
Heaven 726 181
Wolfsburg 8 965
Der alte Affe Angst 50 157
Lichter 187 951
Agnes und ihre Brüder 259 559
Die Spielwütigen 59 362
Die fetten Jahre sind vorbei 1 267 440
Gespenster 30 955
Barfuß 1 632 311
Elementarteilchen 1 125 254
Wer früher stirbt, ist länger tot 1 837 224
Requiem 165 254
Das Parfum 11 047 376
Der Kick 5 602
Free Rainer – Dein Fernseher lügt 213 122
Yella 97 453
Schwere Jungs 573 721
Keinohrhasen 6 608 562
Jerichow 105 504
Räuber Kneißl 228 944
1 1/2 Ritter 1 881 335
Lulu und Jimi 21 576
Die Perlmutterfarbe 259 752
Storm 42 634
Zweiohrküken 3 600 871
The International 1 834 787
Jud Süß – Film ohne Gewissen 115 696
Drei 80 101
Stand: Juli 2011 Quellen: Lumiere/Europäische Audiovisuelle Informationsstelle

HEILIGE WÖRTER

Welche Begriffe kommen in den Büchern der drei großen Religionen vor

KORAN

Untersucht wurden jeweils handelsübliche Übersetzungen

Tod
211
Liebe
125
Hass
Sünde
308
Zorn
372
Gewalt
166
Himmel
467
0
0
36
Strafe
55
Vergebung
Wunder
Mann
1752
Frau
653
57
Jungfrau
Ehe
100
37
Stolz
8
Barmherzigkeit
3
61
Rache
10
Versöhnung
Tod
142
Liebe
42
Hass
Sünde
237
46
Zorn
26
Gewalt
Himmel
292
12
Hölle
3
11
Strafe
60
Vergebung
37
Wunder
Mann
282
Frau
248
16
Jungfrau
Ehe
85
1
24
Barmherzigkeit
0
3
10
Versöhnung
Quelle: Eigene Zählung
*Der jüdische Tanach und das Alte Testament in der christlichen Bibel unterscheiden sich nur an wenigen Stellen
ALTES TESTAMENT ODER TANACH*
NEUES TESTAMENT

MINISTERTAUSCH

Alle Ressortwechsel deutscher Bundesminister seit 1949

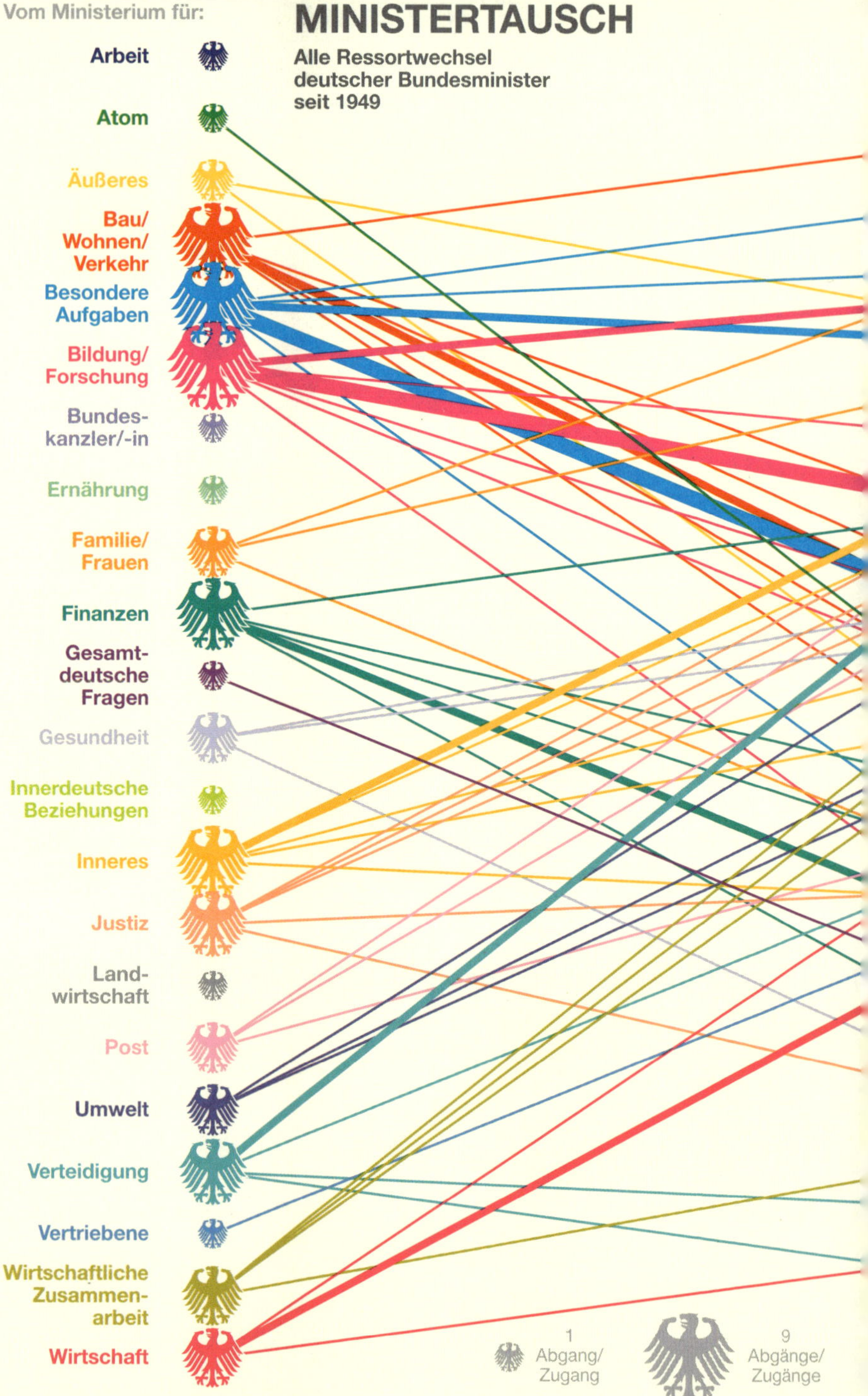

Stand: Juli 2011   Quelle: Eigene Recherchen

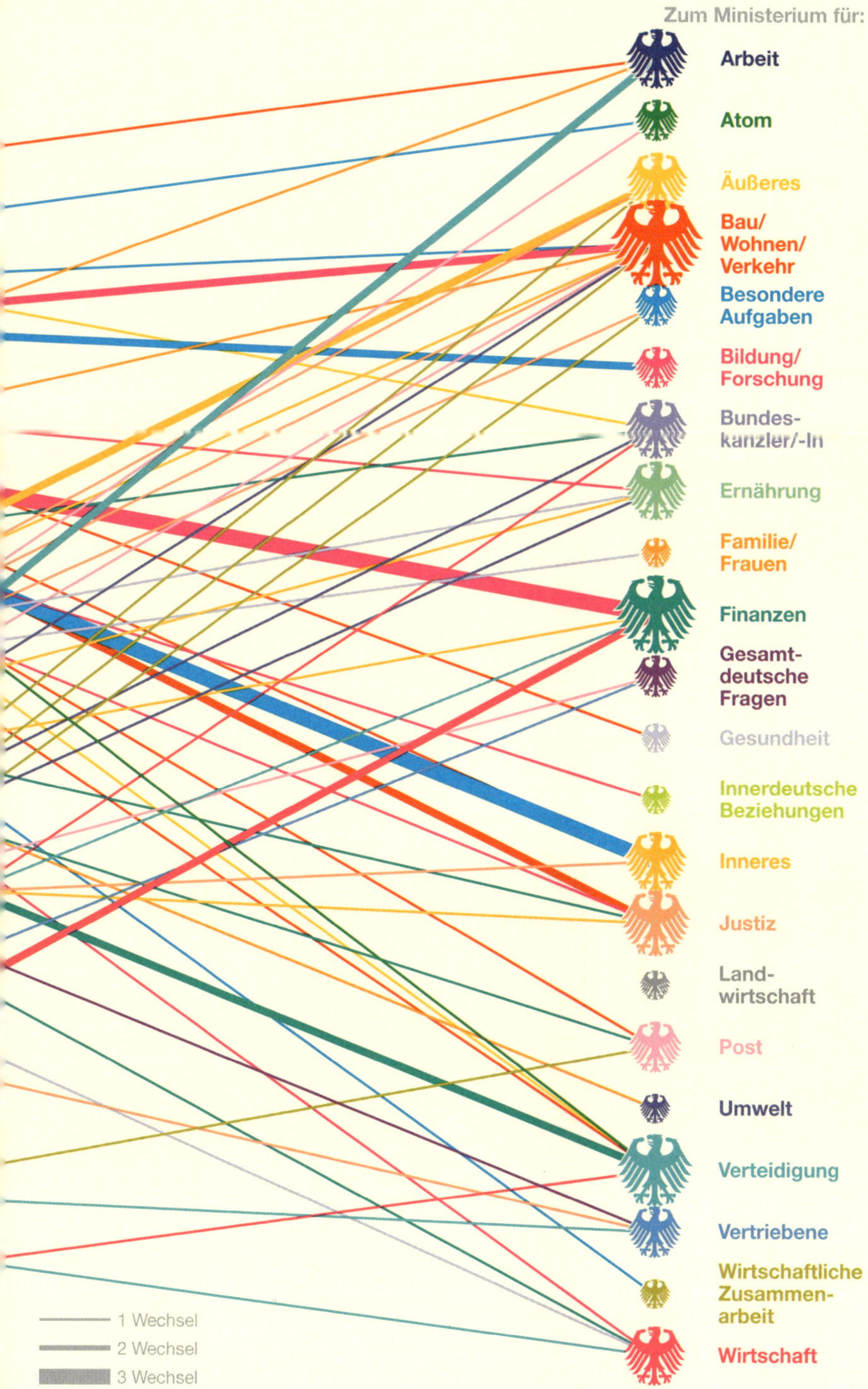
Zum Ministerium für:
Arbeit
Atom
Äußeres
Bau/ Wohnen/ Verkehr
Besondere Aufgaben
Bildung/ Forschung
Bundes- kanzler/-In
Ernährung
Familie/ Frauen
Finanzen
Gesamt- deutsche Fragen
Gesundheit
Innerdeutsche Beziehungen
Inneres
Justiz
Land- wirtschaft
Post
Umwelt
Verteidigung
Vertriebene
Wirtschaftliche Zusammen- arbeit
Wirtschaft
1 Wechsel
2 Wechsel
3 Wechsel

PFEFFERMÜHLEN

**Sie sind die neuen Statussymbole der Küche.
Wer baut die größten Mühlen?**

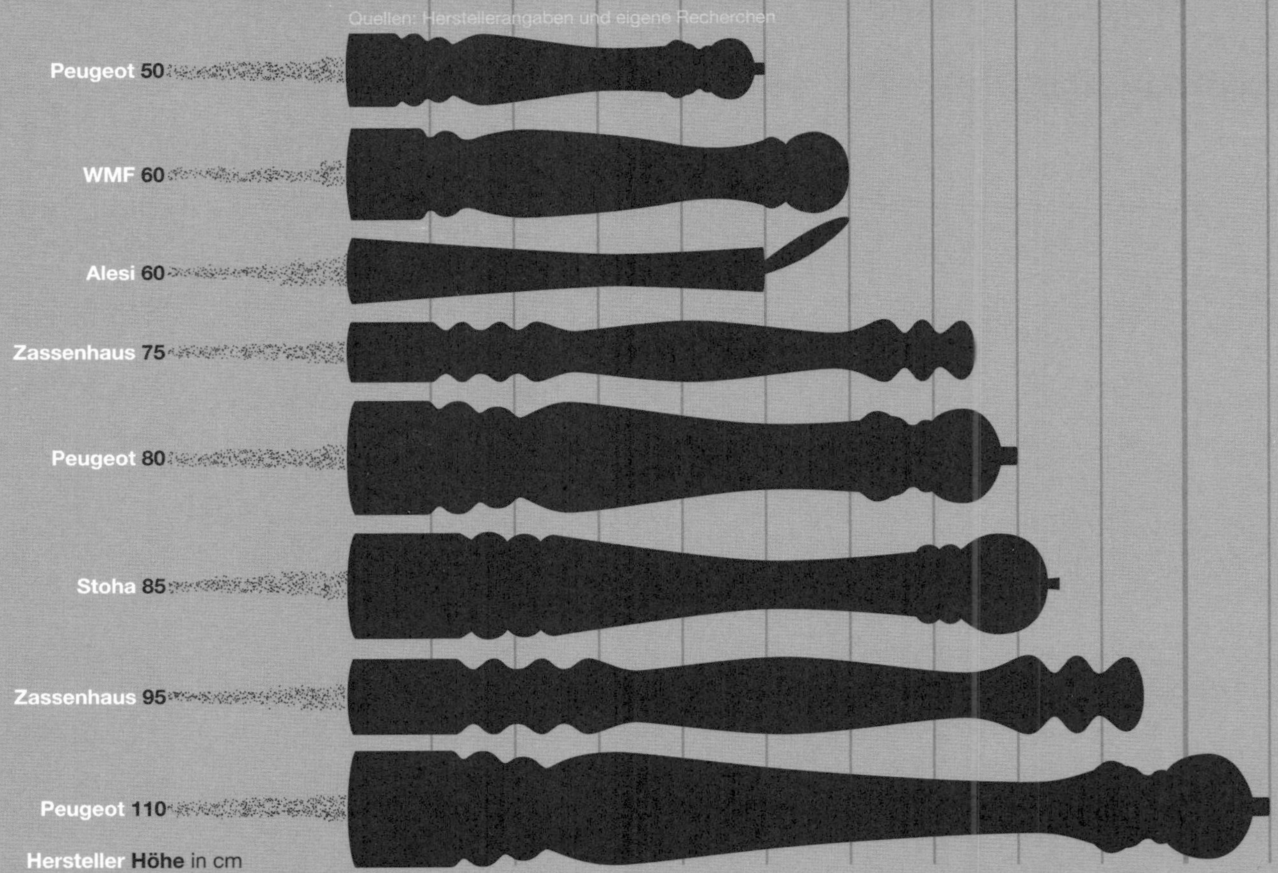
Quellen: Herstellerangaben und eigene Recherchen
Peugeot 50
WMF 60
Alesi 60
Zassenhaus 75
Peugeot 80
Stoha 85
Zassenhaus 95
Peugeot 110
Hersteller Höhe in cm

DIE SÜSSE DER MÜSLIS

Wie viel Zucker steckt in Müslis und Getreideflocken?

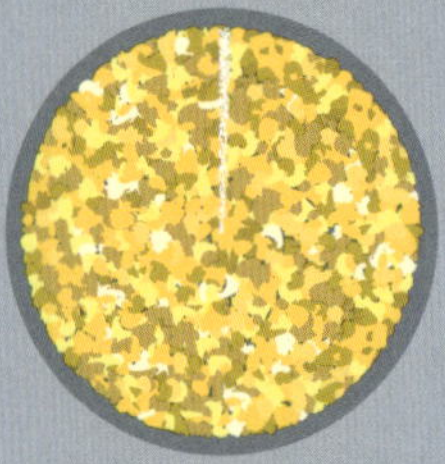

Schneekoppe
Basis Müsli
0,8

Bauckhof Hafer
Müsli Schokoknusper
4,4

Schneekoppe
Herzensangelegenheiten
Müsli
6,4

Kölln Müsli
Schoko »30 % weniger Zucker«
12,4

Dr. Oetker
Vitalis Joghurt Müsli
14,5

Viva Vital
Wellness Flakes Pur
16

Allos Amaranth
Crunchy Beerenfrucht
20,6

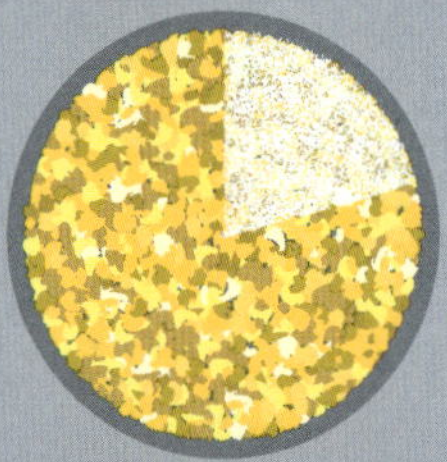

Gut Bio Knusper-Müsli
mit 4 Getreidesorten
und Früchten
21

Viva Vital
Ballaststoffreiches
Vollkorn-Müsli
21,4

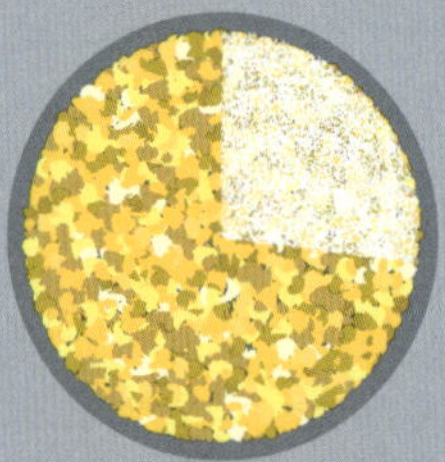

Dr. Oetker Vitalis
Frucht Genuss
Früchte-Vollkorn-Müsli
27,1

Korn Mühle
Knusper-Joghurtmüsli
Kirsch-Mandel
27,6

Kellogg's Müslix
Vital Müsli Knusper Frucht
29

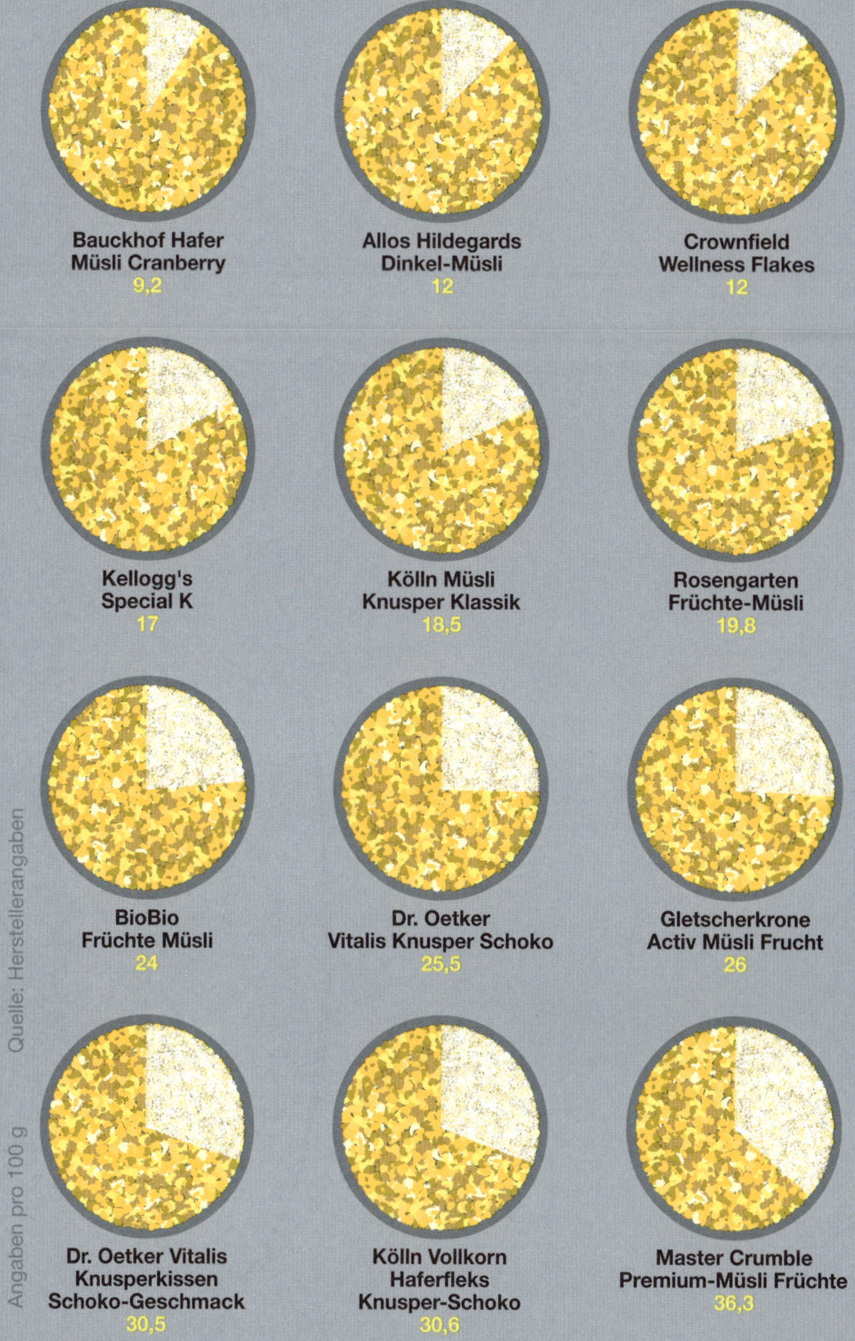
Bauckhof Hafer Müsli Cranberry
9,2
Allos Hildegards Dinkel-Müsli
12
Crownfield Wellness Flakes
12
Kellogg's Special K
17
Kölln Müsli Knusper Klassik
18,5
Rosengarten Früchte-Müsli
19,8
BioBio Früchte Müsli
24
Dr. Oetker Vitalis Knusper Schoko
25,5
Gletscherkrone Activ Müsli Frucht
26
Dr. Oetker Vitalis Knusperkissen Schoko-Geschmack
30,5
Kölln Vollkorn Haferfleks Knusper-Schoko
30,6
Master Crumble Premium-Müsli Früchte
36,3
Angaben pro 100 g
Quelle: Herstellerangaben

WER TANZT WIE?

Verbreitete Bewegungsabläufe – je nach Musik und Situation

Quelle: Eigene Recherche

Verklemmtes Tanzen
House
Robo-Tanz
Antanzen
Head-Banging

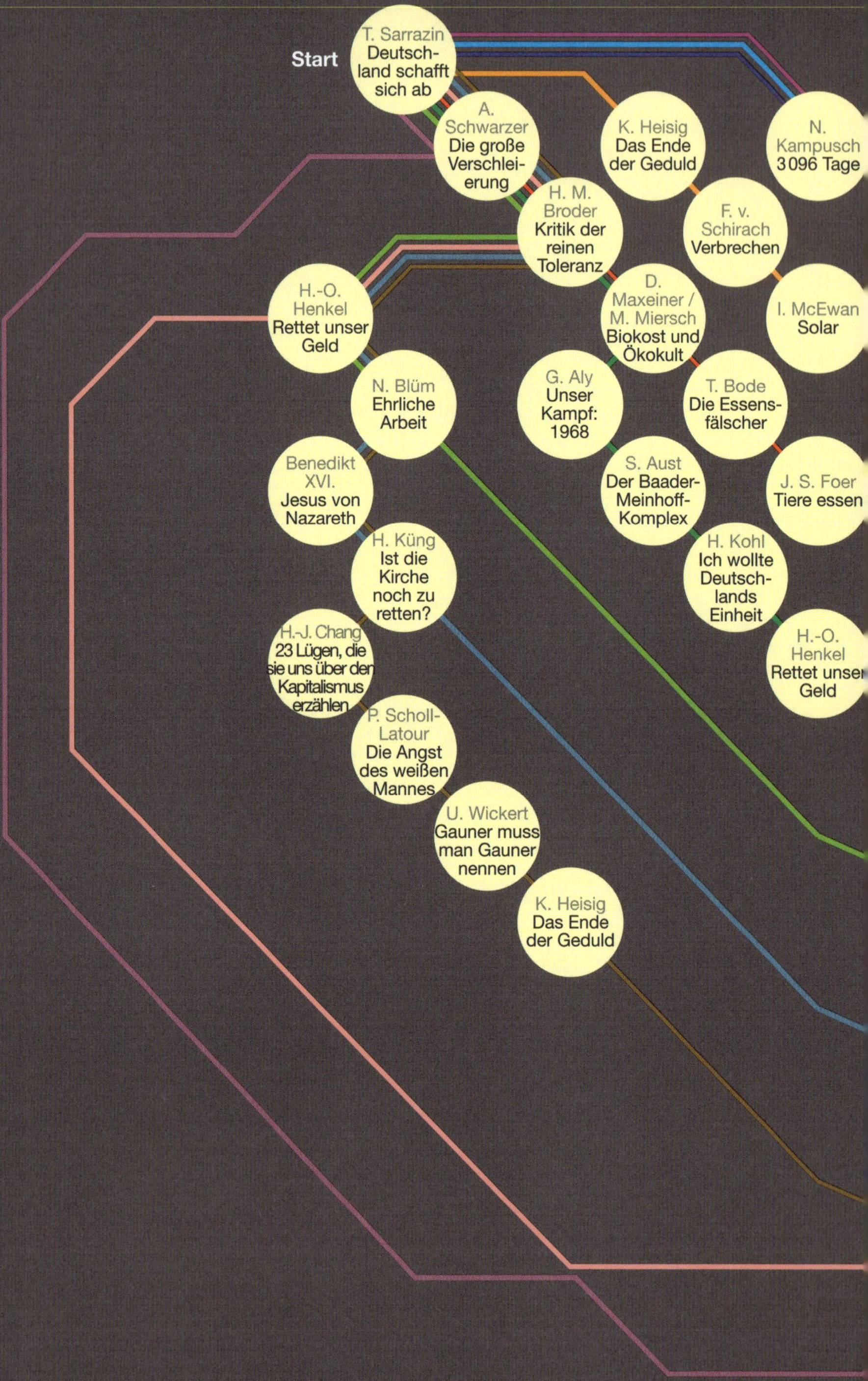

Alle mit einer Linie verbundenen Bücher werden laut Internetbuchhändler Amazon besonders häufig gemeinsam gekauft

VON SARRAZIN ZU SARRAZIN

Welche Bücher kauften Kunden oft auch, wenn sie ein bestimmtes Buch bei Amazon kauften? Und wie gelangt man so von Thilo Sarrazins Buch zu seinem Buch zurück?

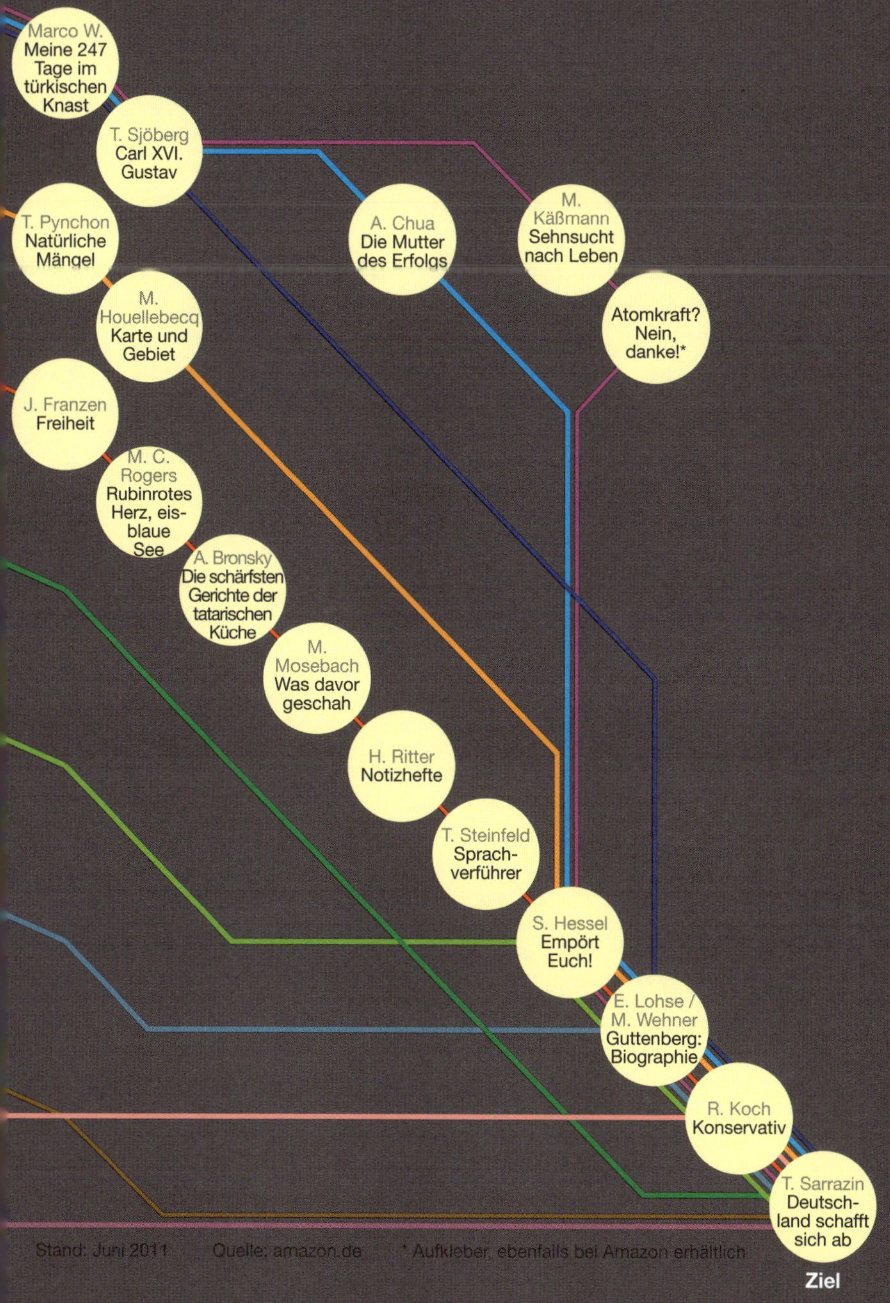

Stand: Juni 2011 Quelle: amazon.de * Aufkleber, ebenfalls bei Amazon erhältlich

ALLERERSTE FRAUEN

Wer waren die weiblichen Avantgardisten seit Beginn des vorigen Jahrhunderts?

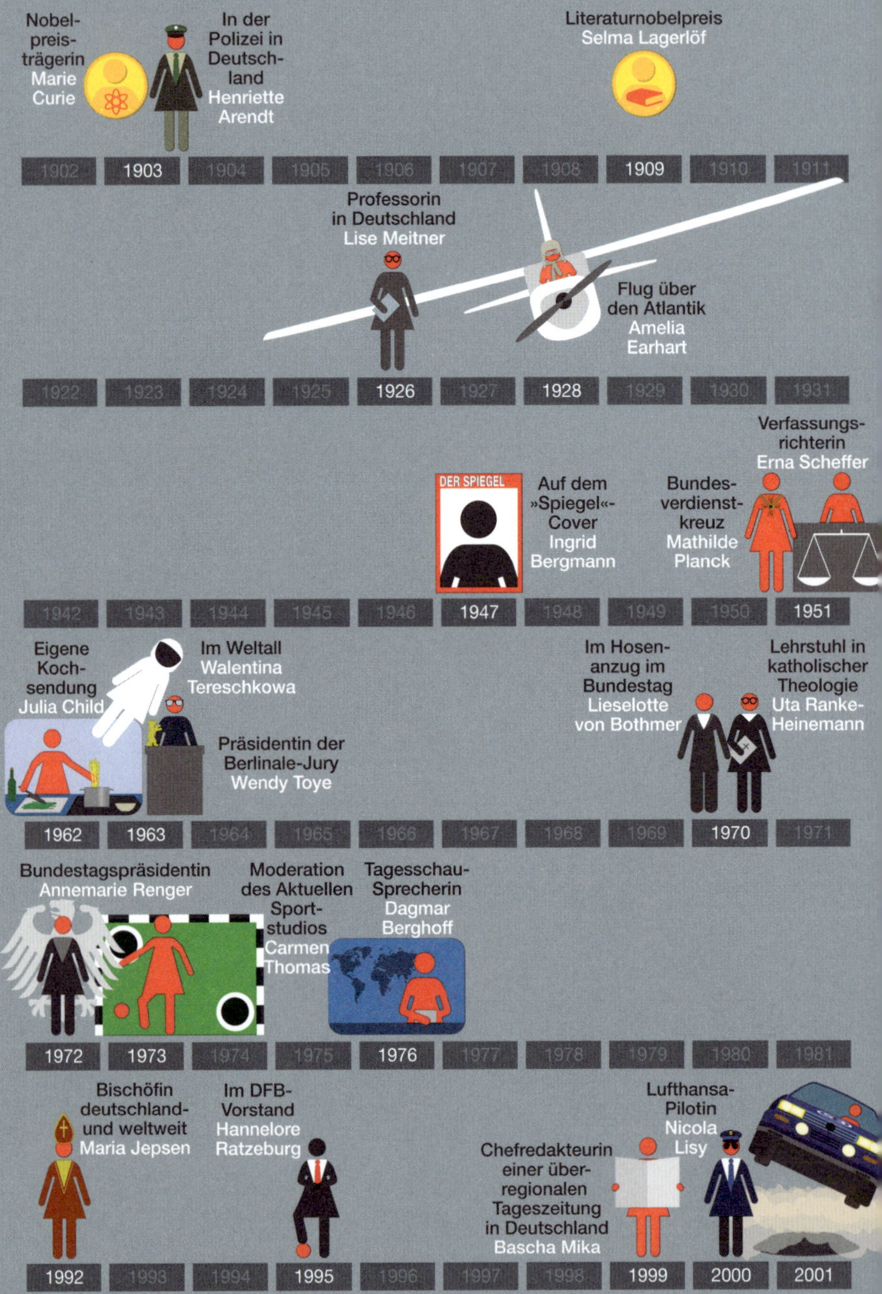

Stand: Juli 2011 Quelle: Eigene Recherchen

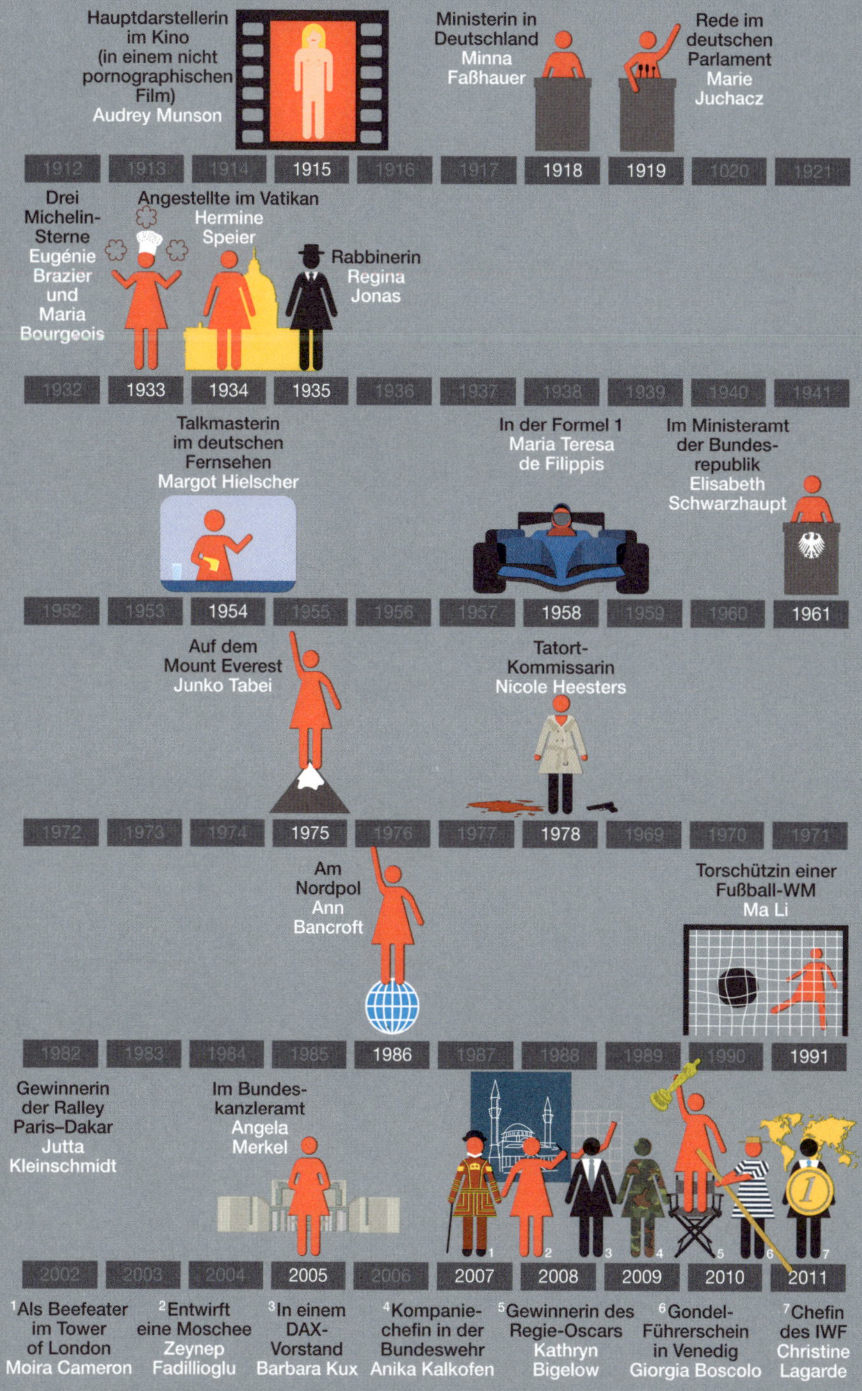

Hauptdarstellerin im Kino (in einem nicht pornographischen Film) Audrey Munson
Ministerin in Deutschland Minna Faßhauer
Rede im deutschen Parlament Marie Juchacz
1912 1913 1914 1915 1916 1917 1918 1919 1020 1921
Drei Michelin-Sterne Eugénie Brazier und Maria Bourgeois
Angestellte im Vatikan Hermine Speier
Rabbinerin Regina Jonas
1932 1933 1934 1935 1936 1937 1938 1939 1940 1941
Talkmasterin im deutschen Fernsehen Margot Hielscher
In der Formel 1 Maria Teresa de Filippis
Im Ministeramt der Bundesrepublik Elisabeth Schwarzhaupt
1952 1953 1954 1955 1956 1957 1958 1959 1960 1961
Auf dem Mount Everest Junko Tabei
Tatort-Kommissarin Nicole Heesters
1972 1973 1974 1975 1976 1977 1978 1969 1970 1971
Am Nordpol Ann Bancroft
Torschützin einer Fußball-WM Ma Li
1982 1983 1984 1985 1986 1987 1988 1989 1990 1991
Gewinnerin der Ralley Paris–Dakar Jutta Kleinschmidt
Im Bundeskanzleramt Angela Merkel
1 2 3 4 5 6 7
2002 2003 2004 2005 2006 2007 2008 2009 2010 2011
1 Als Beefeater im Tower of London Moira Cameron
2 Entwirft eine Moschee Zeynep Fadillioglu
3 In einem DAX-Vorstand Barbara Kux
4 Kompaniechefin in der Bundeswehr Anika Kalkofen
5 Gewinnerin des Regie-Oscars Kathryn Bigelow
6 Gondel-Führerschein in Venedig Giorgia Boscolo
7 Chefin des IWF Christine Lagarde

TATTOO-MODEN

Welche Grundmotive waren wann besonders beliebt?

Quelle: Eigene Recherchen

GESTOHLENE AUTOS

Für welche Modelle interessieren sich Diebe am meisten?

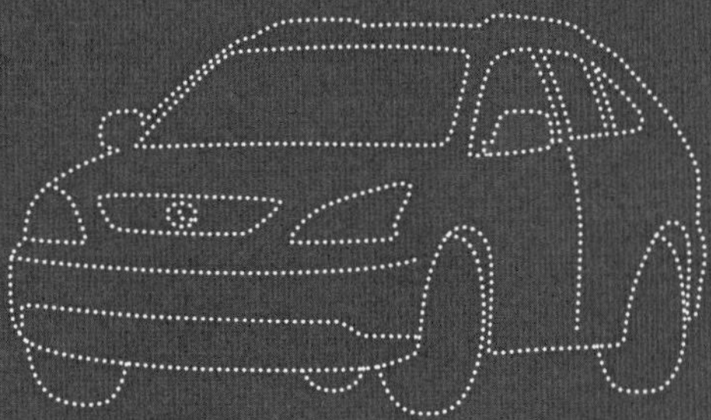

40,6
Toyota Lexus RX400, Hybrid

9,3
BMW X5/X6 3.0d

9
BMW M3 Coupé

7,5
Toyota Landcruiser 3.0 D-4D

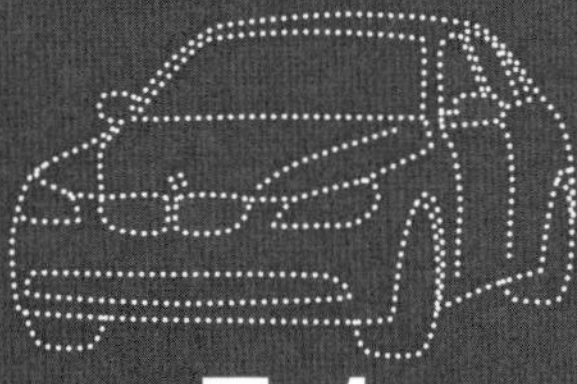

7,1
BMW 535d

6
VW Golf IV 2.8 VR6 Syncro

6
BMW 730d

Anzahl der Diebstähle pro 1000 in Deutschland versicherten Fahrzeugen im Jahr 2009

Quelle: Gesamtverband der deutschen Versicherungswirtschaft

15

BMW X5/X6 3.0sd

15

VW Caravelle T4, Multivan 2.5 TDI

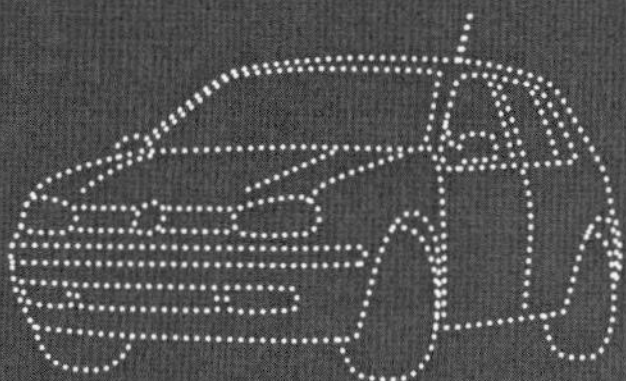

8,3

VW Golf IV 1.9 TDI

7,8

VW Passat 1.9 TDI

7

BMW 735i V8

6,5

Audi S3 1.8T quattro

5,8

BMW M3

5,5

Audi A6 Avant 2.5 TDI

HISTORISCHE FILMROLLEN

Welche deutschen Schauspieler haben welche Figuren gespielt?

	Christoph Bach	Moritz Bleibtreu	Sebastian Blomberg	Alexander Fehling	Heino Ferch	Bruno Ganz	Martina Gedeck	Frank Giering (†)	Vadim Glowna	Anya Hoffmann	Julia Hummer	Nastassja Kinski	Sebastian Koch
Andreas Baader		2008		2011				2002					
Johann Sebastian Bach									2003				
Kaiser Friedrich Barbarossa													
Hildegard von Bingen													
Otto von Bismarck													
Heinrich III.													
Rudi Dutschke	2009		2008										
Gudrun Ensslin										1997			
Joseph Goebbels		2010											
Johann Wolfgang von Goethe				2010									
Johanna von Ingelheim													
Horst Herold						2008			2002				
Adolf Hitler						2004							
Andreas Hofer													
Hans-Joachim Klein	2010												
Hildegard Knef													
Gabriele Kröcher-Tiedemann											2010		
Papst Leo X.													
Rosa Luxemburg												1996	
Klaus Mann													2001
Ulrike Meinhof							2008						
Papst Johannes Paul II.													
Marcel Reich-Ranicki													
Cardinal Richelieu													
Manfred von Richthofen													
Clara Schumann							2008						
Friedrich Schiller													
Albert Speer					2004								2005
Claus Graf Schenk von Stauffenberg													2004
Margarete Steiff													

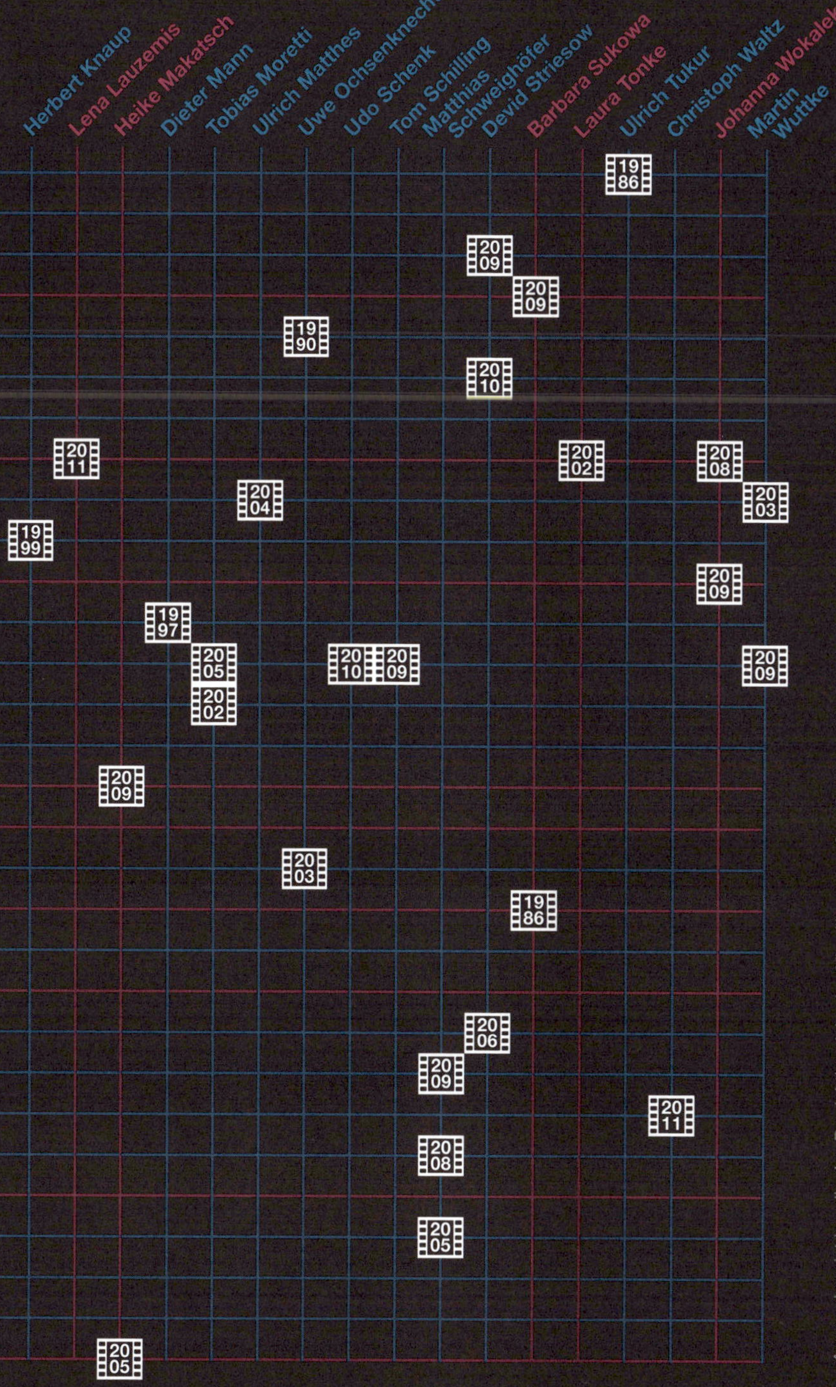

Angegeben ist jeweils das Produktionsjahr des Kinofilms

Quelle: Eigene Recherchen

KLIMA ESSEN

Wie viele Kilo Kohlendioxid verursacht ein Kilo von welchem Lebensmittel im Durchschnitt?

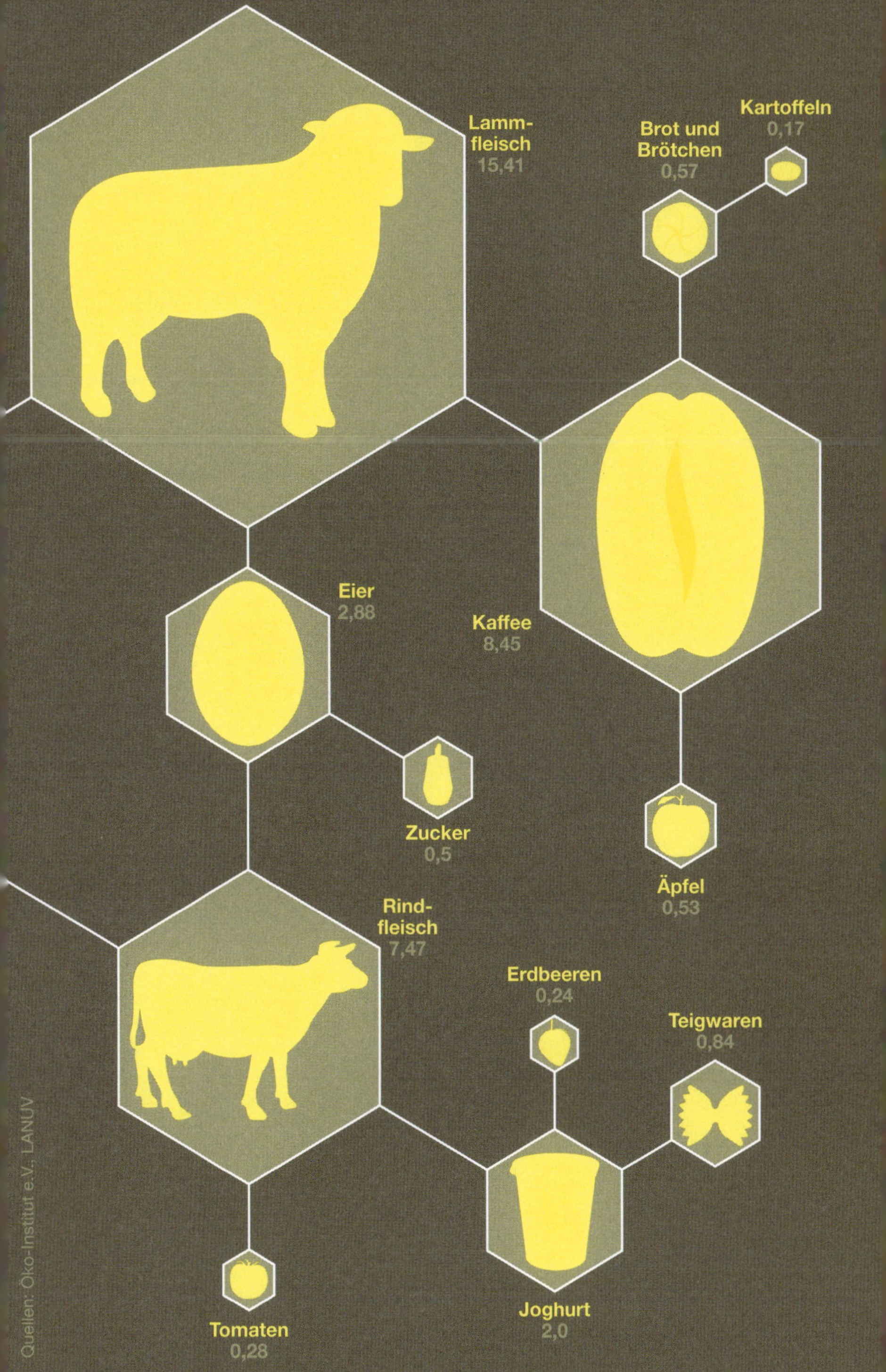
Lamm-
fleisch
15,41
Brot und
Brötchen
0,57
Kartoffeln
0,17
Eier
2,88
Kaffee
8,45
Zucker
0,5
Äpfel
0,53
Rind-
fleisch
7,47
Erdbeeren
0,24
Teigwaren
0,84
Tomaten
0,28
Joghurt
2,0
Quellen: Öko-Institut e.V., LANUV

AUF WELTREISE

Deutsche Fußballtrainer ausländischer Nationalmannschaften

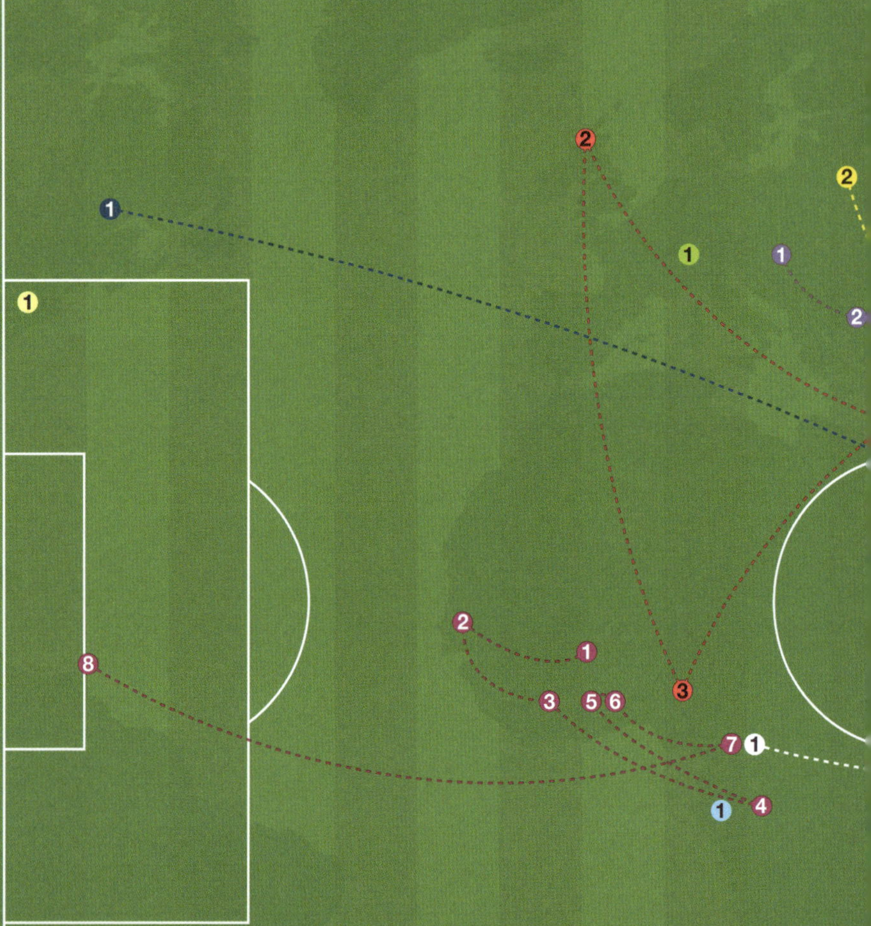

Berti Vogts

4 ASERBAIDSCHAN seit 4/2008

3 NIGERIA 1/2007–2/2008

2 SCHOTTLAND 3/2002–11/2004

1 KUWAIT 8/2001–2/2002

Gernot Rohr

1 GABUN seit 2/2010

Lothar Matthäus

2 BULGARIEN 9/2010–9/2011

1 UNGARN 12/2003–12/2005

Ottmar Hitzfeld

1 SCHWEIZ seit 7/2008

Holger Osieck

2 AUSTRALIEN seit 8/2010

1 KANADA 9/1998–9/2003

Wolfgang Sidka

2 IRAK 8/2010–7/2011

1 BAHRAIN 7/2004–8/2005 und 10/2000–3/2003

Michael Weiß

1 PHILIPPINEN seit 1/2011

Aufgeführt sind alle Trainer, die 2011 eine Mannschaft im Ausland trainierten

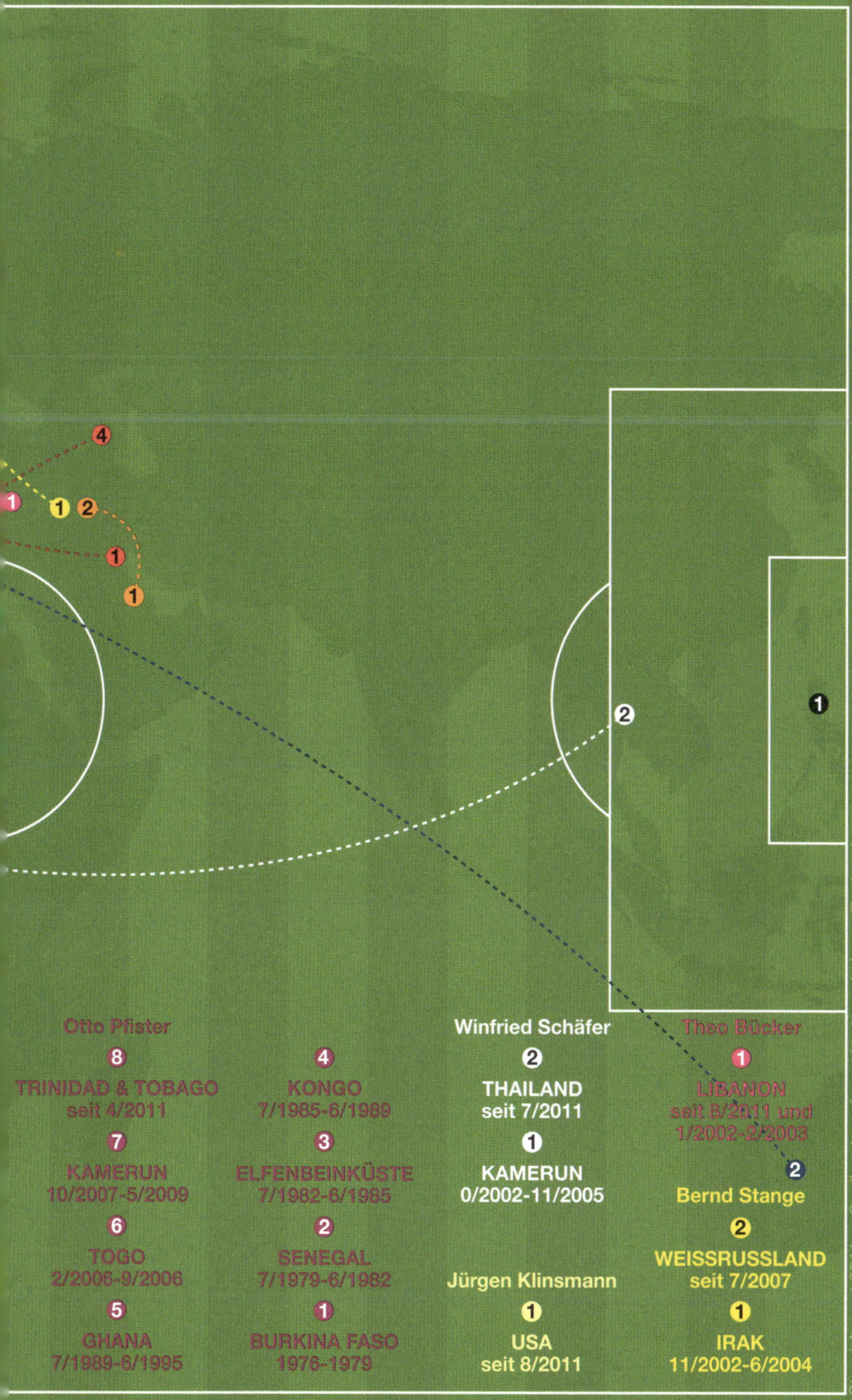

Stand August 2011 Quellen: transfermarkt.de und eigene Recherchen

DER PREIS DES STROMS

Strom war billig bis zum Atomausstieg? Seine Teuerungsrate im Vergleich mit anderen Dingen des täglichen Bedarfs

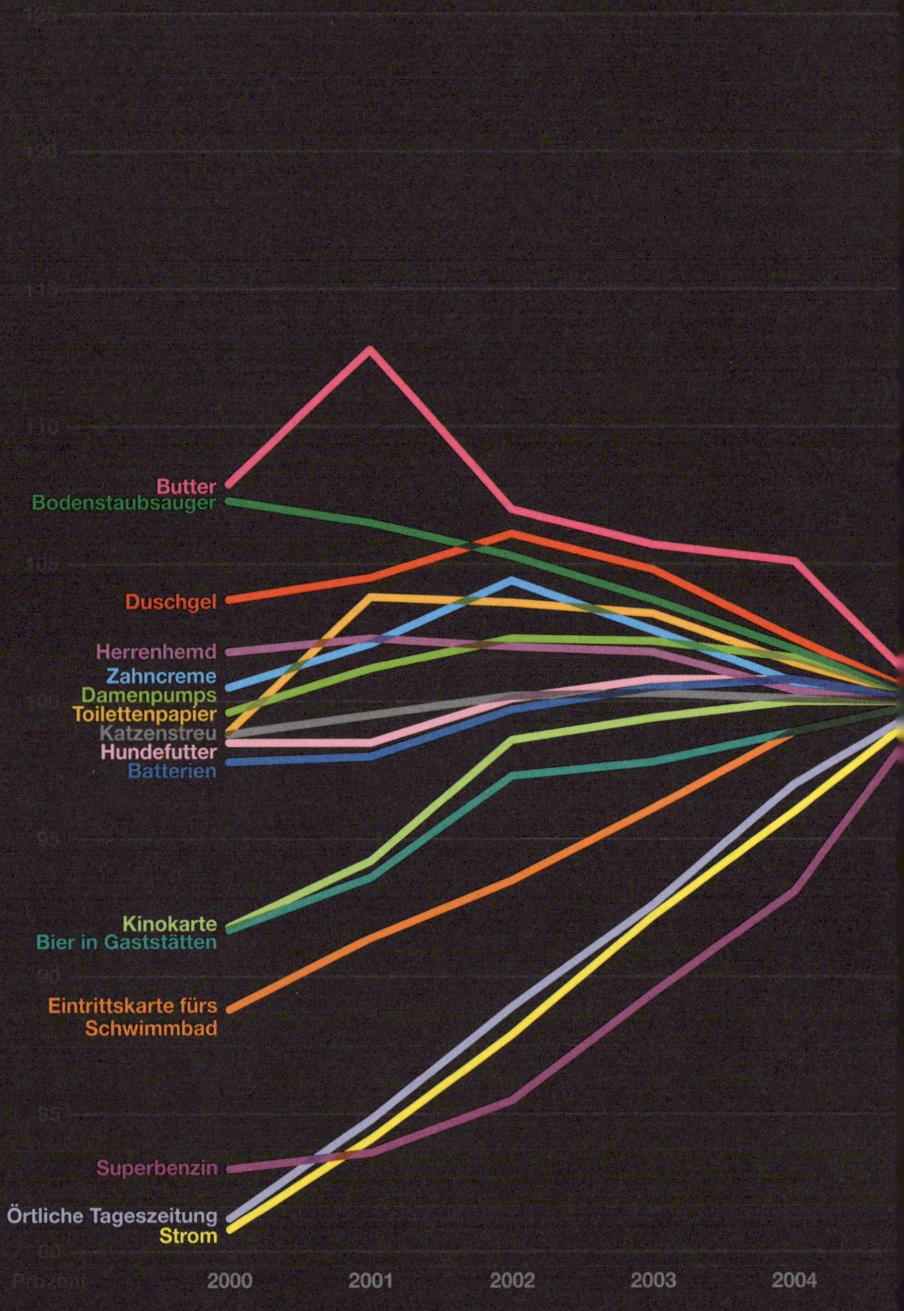

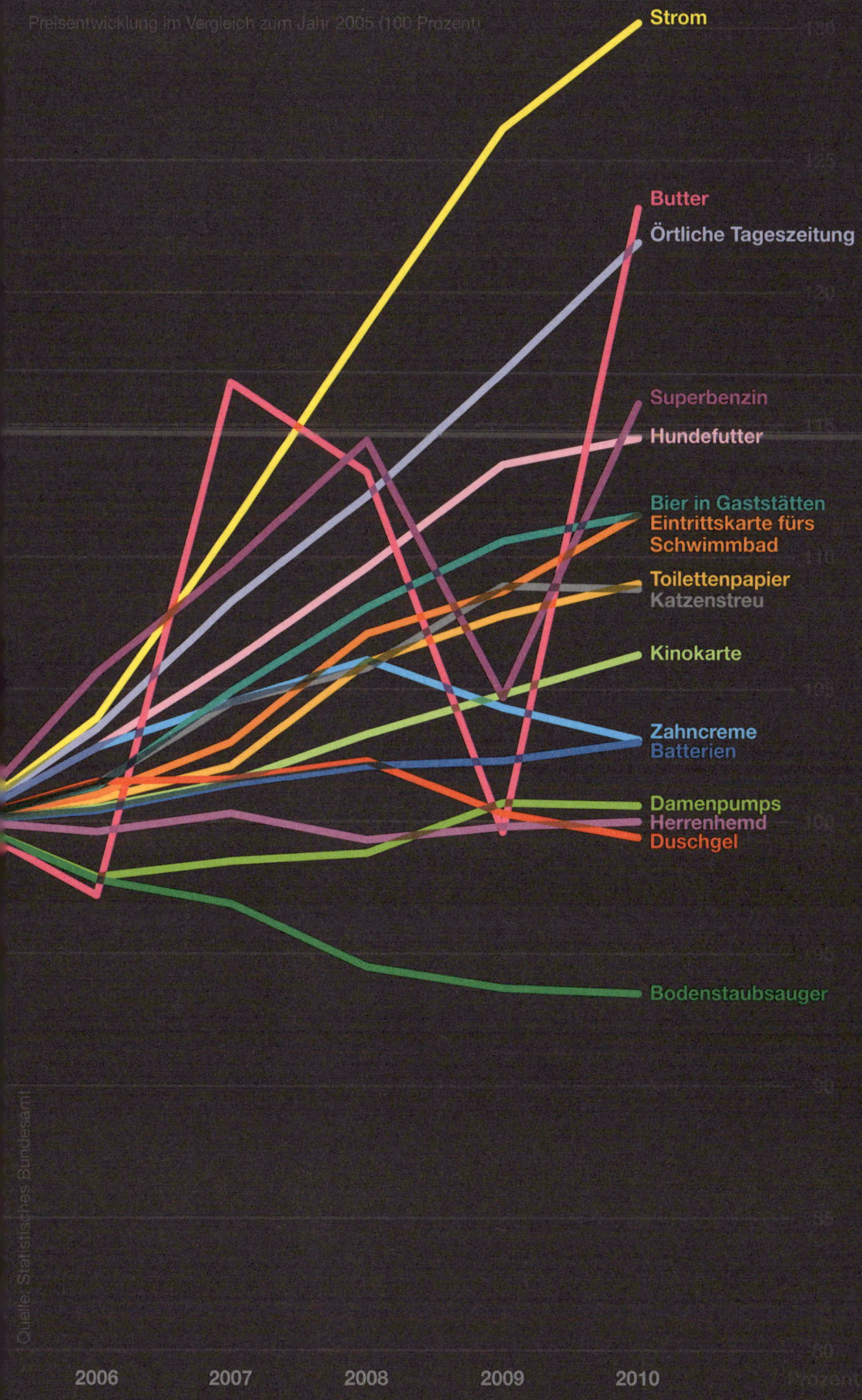
Preisentwicklung im Vergleich zum Jahr 2005 (100 Prozent)
Strom
Butter
Örtliche Tageszeitung
Superbenzin
Hundefutter
Bier in Gaststätten
Eintrittskarte fürs Schwimmbad
Toilettenpapier
Katzenstreu
Kinokarte
Zahncreme
Batterien
Damenpumps
Herrenhemd
Duschgel
Bodenstaubsauger
130
125
120
115
110
105
100
95
90
85
80
Prozent
2006
2007
2008
2009
2010
Quelle: Statistisches Bundesamt

JUGENDGEWALT

Die Wirklichkeit in Schulen – und ihr Abbild in den Medien

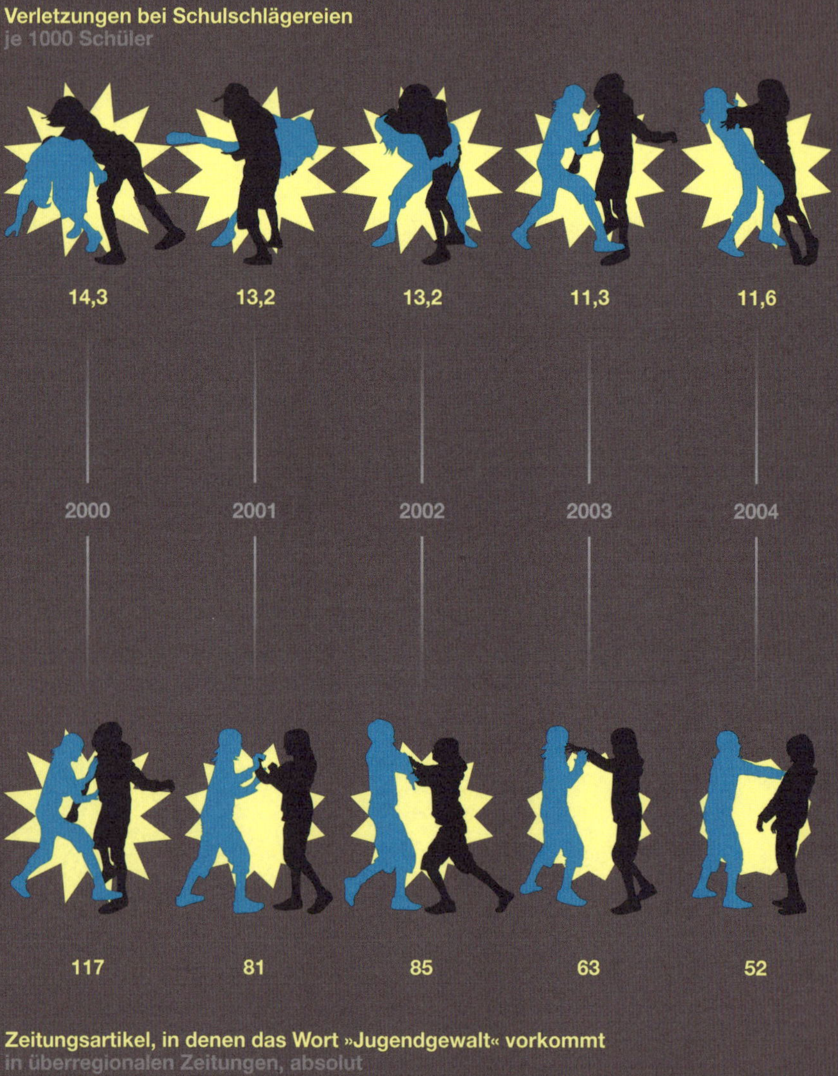

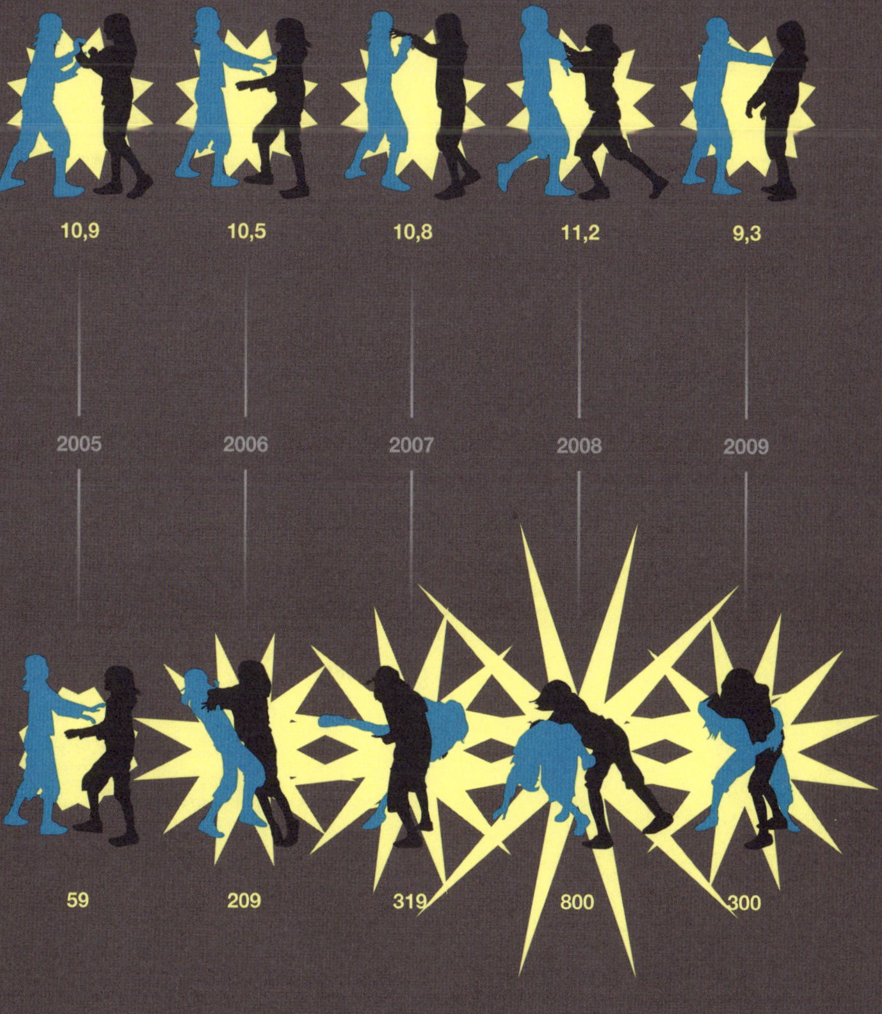

Quellen: Deutsche Gesetzliche Unfallversicherung und G + J Pressedatenbank

GEFAHREN-AMPELN

In welchen Farbstufen wovor gewarnt wird

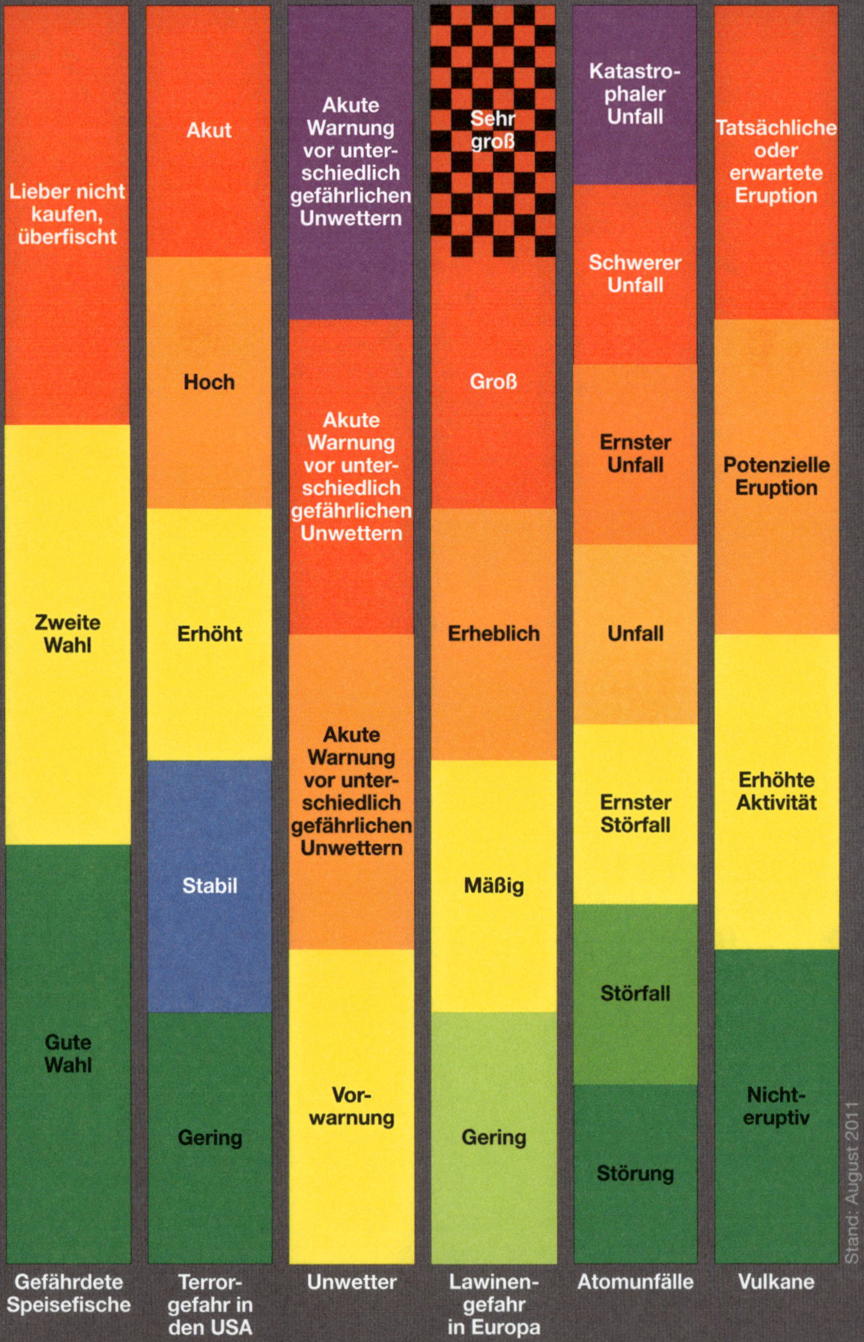

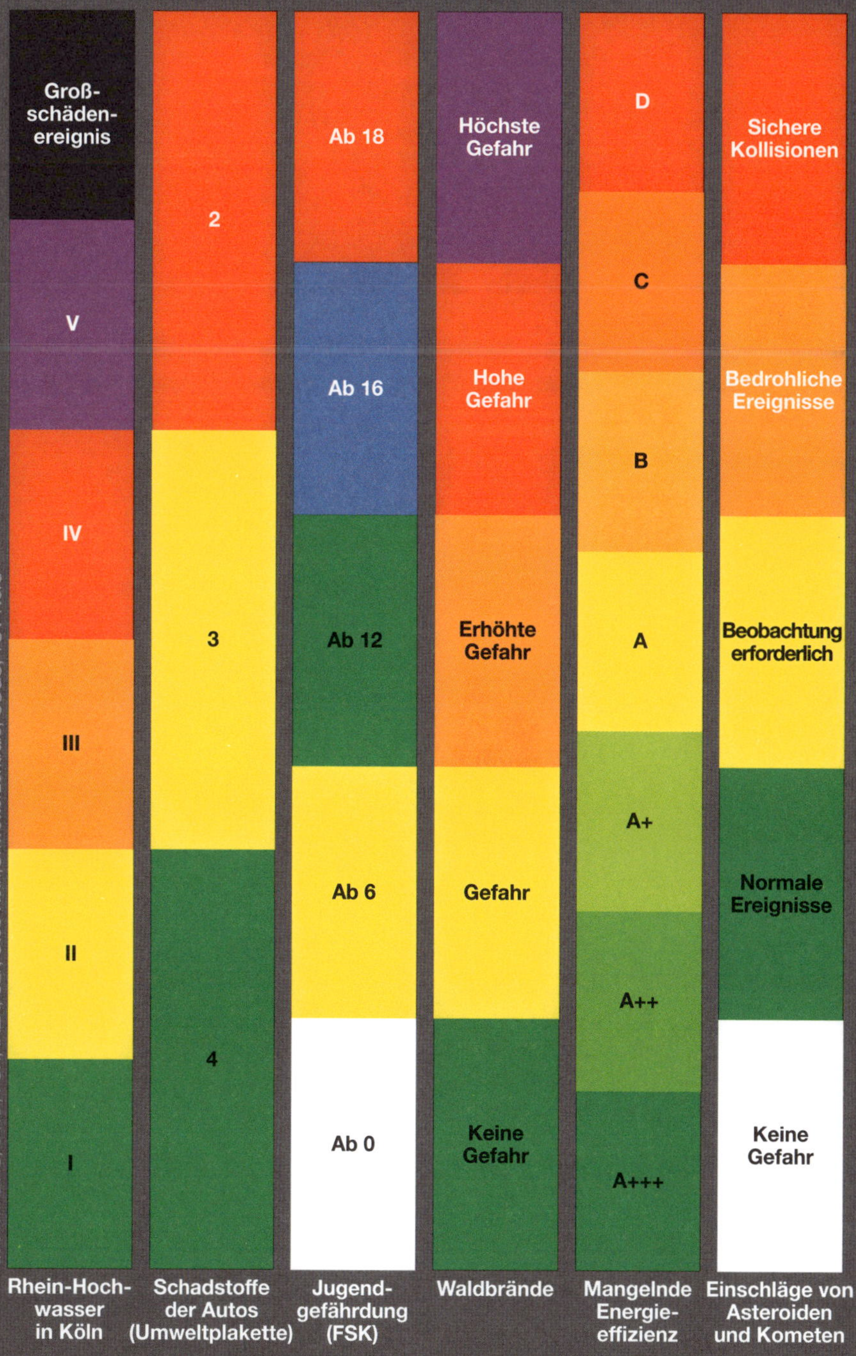

Quellen: DHS, DWD, FSK, IAEA, SLF, Steb Köln, Unwetterzentrale, USGS, TÜV Nord

HAARENTFERNUNG

Das unterschiedliche Rasierverhalten junger Frauen und Männer

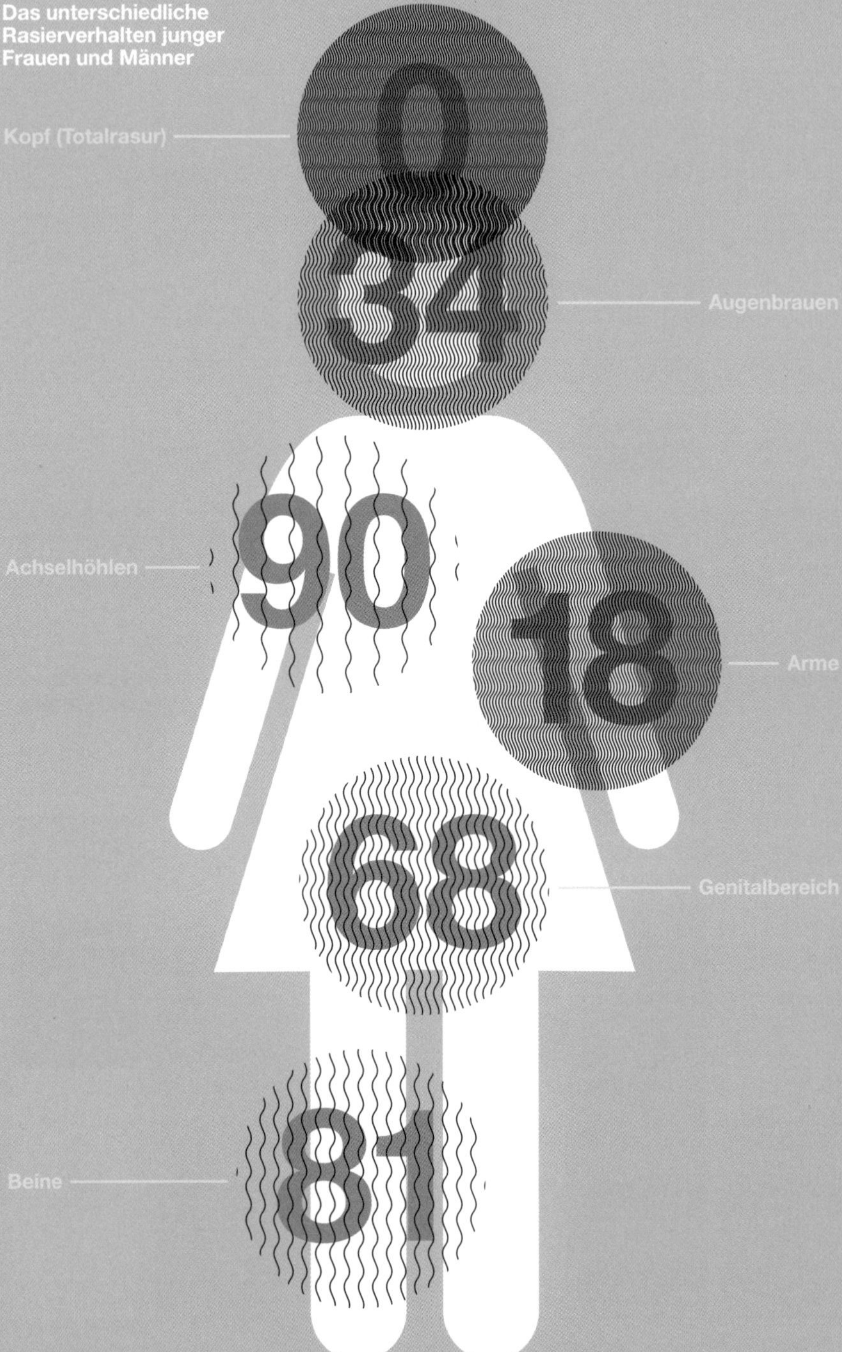

Anteil der 18- bis 25-Jährigen, die sich rasieren, in Prozent

Quelle: Prof. Dr. Elmar Brähler, Uni Leipzig, Repräsentativerhebung in Deutschland im Mai und Juni 2009

WESTNAMEN UND OSTNAMEN

Eine Auswahl von Vornamen, sortiert nach ihrer Dominanz in West- und Ostdeutschland

8,52 DOREEN
7,76 MANDY
7,21 PEGGY
7,10 JANA
6,99 KATHLEEN
6,34 RONNY
5,84 INES
5,09 JACQUELINE
5,03 STEFFEN
4,27 SANDY
4,23 RENE
3,42 CINDY
3,18 HENRY
3,15 MAIK
3,06 ILONA
2,68 MIKE
2,67 BÄRBEL
2,52 RONALD
2,47 MARIO
2,29 UTA
2,22 EVELYN
2,21 VEIT
1,96 JENNY
1,95 MARKO
1,92 GUDRUN
1,88 HANNELORE
1,86 MANUELA
1,84 CORDULA
1,77 DENISE
1,72 HEIKO
1,22 CARMEN
1,06 MARCEL
03 BARBARA
Quelle: Mario Fraust, Genevolu
0
1
2
3
4
5
6
7
8
9
Wie viel Mal häufiger im Osten?

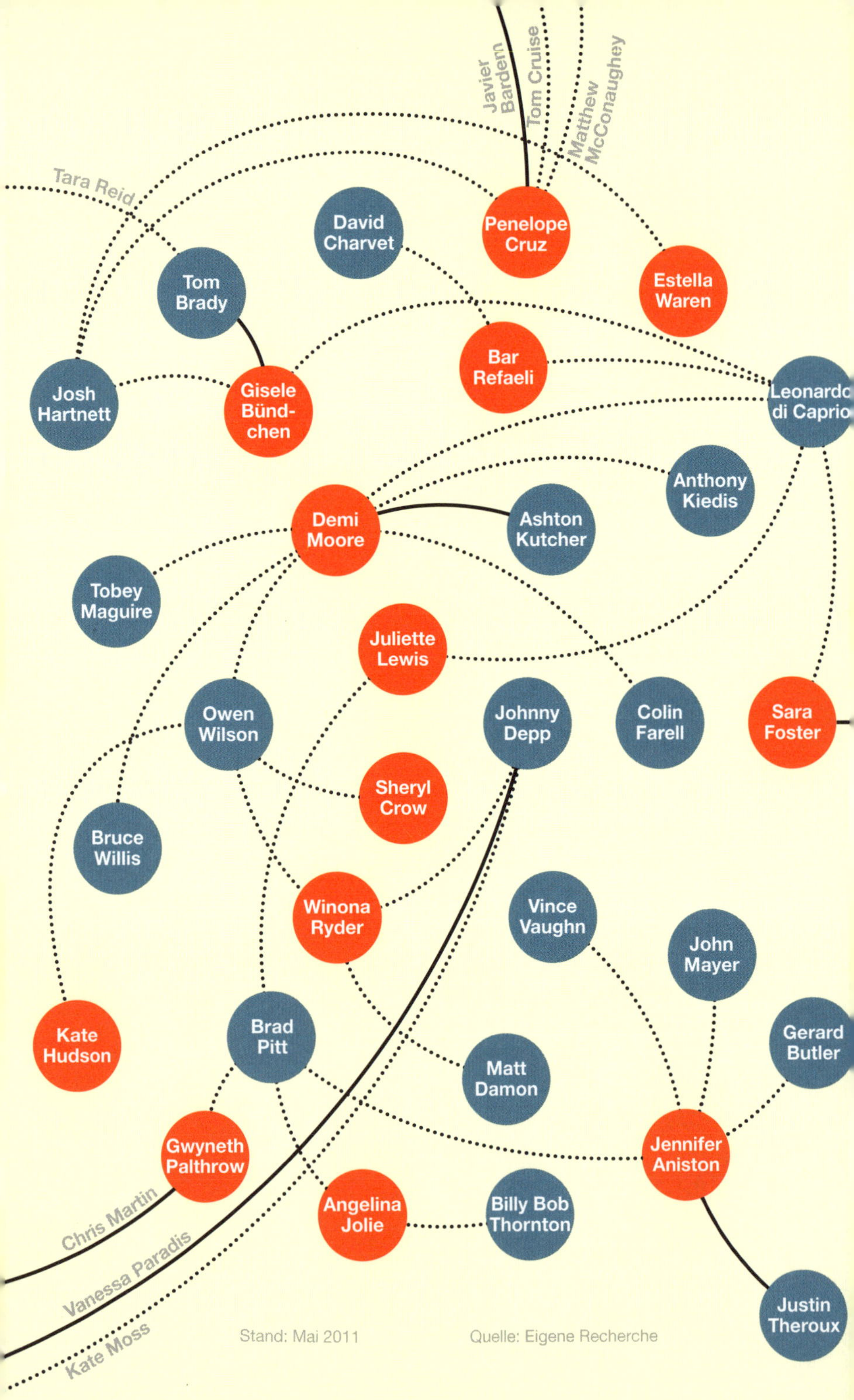
Javier Bardem
Tom Cruise
Matthew McConaughey
Tara Reid
David Charvet
Penelope Cruz
Estella Waren
Tom Brady
Bar Refaeli
Josh Hartnett
Gisele Bünd-chen
Leonardo di Caprio
Anthony Kiedis
Demi Moore
Ashton Kutcher
Tobey Maguire
Juliette Lewis
Owen Wilson
Johnny Depp
Colin Farell
Sara Foster
Sheryl Crow
Bruce Willis
Winona Ryder
Vince Vaughn
John Mayer
Gerard Butler
Kate Hudson
Brad Pitt
Matt Damon
Gwyneth Palthrow
Jennifer Aniston
Chris Martin
Angelina Jolie
Billy Bob Thornton
Vanessa Paradis
Justin Theroux
Kate Moss
Stand: Mai 2011
Quelle: Eigene Recherche

DAS EX-GEFLECHT

Oliver Pocher und Sandy Meyer-Wölden haben im Jahr 2010 geheiratet. Welches Netz der Ex-Beziehungen hinterlassen sie?

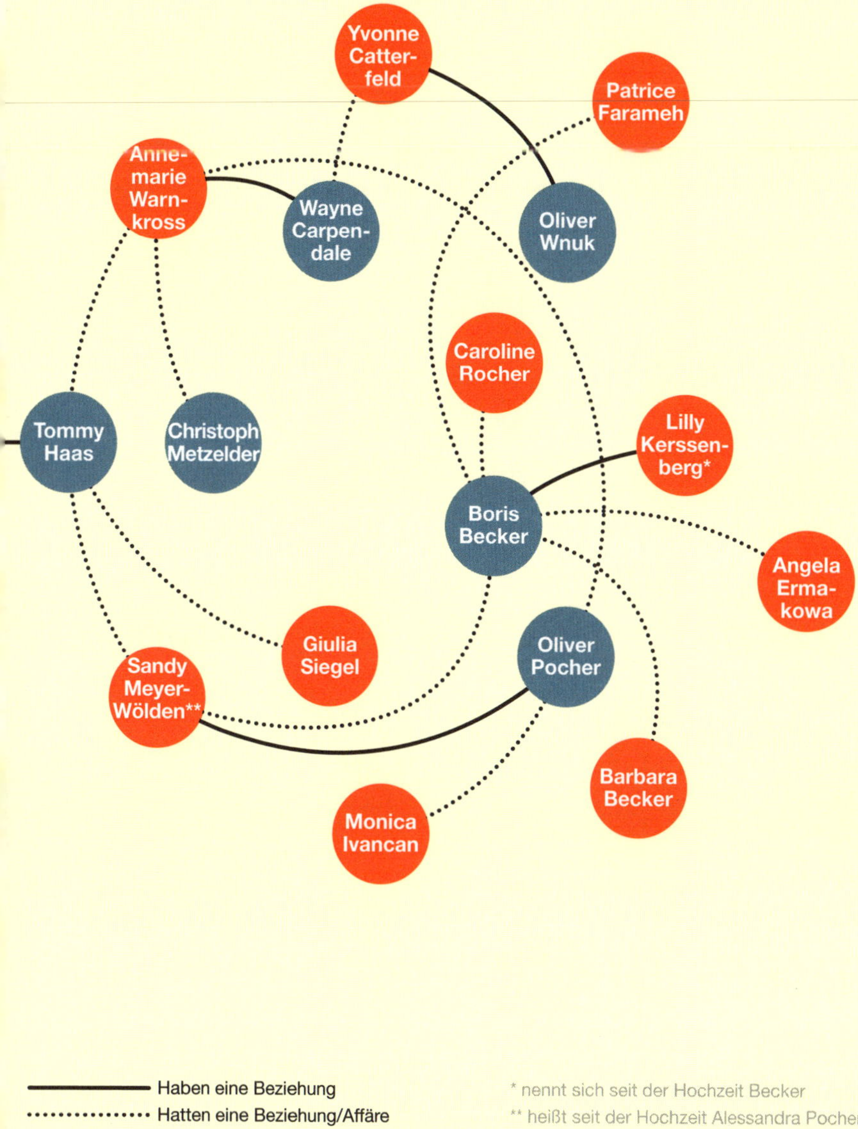

* nennt sich seit der Hochzeit Becker

** heißt seit der Hochzeit Alessandra Pocher

DER EWIGE SCHREBERGARTEN

Wie derselbe Trend immer wieder neu entdeckt wird

Bild
13.06.1999
GENERATIONSWECHSEL IM SCHREBERGARTEN

Bild
31.8.2003
VON WEGEN SPIESSIG

Chrismon
1.8.2004
VOM GLÜCK HINTER DER HECKE

Hamburger Abendblatt
21.8.2004
SPIESSIG? NÖ

Woman
19.4.2005
DAS GROSSE BUDDELN

Living at Home
1.9.2005
NEUE LUST AUF ALTE LAUBEN

Die Welt
22.7.2006
IMAGEWECHSEL HINTER NATURHECKEN

Gala
24.4.2008
GRÜNER WIRD'S NICHT

Frankfurter Rundschau
15.5.2008
DAS GLÜCK DER ERDE

Focus
30.5.2009
HACKEN, SÄEN – UND GENIESSEN

Schöner Wohnen
1.6.2009
HAUS STATT HÜTTE

Emma
1.7.2009
WILD LIFE STATT GARTENZWERGE IM KLEINGÄRTNERVEREIN e.V.

Neue Zürcher Zeitung
26.10.2009
SEHNSUCHT NACH EINEM KLEINEN STÜCK HEIMATERDE

Stand: 31. Juli 2011

Financial Times (D)
19.07.2002
DIE NEUEN GRÜNEN

Brigitte Young Miss
1.2.2003
CHILLEN IM SCHREBER-GARTEN

Stern
24.4.2003
REVOLUTION IN DEN KLEIN-GARTEN-KOLONIEN

Hamburger Morgenpost
5.8.2003
HALLO, WIR SIND DIE JUNGEN LAUBENPIEPER

Süddeutsche Zeitung
13.05.2005
VON HUMMELN UND HOLLY-WOOD-SCHAUKELN

Spiegel
28.5.2005
LAUBE LIEBE HOFFNUNG

Frankfurter Allgemeine
27.5.2005
IM SCHREBER-GARTEN EDEN

taz
6.8.2005
SOMMER-HAUS JETZT

Süddeutsche Zeitung
17.5.2008
LAUBE LIEBE HOFFNUNG

Münchner Abendzeitung
16.8.2008
DIE LÄSSIGEN SPIESSER

Manager Magazin
28.8.2008
FREECLIMBING IN VERTIKALEN SCHREBER-GÄRTEN

Welt am Sonntag
19.4.2009
COMEBACK DER EIG'NEN SCHOLLE

FAS
28.3.2010
NEUE LAUBEN-MODE

Cicero
1.6.2010
NEUES GARTEN-GLÜCK

ZEIT Wissen Magazin
1.4.2011
VON WEGEN SPIESSIG

Hamburger Abendblatt
23.7.2011
SCHREBER-GARTEN 2.0

Quelle: G + J Pressedatenbank

DER RUHM DER DISSIDENTEN

1901 Frédéric Passy, Jean Henry Dunant	1902 Élie Ducommun, Charles Albert Gobat	1903 William Randal Cremer	1904 Institut für internationales Recht	1905 Bertha Sophia Felicita Baronin von Suttner	1906 Theodore Roosevelt	1907 Ernesto Teodoro Moneta, Louis Renault
1915 Keine Preisverleihung	1916 Keine Preisverleihung	1917 Internationales Komitee vom Roten Kreuz	1918 Keine Preisverleihung	1919 Thomas Woodrow Wilson	1920 Léon Victor Auguste Bourgeois	1921 Karl Hjalmar Branting, Christian Lous Lange
1929 Frank Billings Kellogg	1930 Lars Olof Jonathan (Nathan) Söderblom	1931 Jane Addams, Nicholas Murray Butler	1933 Sir Norman Angell (Ralph Lane)	1934 Arthur Henderson	1935 Carl von Ossietzky	1936 Carlos Saavedra Lamas
1944 Internationales Komitee vom Roten Kreuz	1945 Cordell Hull	1946 Emily Greene Balch, John Raleigh Mott	1947 Die Quäker	1948 Keine Preisverleihung	1949 Lord (John) Boyd Orr of Brechin	1950 Ralph Bunche
1958 George Pire	1959 Philip J. Noel-Baker	1960 Albert John Lutuli	1961 Dag Hjalmar Agne Carl Hammarskjöld	1962 Linus Carl Pauling	1963 Intern. Komitee vom Roten Kreuz, Liga der RK-Gesellschaften	1964 Martin Luther King Jr.
1972 Keine Preisverleihung	1973 Henry A. Kissinger, Le Duc Tho	1974 Seán MacBride, Eisaku Sato	1975 Andrei Dmitrievich Sakharov	1976 Betty Williams, Mairead Corrigan	1977 Amnesty International	1978 Mohamed Anwar al-Sadat, Menachem Begin
1986 Elie Wiesel	1987 Oscar Arias Sánchez	1988 Friedenstruppen der Vereinten Nationen	1989 Der 14. Dalai Lama (Tenzin Gyatso)	1990 Michail Sergejewitsch Gorbatschow	1991 Aung San Suu Kyi	1992 Rigoberta Menchú Tum
2000 Kim Dae-jung	2001 Vereinte Nationen, Kofi Annan	2002 Jimmy Carter	2003 Shirin Ebadi	2004 Wangari Muta Maathai	2005 Int. Atomenergieorganisation, Mohamed ElBaradei	2006 Muhammad Yunus, Grameen Bank

Quellen: Nobelprize.org und eigene Recherchen

Wie wahrscheinlich ist es, als Oppositioneller in einem Unrechtsstaat den Friedensnobelpreis zu gewinnen?

TIERFUTTER UND SPENDEN

Wofür geben die Deutschen mehr aus: für Haustiere oder für Menschen in Not?

Ausgaben für Tierfutter:
6,14 Milliarden Euro

Angaben jeweils für 2008

Spenden für humanitäre Zwecke:
2,45 Milliarden Euro

Quelle: Statistisches Bundesamt, Bundesministerium für wirtschaftliche Zusammenarbeit und Entwicklung

BELIEBTHEIT VON REGIERUNGSCHEFS

Wie sich die Popularität im Lauf der ersten Amtsmonate verändert hat

Quellen:
ARD Deutschland-Trend, Ifop, Gallup, YouGov

Anteil der Bevölkerung, der laut Umfragen die Politik des Regierungschefs gutheißt

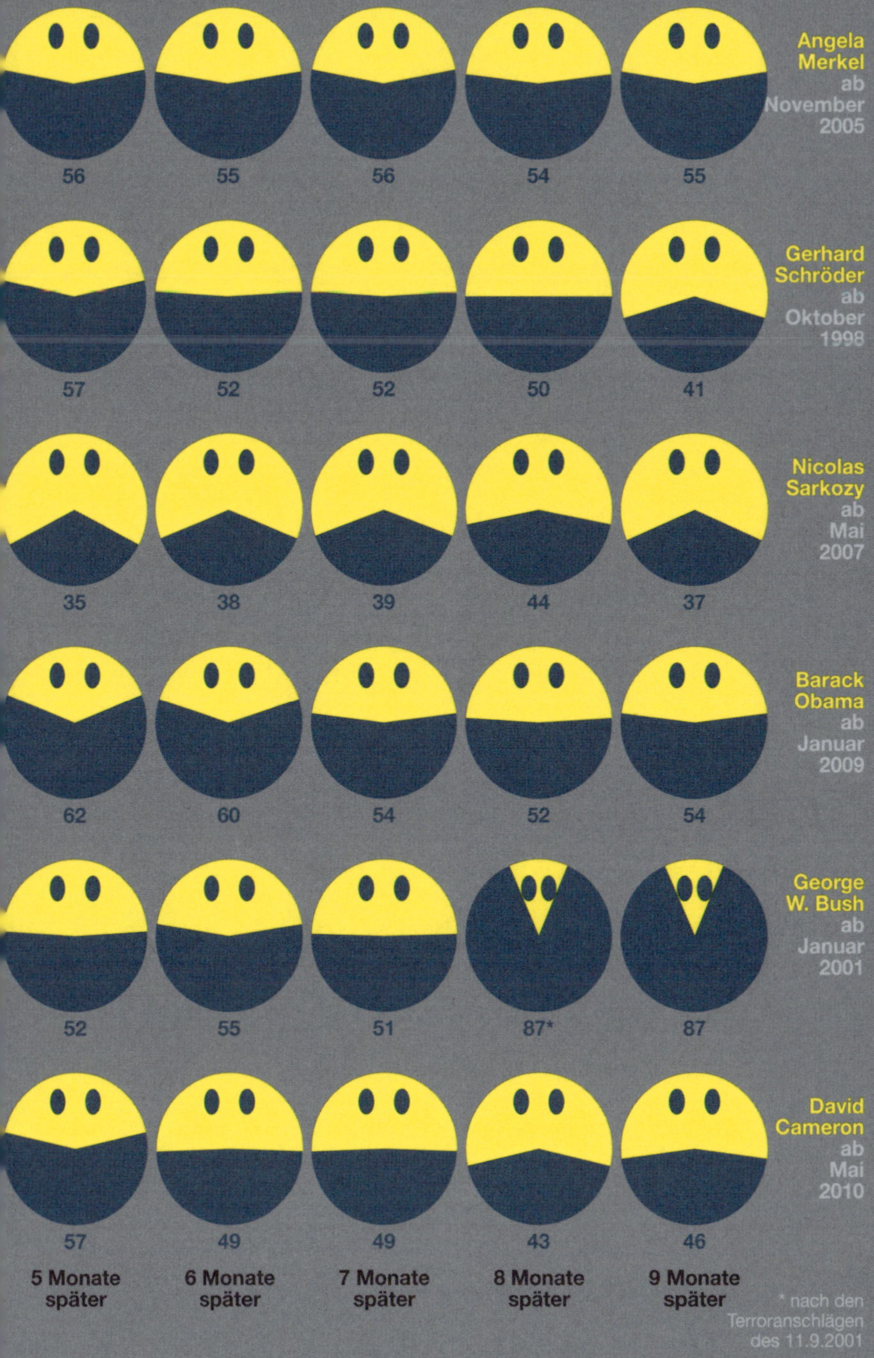

UN-RESOLUTIONEN

Wie einhellig wurde im Sicherheitsrat der Vereinten Nationen abgestimmt?

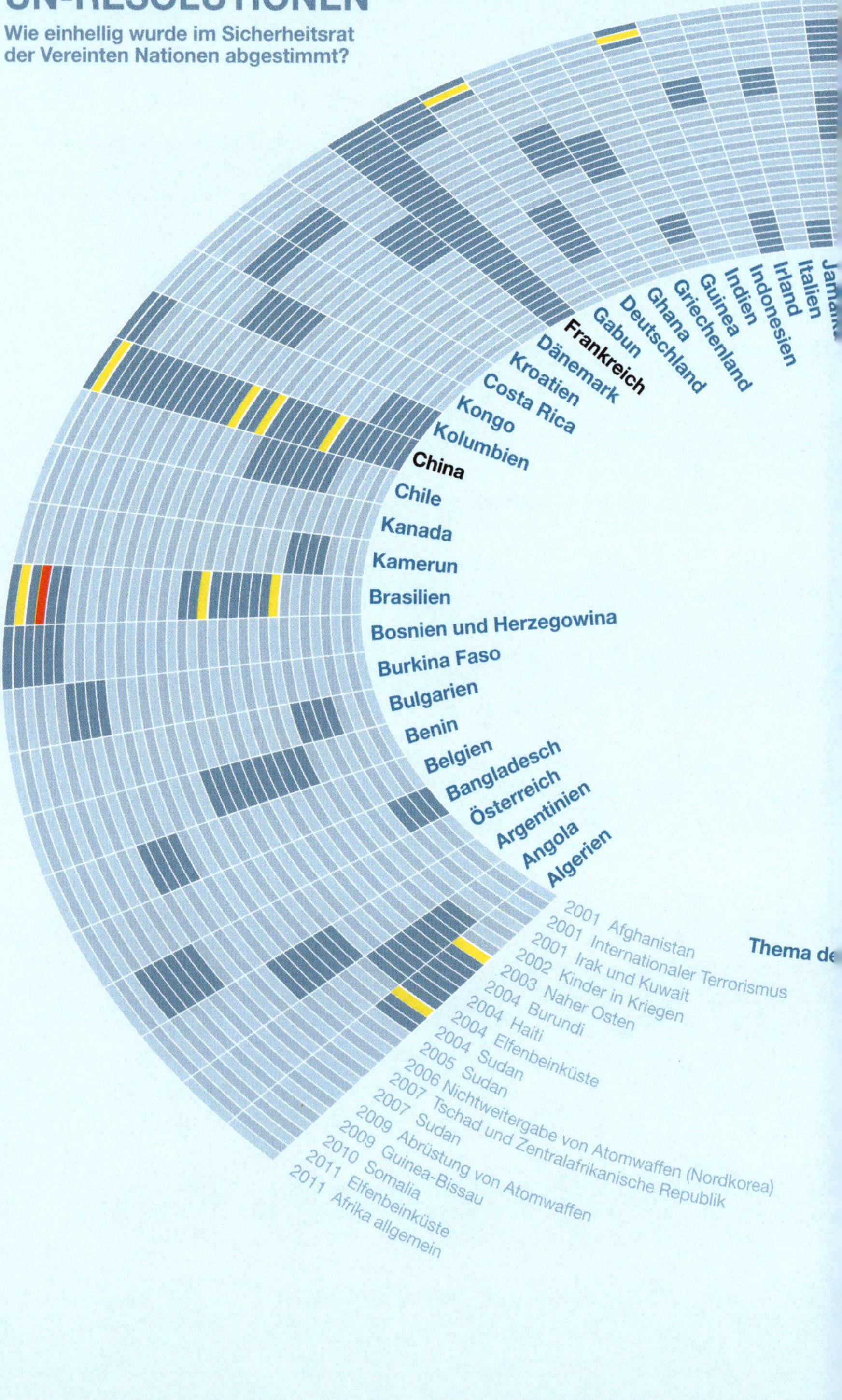

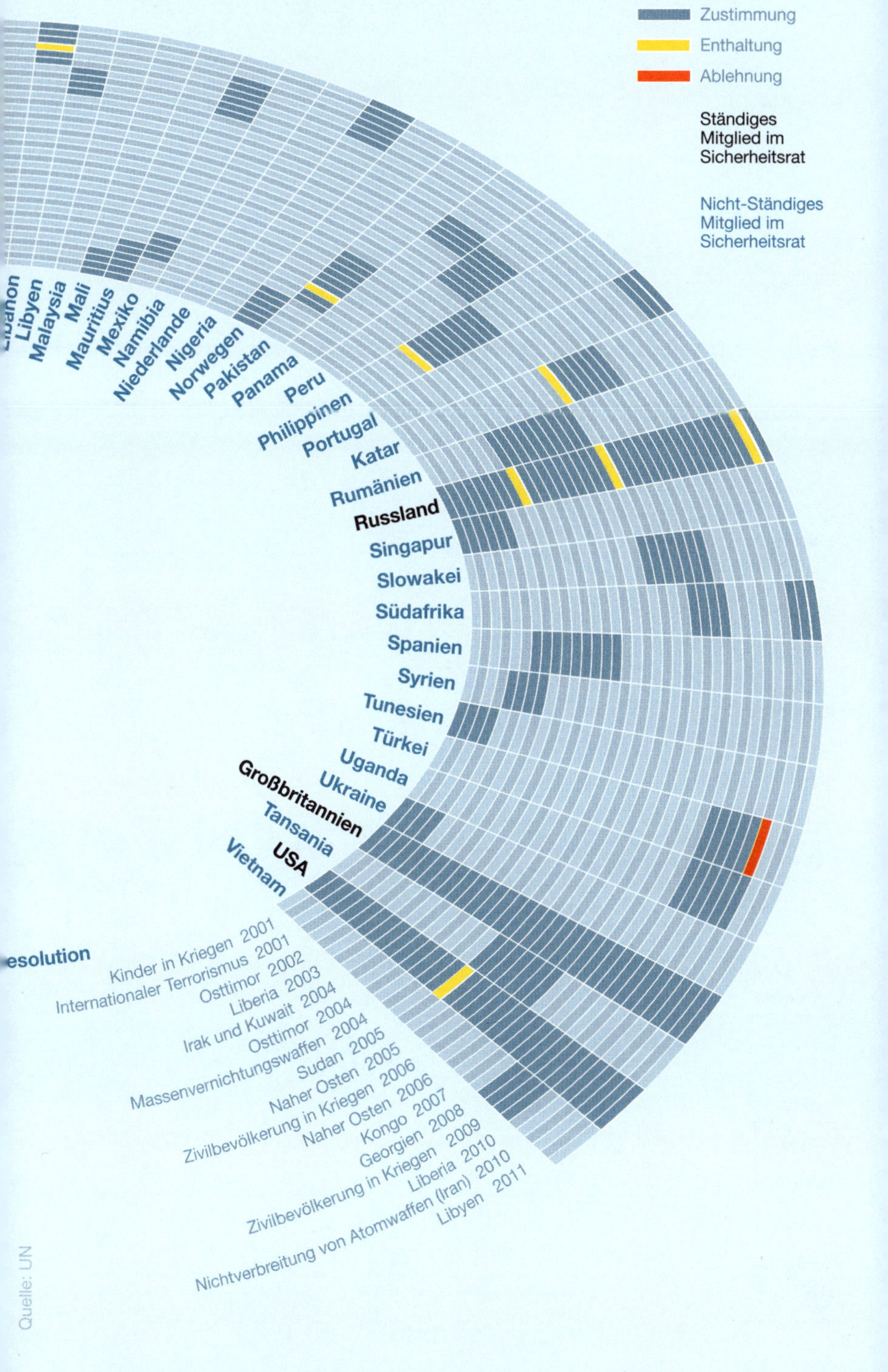
Zustimmung
Enthaltung
Ablehnung
Ständiges Mitglied im Sicherheitsrat
Nicht-Ständiges Mitglied im Sicherheitsrat
Libyen
Malaysia
Mali
Mauritius
Mexiko
Namibia
Niederlande
Nigeria
Norwegen
Pakistan
Panama
Peru
Philippinen
Portugal
Katar
Rumänien
Russland
Singapur
Slowakei
Südafrika
Spanien
Syrien
Tunesien
Türkei
Uganda
Ukraine
Großbritannien
Tansania
USA
Vietnam
esolution
Kinder in Kriegen 2001
Internationaler Terrorismus 2001
Osttimor 2002
Liberia 2003
Irak und Kuwait 2004
Osttimor 2004
Massenvernichtungswaffen 2004
Sudan 2005
Naher Osten 2005
Zivilbevölkerung in Kriegen 2006
Naher Osten 2006
Kongo 2007
Georgien 2008
Zivilbevölkerung in Kriegen 2009
Liberia 2010
Nichtverbreitung von Atomwaffen (Iran) 2010
Libyen 2011

Quelle: UN

DAS LEBEN DER MIGRANTEN

Einige Kennzahlen von Menschen mit ausländischen Wurzeln in Deutschland

Anteil	Bevölkerung insgesamt	Menschen ohne Migrationshintergrund	Herkunft aus Griechenland	aus Italien	aus Polen	aus Bosnien und Herzegowina	aus Kroatien	aus Serbien und Montenegro
... ohne Schulabschluss	19,7	15,6	35,2	35,5	19,5	32,9	24,5	36,4
... mit Abitur	16,9	16,8	15,6	8,6	23,1	10,0	10,6	8,4
... mit Uniabschluss	7,4	7,4	5,8	3,9	6,2	k.A.	3,6	1,7
... Hartz-IV-Empfänger	4,4	3,3	5,9	6,2	6,8	6,3	4,4	9,4
... Selbständige	5,1	5,4	7,5	6,0	6,7	2,9	4,1	3,4
... stark Übergewichtiger	11,0	11,2	18,8	16,8	12,1	13,0	16,7	15,4
... Frauen ohne eigenes Einkommen	36,0	29,0	41,4	43,8	35,3	38,3	31,2	40,9
... Haushalte mit mehr als 3200 Euro Einkommen	17,4	18,5	14,6	14,2	10,1	0,3	10,4	9,0

Stand: 2009

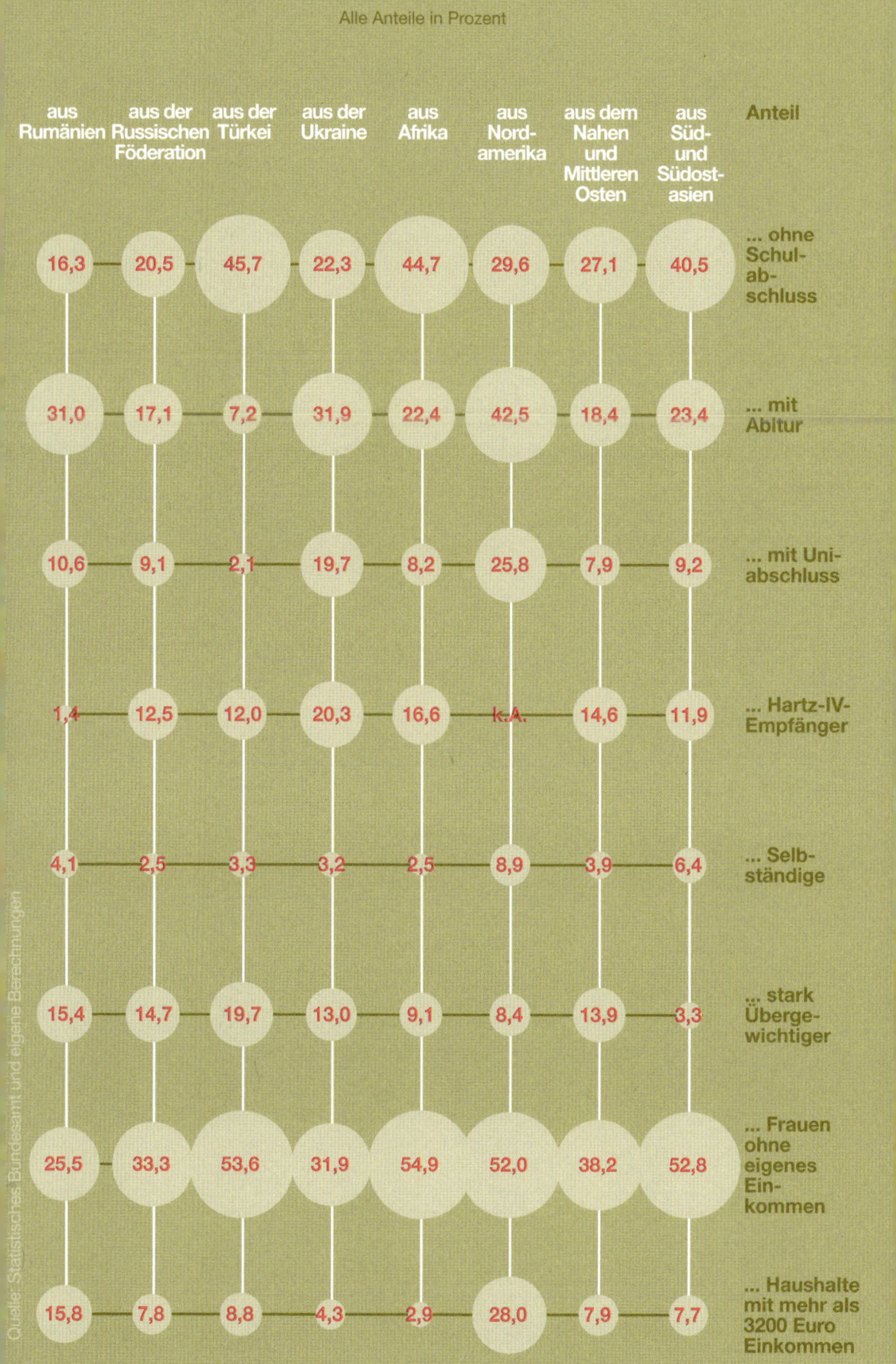
Alle Anteile in Prozent
aus Rumänien
aus der Russischen Föderation
aus der Türkei
aus der Ukraine
aus Afrika
aus Nordamerika
aus dem Nahen und Mittleren Osten
aus Süd- und Südostasien
Anteil
... ohne Schulabschluss
16,3
20,5
45,7
22,3
44,7
29,6
27,1
40,5
... mit Abitur
31,0
17,1
7,2
31,9
22,4
42,5
18,4
23,4
... mit Uniabschluss
10,6
9,1
2,1
19,7
8,2
25,8
7,9
9,2
... Hartz-IV-Empfänger
1,4
12,5
12,0
20,3
16,6
k.A.
14,6
11,9
... Selbständige
4,1
2,5
3,3
3,2
2,5
8,9
3,9
6,4
... stark Übergewichtiger
15,4
14,7
19,7
13,0
9,1
8,4
13,9
3,3
... Frauen ohne eigenes Einkommen
25,5
33,3
53,6
31,9
54,9
52,0
38,2
52,8
... Haushalte mit mehr als 3200 Euro Einkommen
15,8
7,8
8,8
4,3
2,9
28,0
7,9
7,7
Quelle: Statistisches Bundesamt und eigene Berechnungen

JEANS-SCHNITTE

Wie sich die Hosen im Laufe der Jahrzehnte gewandelt haben

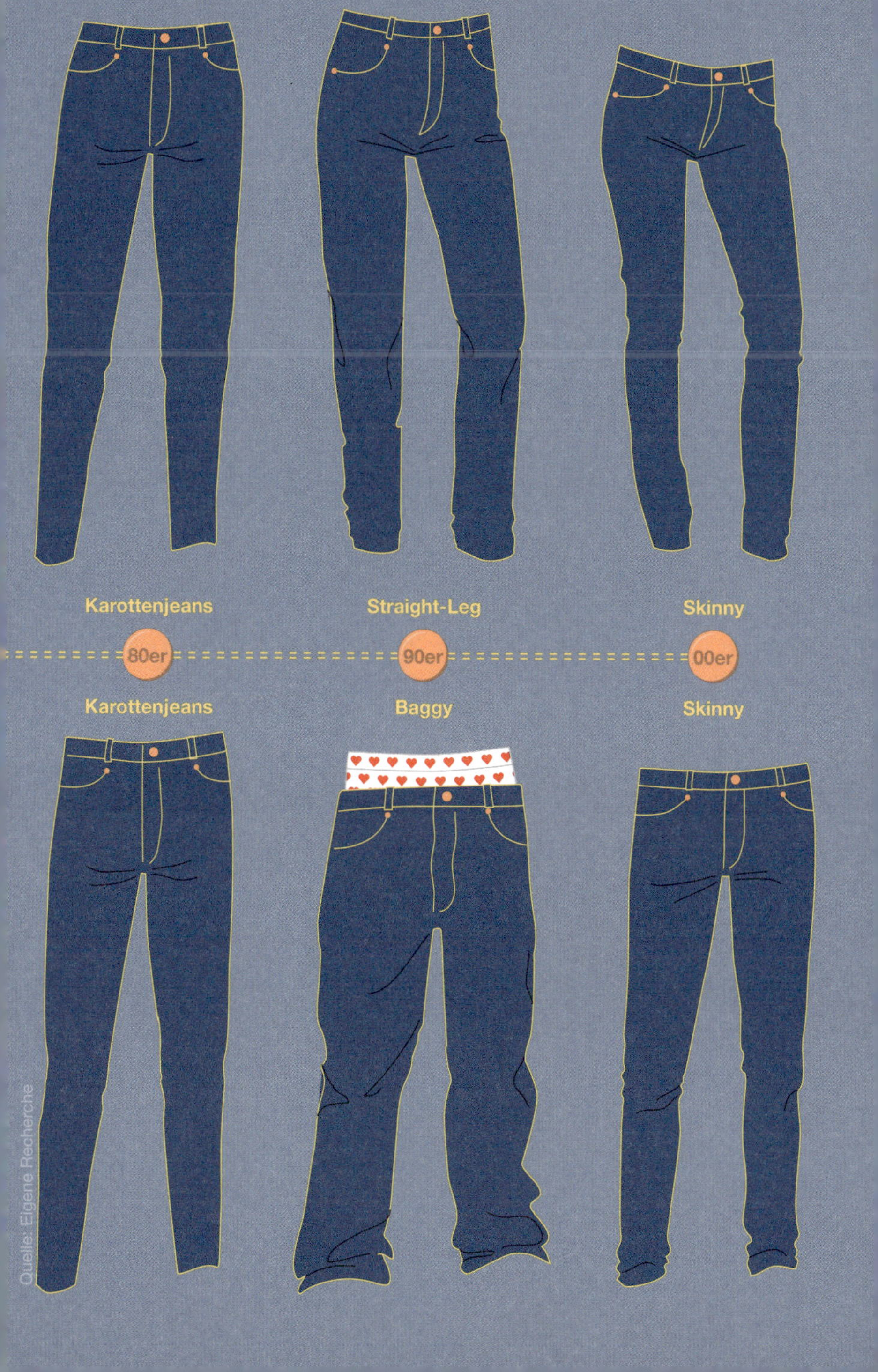

PASSANALYSE

Das Spiel endete 3 : 1 für den FC Barcelona. Die Richtung der Pässe ist nicht eingezeichnet

Der FC Barcelona und Manchester United spielten 2011 im Finale der Champions League. Wem gelangen wie viele Ballabgaben?

Quelle: Optasports

DROGENMODEN

Die Beliebtheit der Betäubungsmittel im Laufe der Jahre

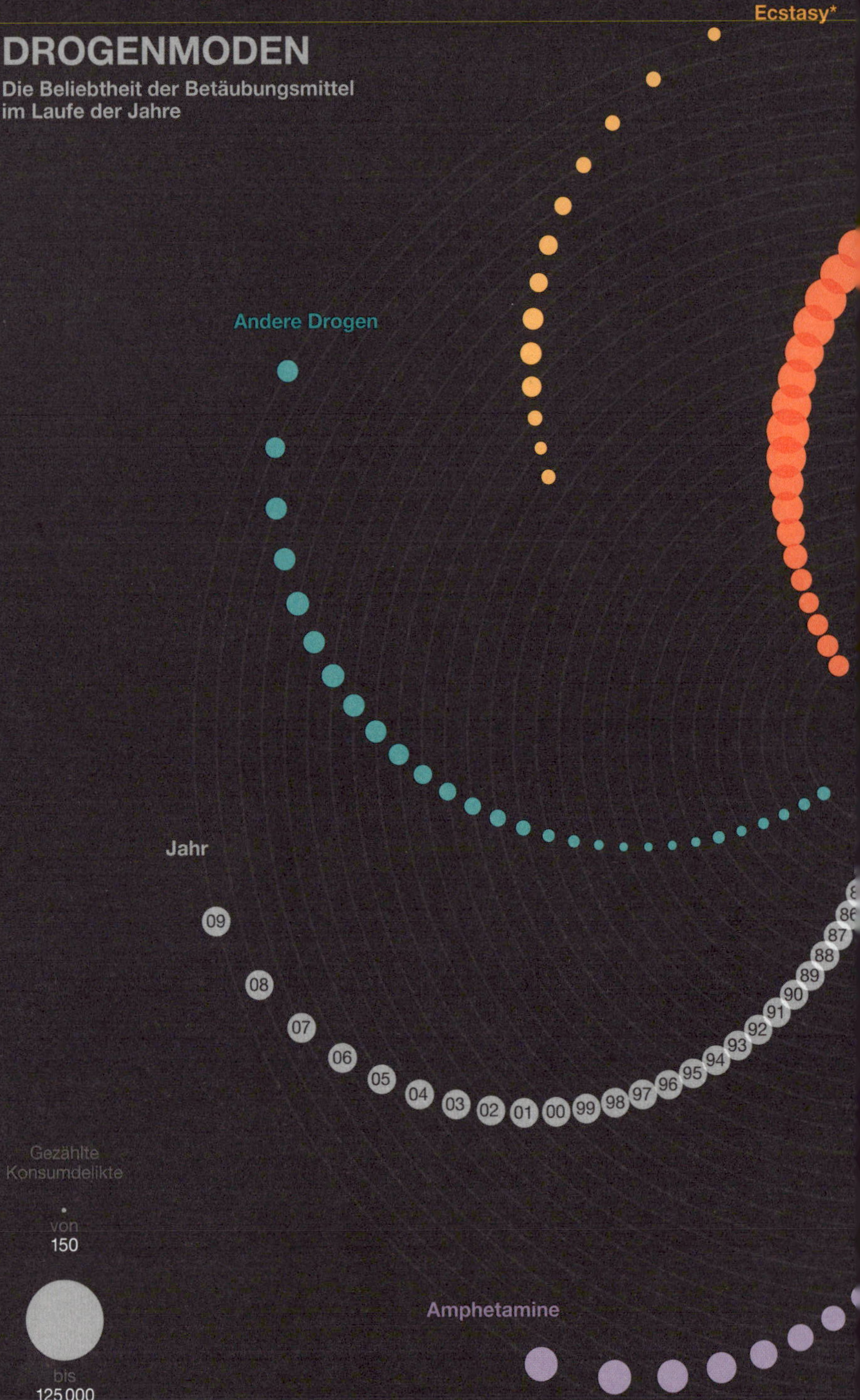

*wird erst seit 1997 statistisch erfasst

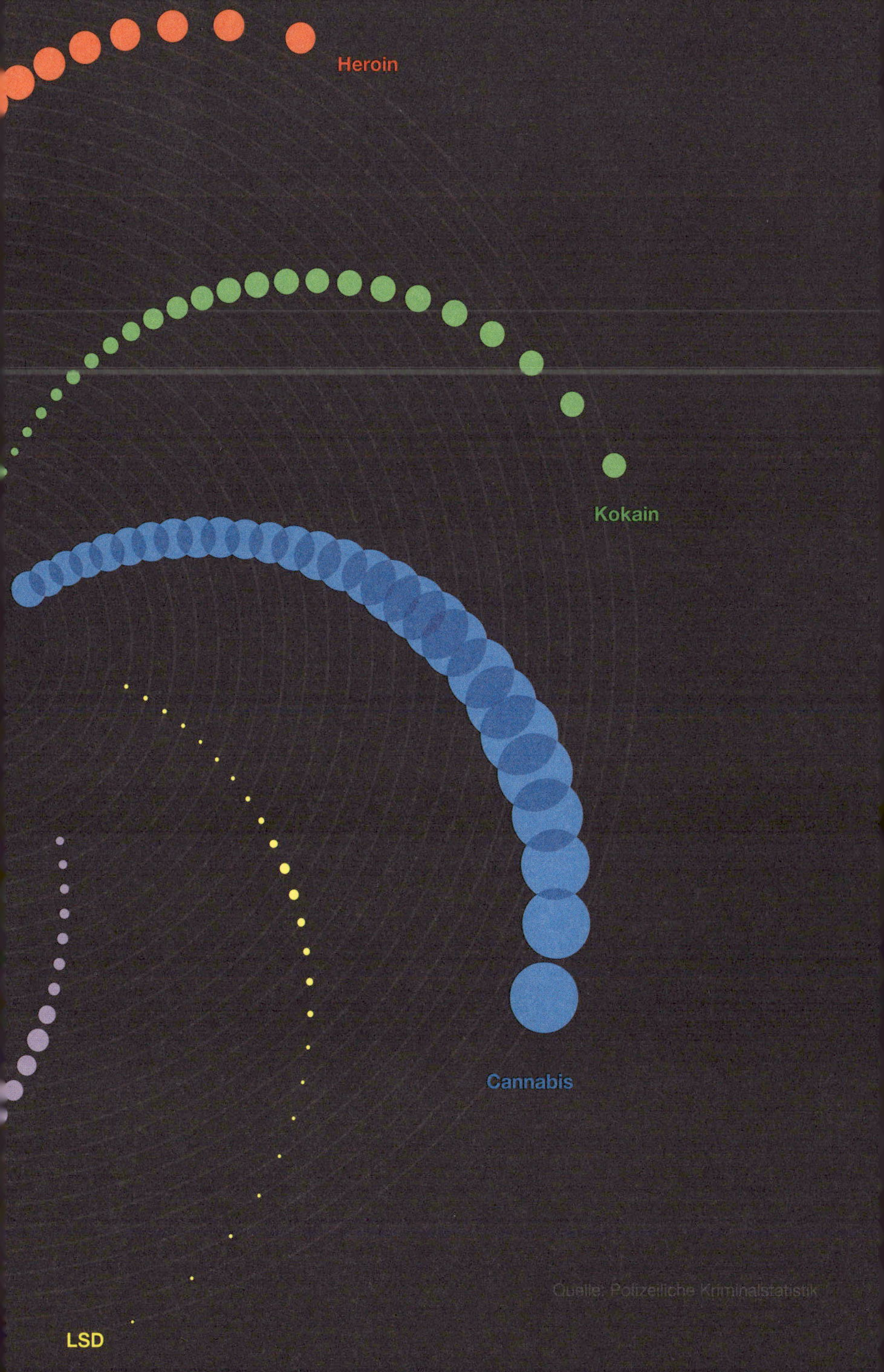
Heroin
Kokain
Cannabis
LSD
Quelle: Polizeiliche Kriminalstatistik

BUNDIS UND ZIVIS

Die Wehrpflicht ist seit 2011 Geschichte – und damit auch der Zivildienst. Ein Rückblick

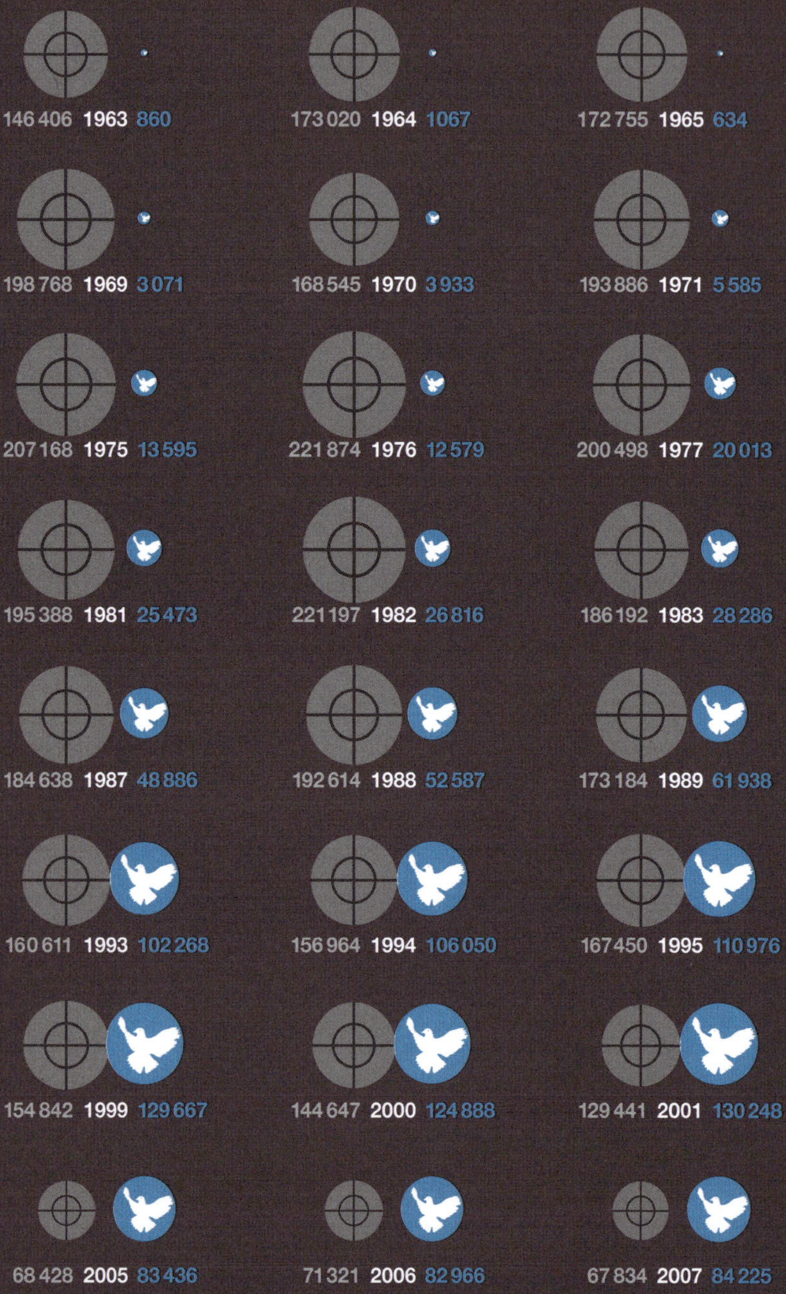

Einberufene Wehrpflichtige und Zivildienstleistende pro Jahr
155 693 1961 574
132 889 1962 740
174 041 1966 1082
166 846 1967 872
174 386 1968 1946
188 779 1972 7 218
229 055 1973 9 641
193 054 1974 11 603
205 337 1978 17 424
201 976 1979 24 189
208 480 1980 25 814
204 415 1984 32 550
188 739 1985 39 280
199 394 1986 45 512
188 697 1990 94 731
210 981 1991 74 450
202 449 1992 89 410
169 730 1996 127 203
159 639 1997 130 108
160 435 1998 129 148
123 812 2002 136 008
102 600 2003 105 484
79 850 2004 91 346
68 270 2008 85 149
68 304 2009 90 514
57 467 2010 78 388
Quellen: Bundeswehr, Bundesamt für den Zivildienst

BILD-ZEITUNG vs. SPIEGEL ONLINE

Wer verwendet welches Vokabular?

Zahl der Artikel, in denen das Wort vorkommt (vom 21. Mai 2010 bis zum 20. Mai 2011)

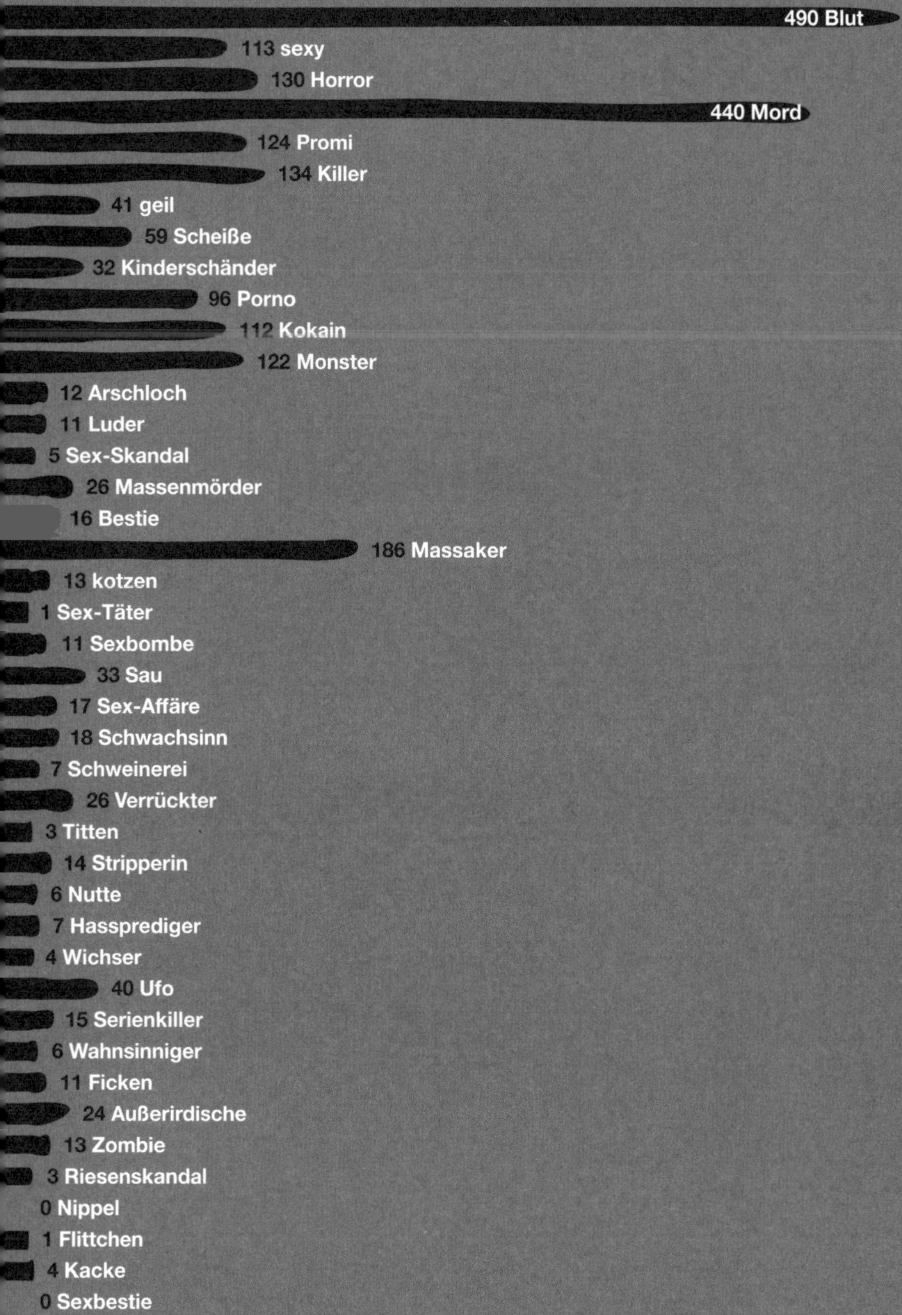

Quellen: G+J Pressedatenbank und spiegel.de

DICKMACHER

Wie viele Kalorien stecken in welchem Schokoriegel?

567,0
Yogurette
561,0
Kinder Riegel
556,0
Kinder Country
528,0
Knoppers
525,0
KitKat Singles
525,0
Mr. Tom
503,5
Snickers
492,0
Twix
470,0
Bounty
447,0
Kinder Pingui
439,0
Corny Schoko
420,0
Milchschnitte
321,0
Lakoma
Quark-Riegel Erdbeere
318,0
Power Bar
Protein Plus Chocolate
298,0
Seitenbacher
Schoko-Aprikose
Quelle: Herstellerangaben

GRÜNE WELT

Alle Abgeordneten der grünen Parteien in Parlamenten

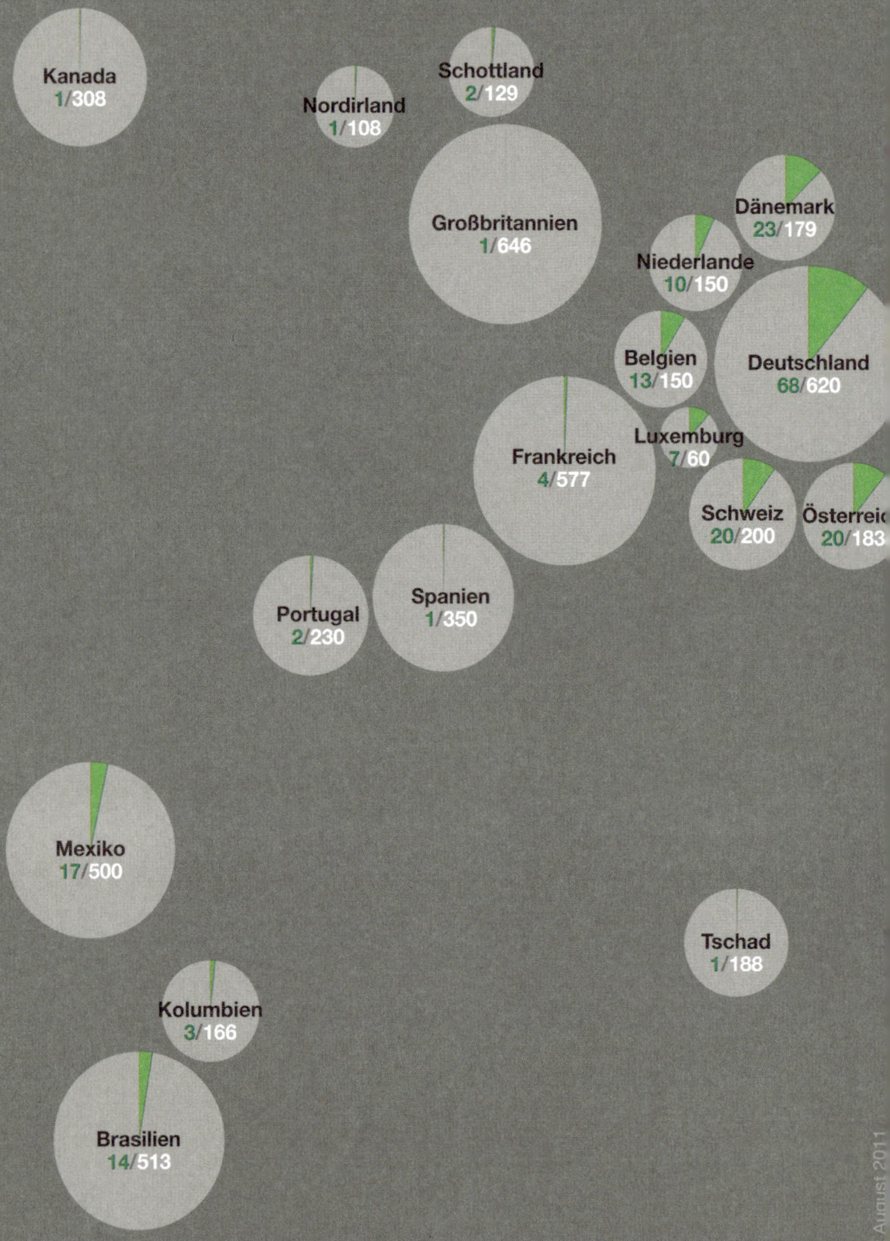

Stand: August 2011

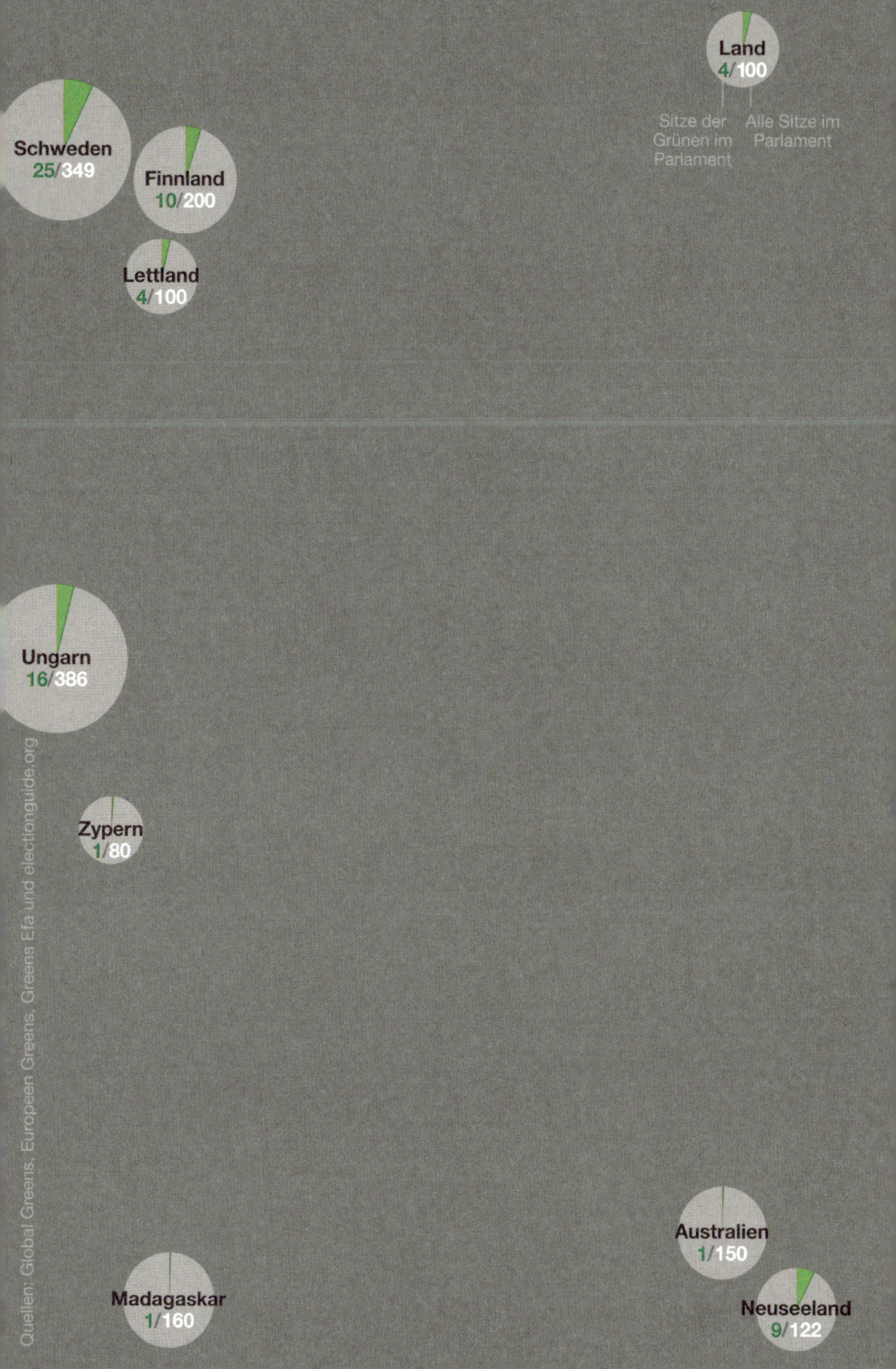

Quellen: Global Greens, Europeen Greens, Greens Efa und electionguide.org

DER ANTEIL DER ELEKTROAUTOS

Seit Jahren gehört ihnen eigentlich die Zukunft.
Aber nur einer von 18 366 PKW in Deutschland fuhr 2011 mit Elektromotor

Autos mit Benzin-/Dieselmotor
Elektroautos

PLAYMOBIL-FRAUEN UND MÄNNER

Die Geschlechterrollen im Kinderzimmer

Quelle: Playmobil

Alle Playmobil-Einzelfiguren (»Special«) von 2006 bis 2011

1 BIS 30 INHALTSSTOFFE

Anzahl der Zutaten einiger Lebensmittel aus dem Supermarkt

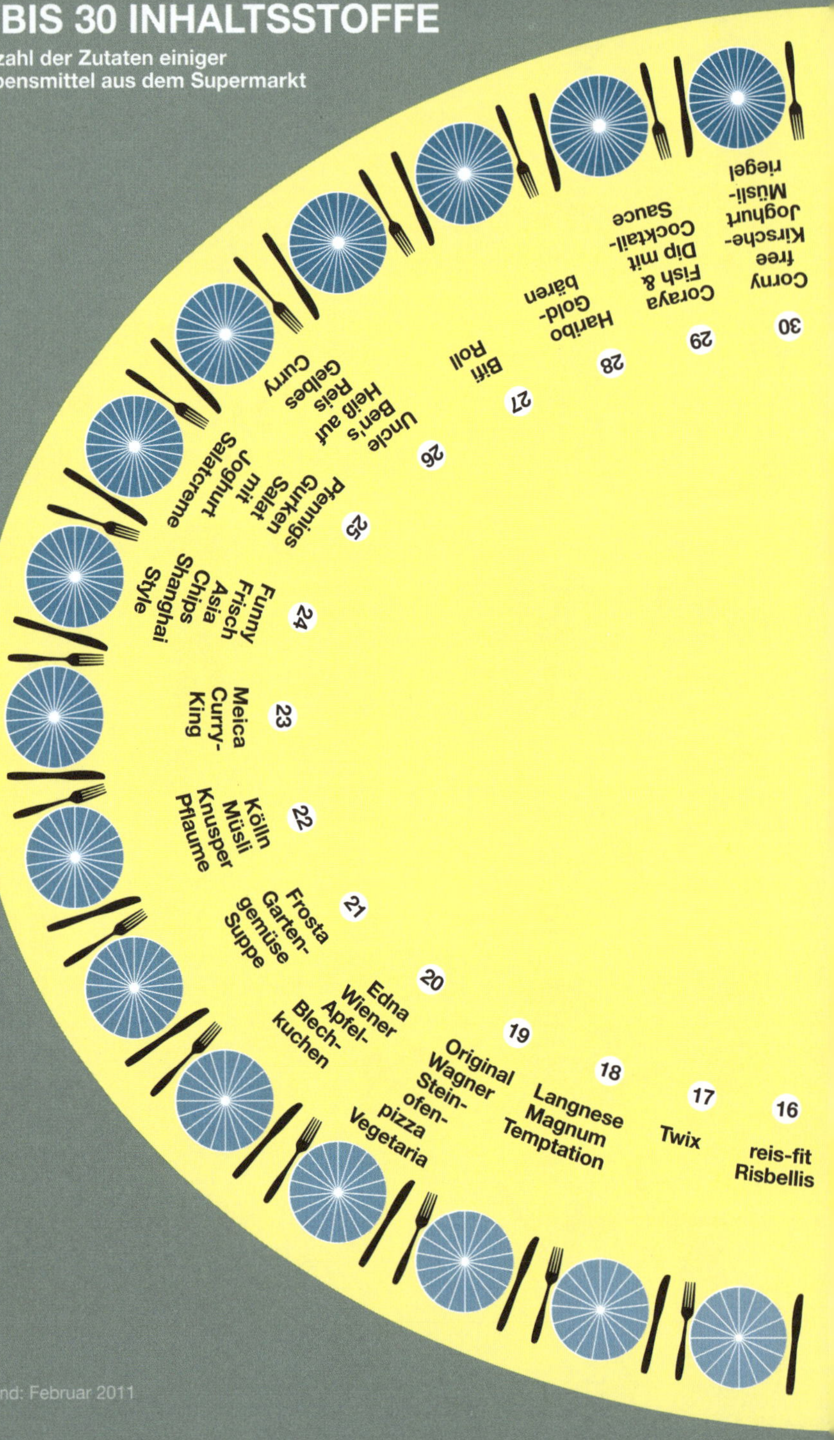

Stand: Februar 2011

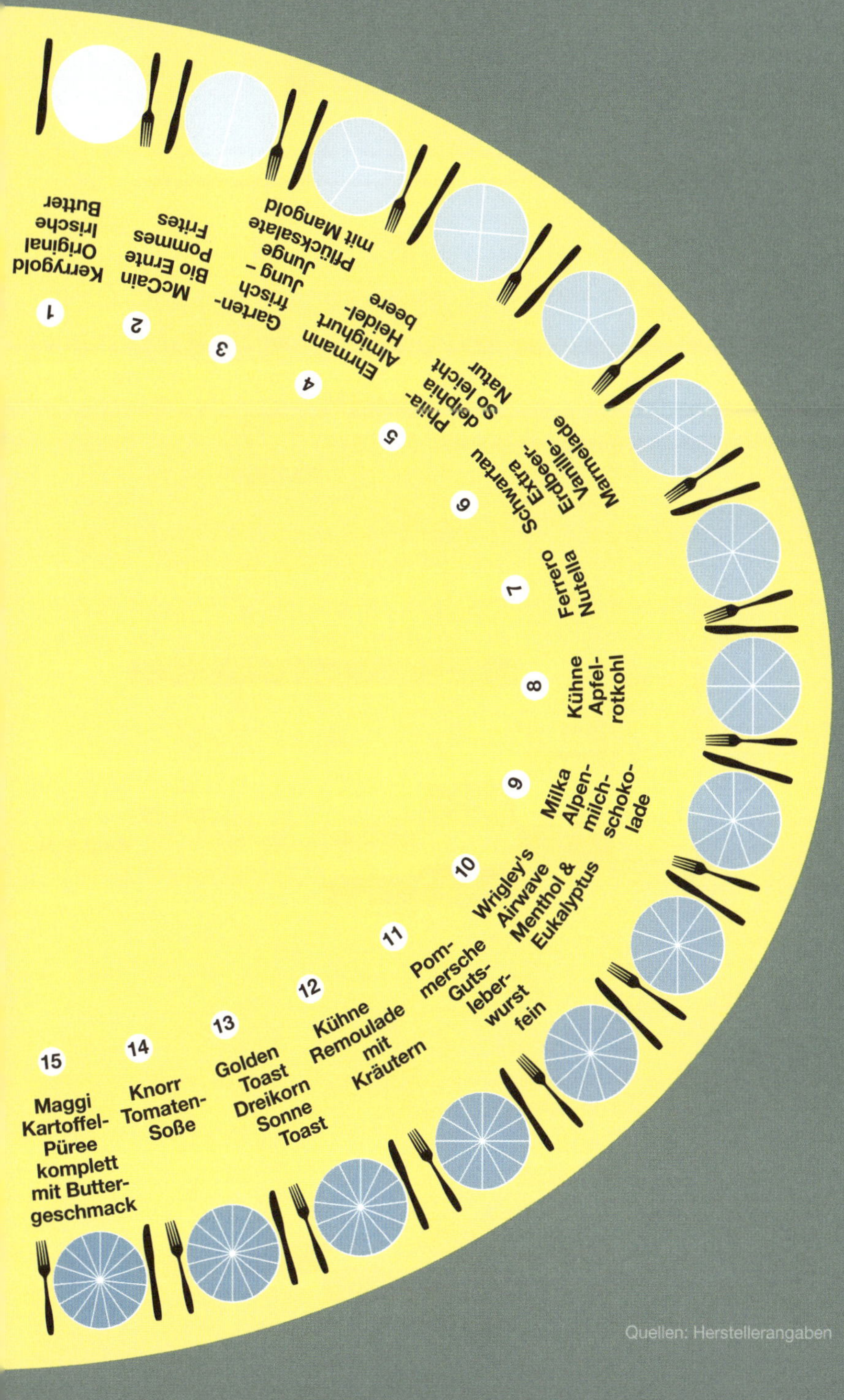

Quellen: Herstellerangaben

ARD UND ZDF

Wie sich die Programme über die Jahrzehnte verändert haben

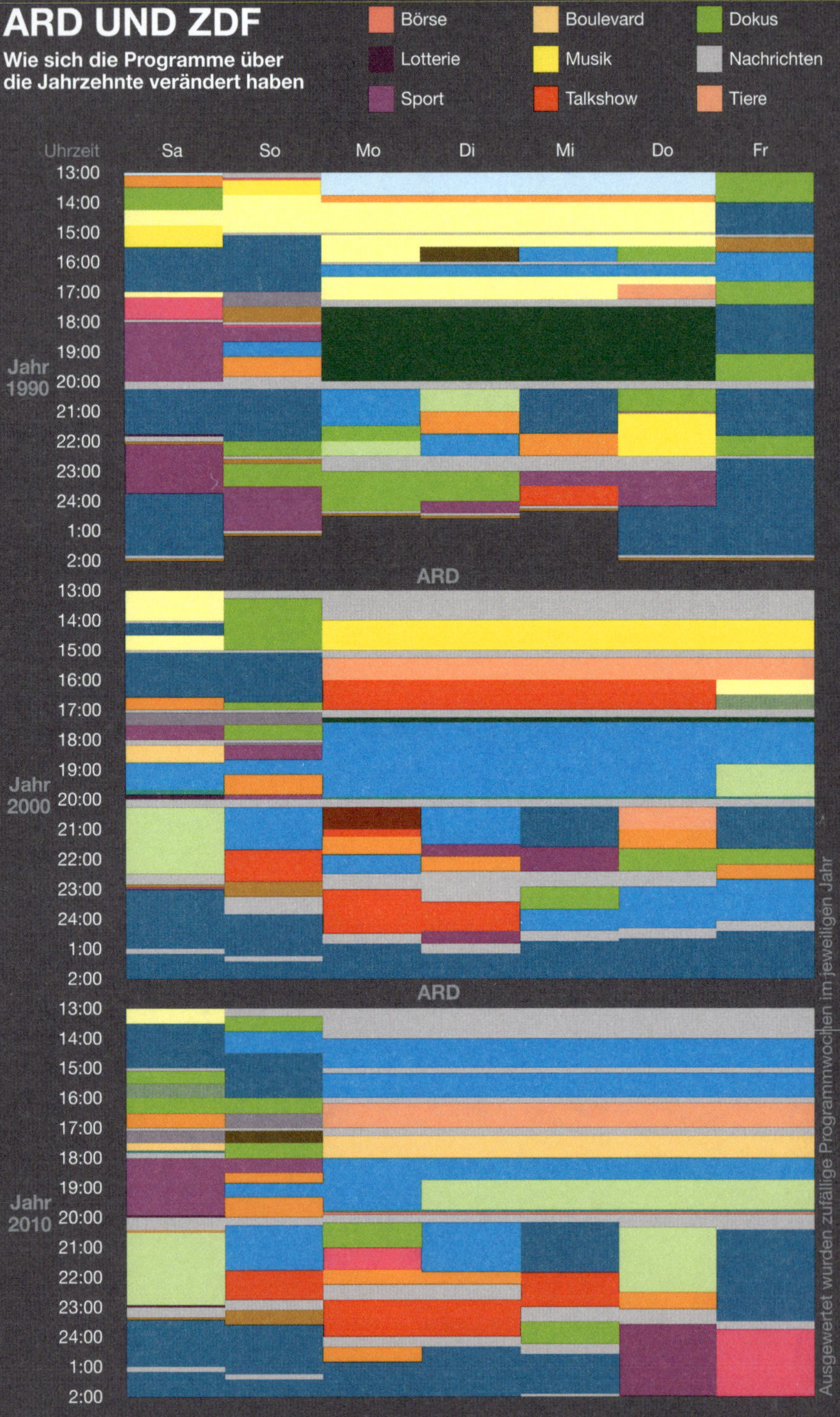

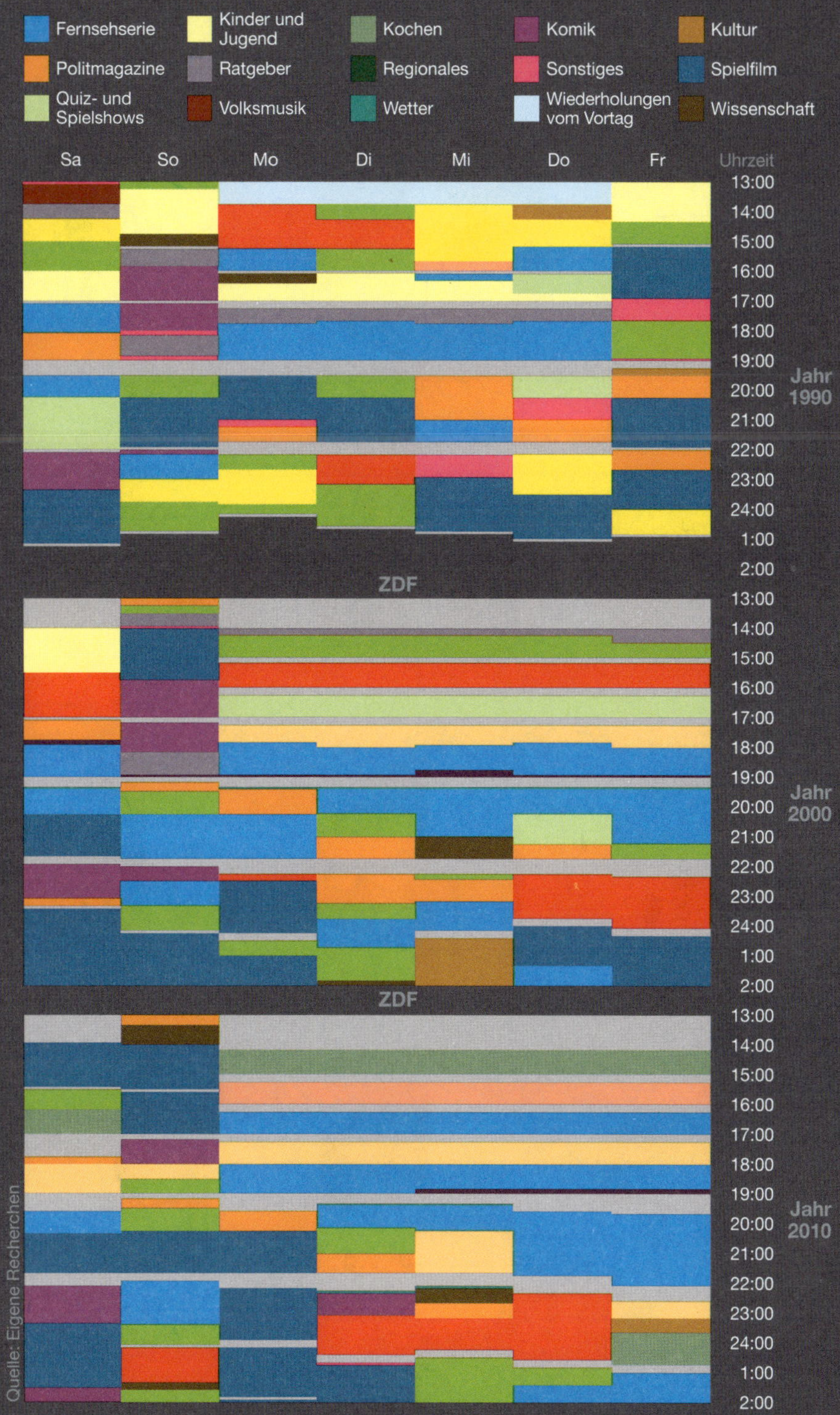

Fernsehserie
Kinder und Jugend
Kochen
Komik
Kultur
Politmagazine
Ratgeber
Regionales
Sonstiges
Spielfilm
Quiz- und Spielshows
Volksmusik
Wetter
Wiederholungen vom Vortag
Wissenschaft
Sa
So
Mo
Di
Mi
Do
Fr
Uhrzeit
13:00
14:00
15:00
16:00
17:00
18:00
19:00
20:00
21:00
22:00
23:00
24:00
1:00
2:00
Jahr 1990
ZDF
Jahr 2000
ZDF
Jahr 2010
Quelle: Eigene Recherchen

ERWISCHT UND NICHT ERWISCHT

Die Aufklärungsquoten der Verbrechen in Deutschland

Die Aufklärungsquote ist der Quotient aus der Zahl der aufgeklärten Fälle zu allen angezeigten Fällen

Alle Angaben in Prozent

Stand: 2009 Quelle: Polizeiliche Kriminalitätsstatistik

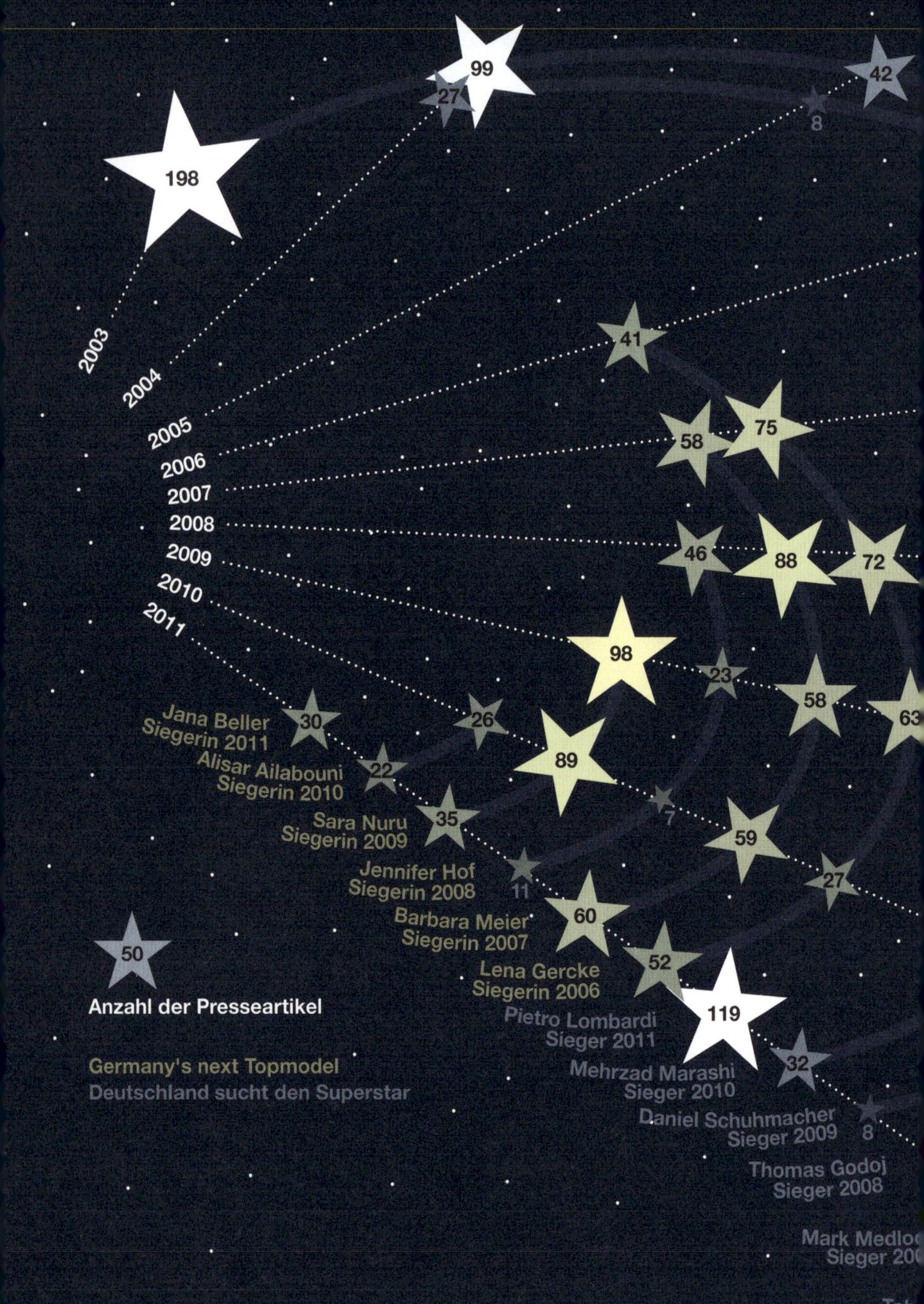

DIE SIEGER DER CASTING-SHOWS

Wie lange wird den Gewinnern von »Germany's next Topmodel« und »Deutschland sucht den Superstar« Beachtung geschenkt?

Für 2011 nur Artikel bis Ende Juli

Quelle: G + J Pressedatenbank

MÄNNERFUSSBALL, FRAUENFUSSBALL

Wer zog wie viele Fans an?

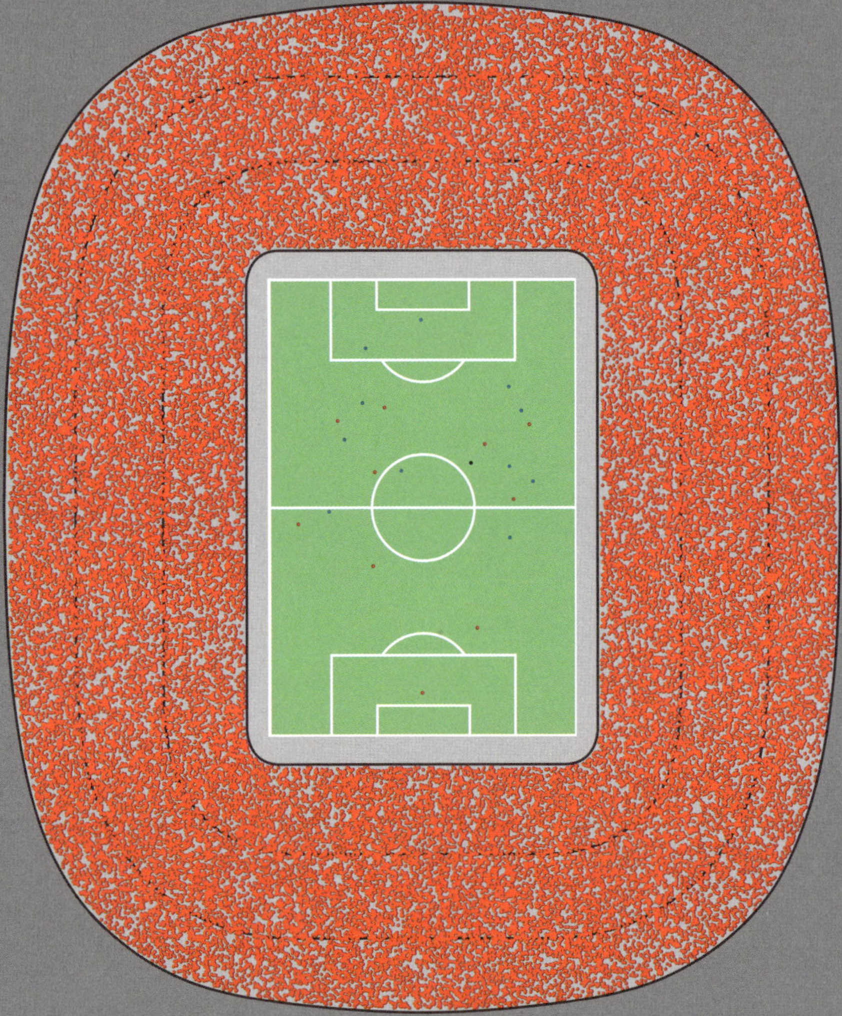

Bei Bundesligaspielen
der Männer
69 000

Durchschnittliche Anzahl der Zuschauer bei Heimspielen des FC Bayern München in der Saison 2010/11

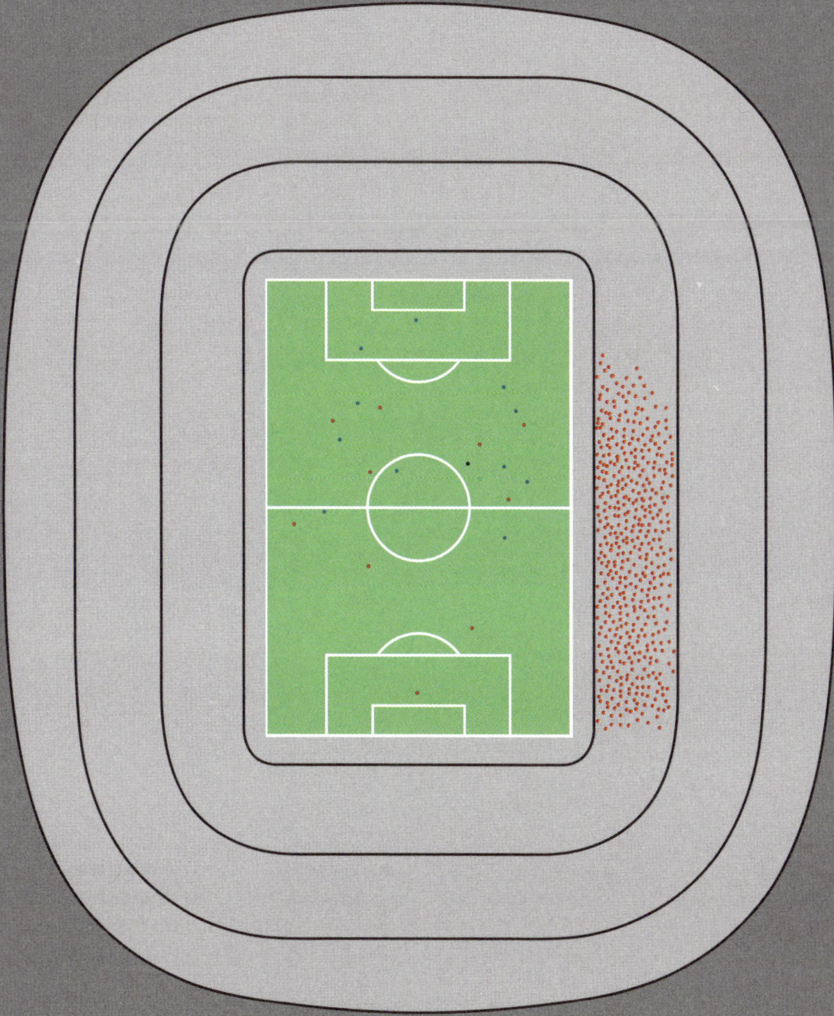

Bei Bundesligaspielen der Frauen
473

Quelle: weltfussball.de

DIE BIO-QUOTE

Wie viel Prozent der Lebensmittel werden in Bio-Qualität verkauft?

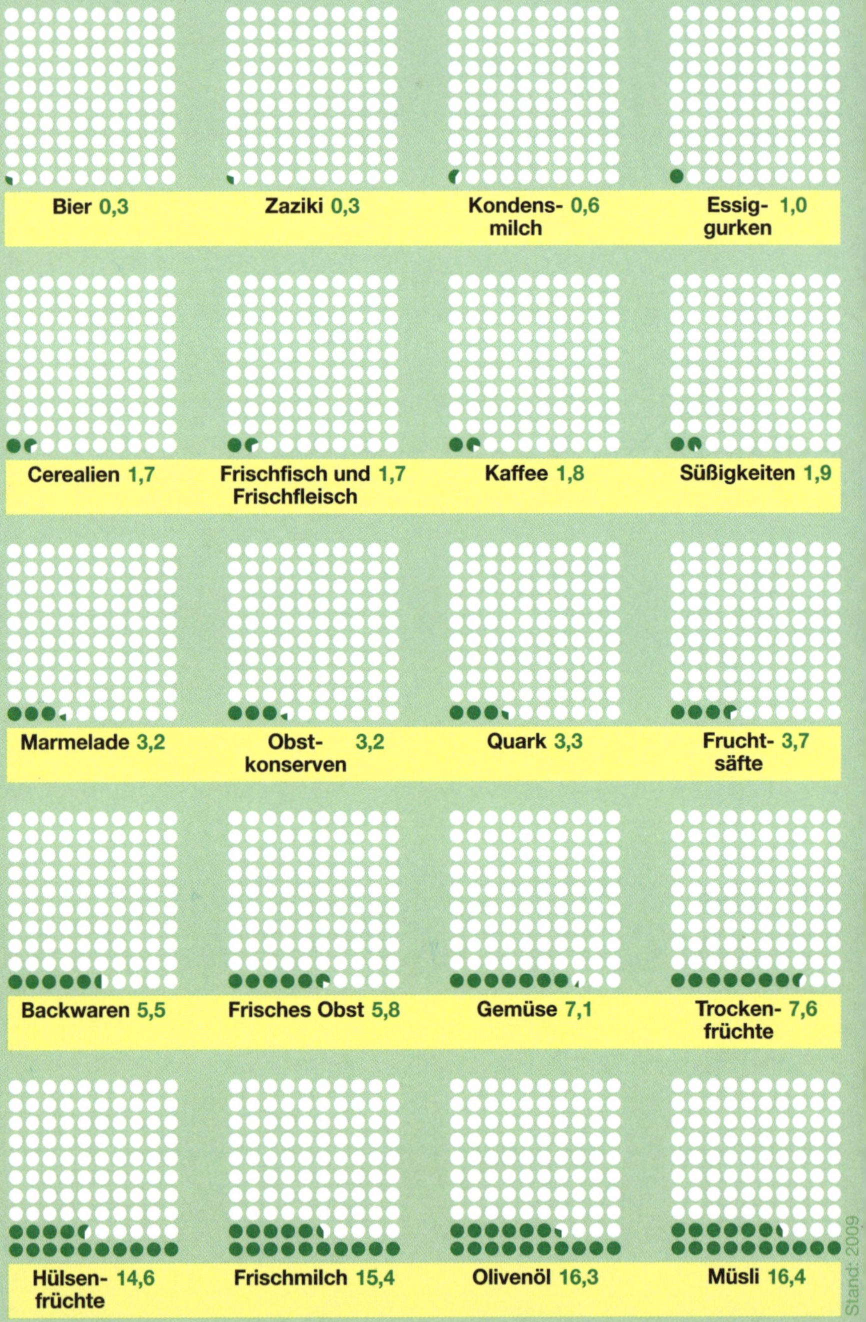

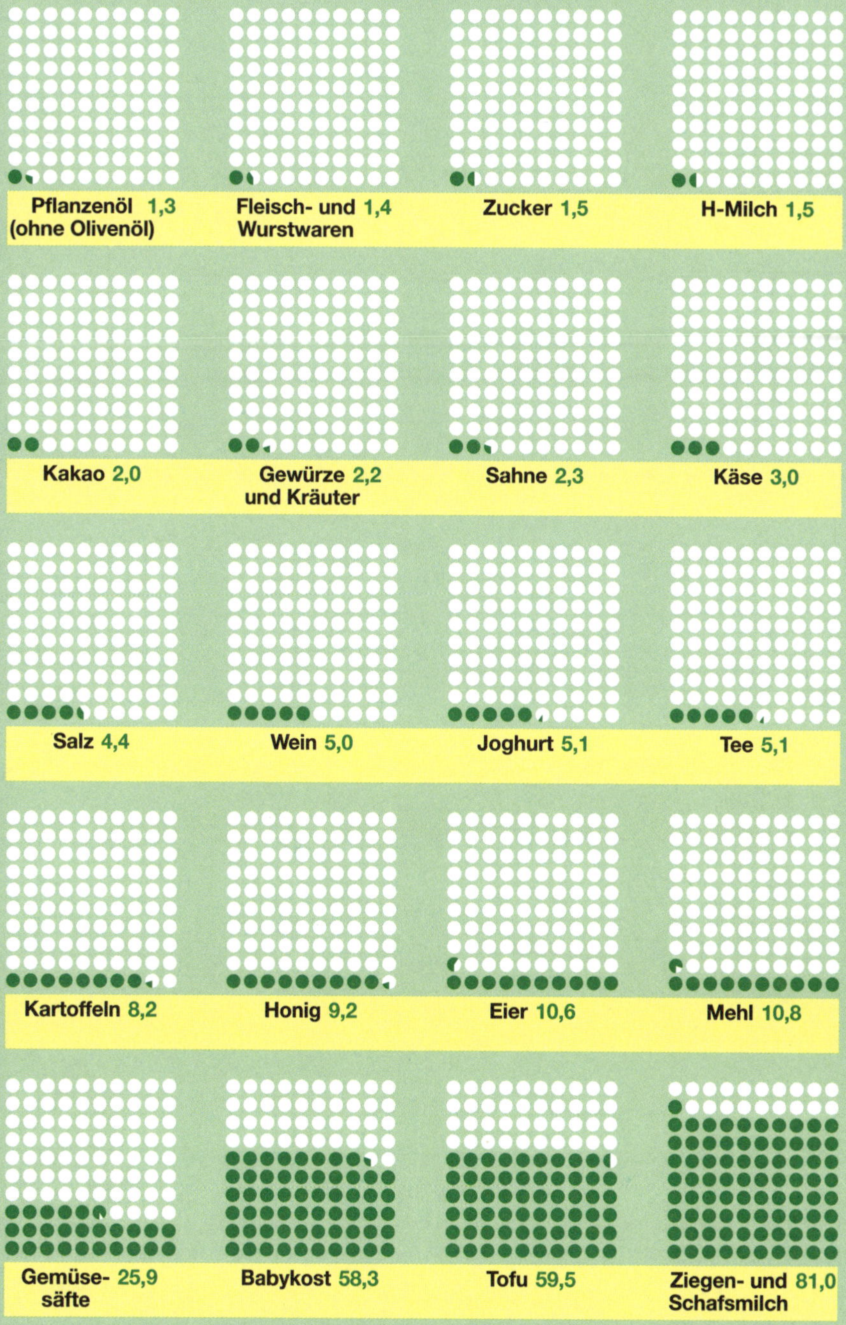

Quellen: AMI/GfK

WIEDERKEHRER DER MODE

Was wurde zu welcher Zeit von vielen getragen?

Perfecto-Lederjacke
1930 50 70 90 2010
Neonfarben
1930 50 70 90 2010
Trenchcoat
1930 50 70 90 2010
Overall
1930 50 70 90 2010
Body
1930 50 70 90 2010
Stirnband
1930 50 70 90 2010
Leggings
1930 50 70 90 2010
Jutebeutel
1930 50 70 90 2010
Quelle: Eigene Recherche

GENERATION JLM

Die beliebtesten Anfangsbuchstaben bei der Namensgebung: heute und früher

Anzahl der Vornamen unter den 200 beliebtesten Namen des Jahrzehnts, die mit dem jeweiligen Buchstaben beginnen

N	o	P		R	S	T		V		x		z
9	1	4	0	5	12	5	0	6	0	1	0	1
N	o	P		R	S	T	U	V	w			
7	1	2	0	10	16	3	4	5	1	0	0	0
N	O	P	q	R	S	T		V				
7	3	8	1	6	9	13	0	3	0	0	0	0
N	O	P		R	S	T	U	V	W			
7	3	5	0	15	9	8	4	3	9	0	0	0

Quellen: beliebte-vornamen.de und eigene Auswertung

DAS AUSSEHEN DER TABS

Die Gestaltung handelsübliche Tabletten für Geschirrspülmaschinen

Somat 9

Penny
Blik Faktor 7

Aldi (Nord)
Akuta komplett

Rossmann
domol 7in1

Lidl
W5 All-in-1

Kaiser's Tengelmann
A&P Complete

dm
Denkmit Multi-Power Revolution

Somat 7

dm Denkmit
Multi-Power 5

Edeka gut&günstig
Power-Aktiv Geschirr-Reiniger-Tabs 7 Funktionen

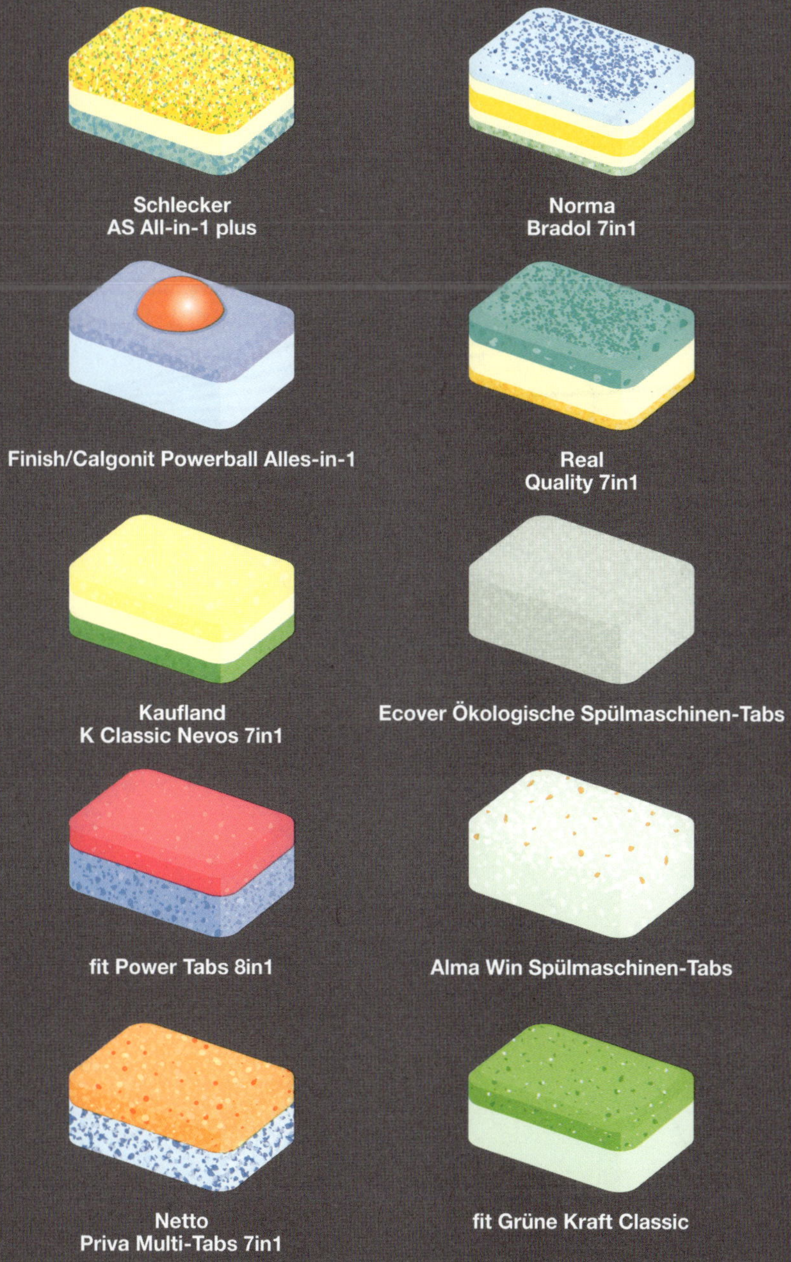

Quelle: Eigene Recherche

DIE PSYCHE DER NATIONEN

Wie hoch ist wo der Anteil der Menschen, die im vorigen Jahr keine Antidepressiva zu sich genommen haben?

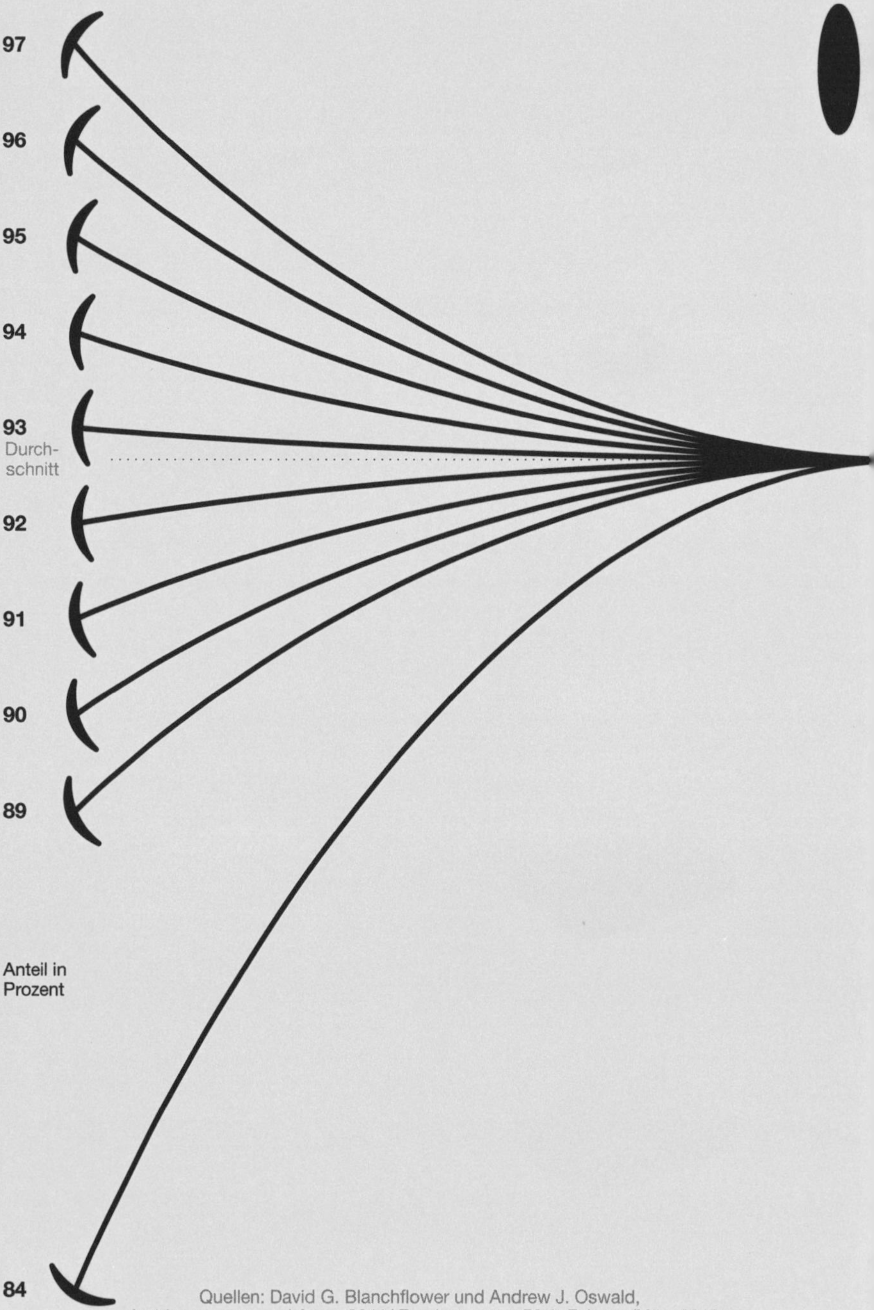

Quellen: David G. Blanchflower und Andrew J. Oswald, »Antidepressants and Age«, 2011/ Eurobarometer 73.2, Februar/März 2010

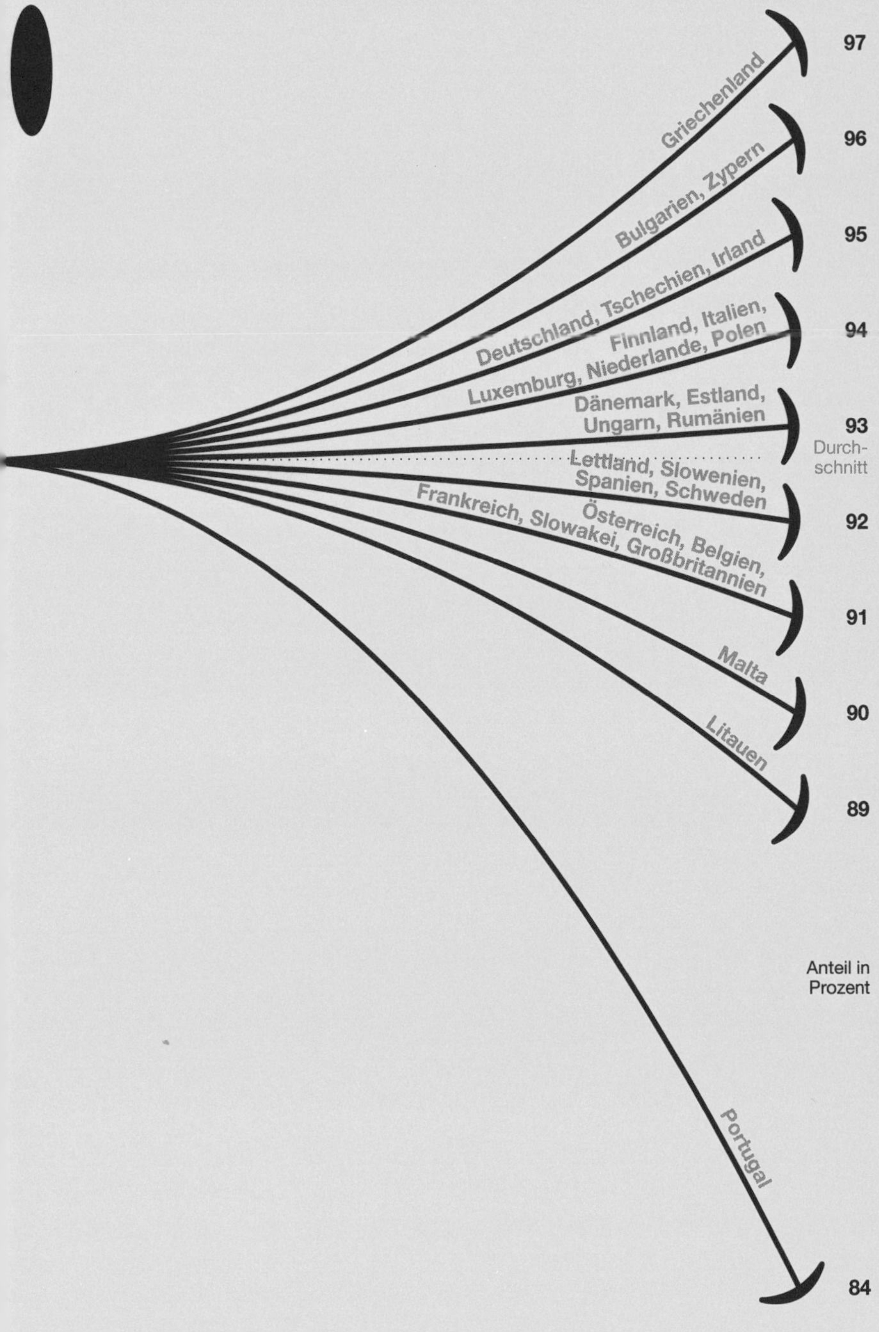

Griechenland
97
Bulgarien, Zypern
96
Deutschland, Tschechien, Irland
95
Finnland, Italien,
Luxemburg, Niederlande, Polen
94
Dänemark, Estland,
Ungarn, Rumänien
93
Durch-
schnitt
Lettland, Slowenien,
Spanien, Schweden
92
Österreich, Belgien,
Frankreich, Slowakei, Großbritannien
91
Malta
90
Litauen
89
Anteil in
Prozent
Portugal
84

KRIEGSJAHRE

Wann herrschten wie viele bewaffnete Konflikte weltweit?

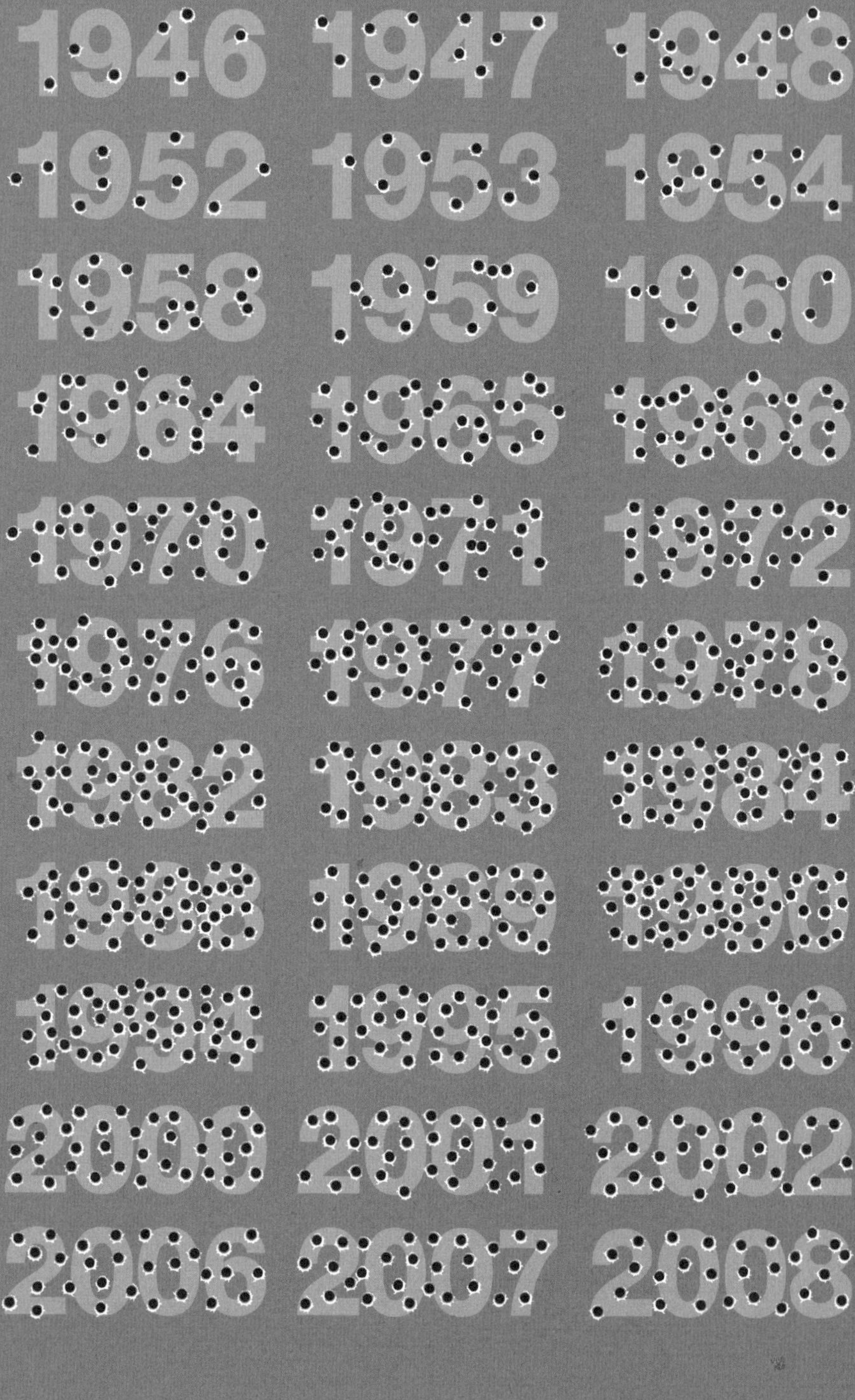

Stand: Juli 2011

Jedes Einschussloch steht für einen Krieg

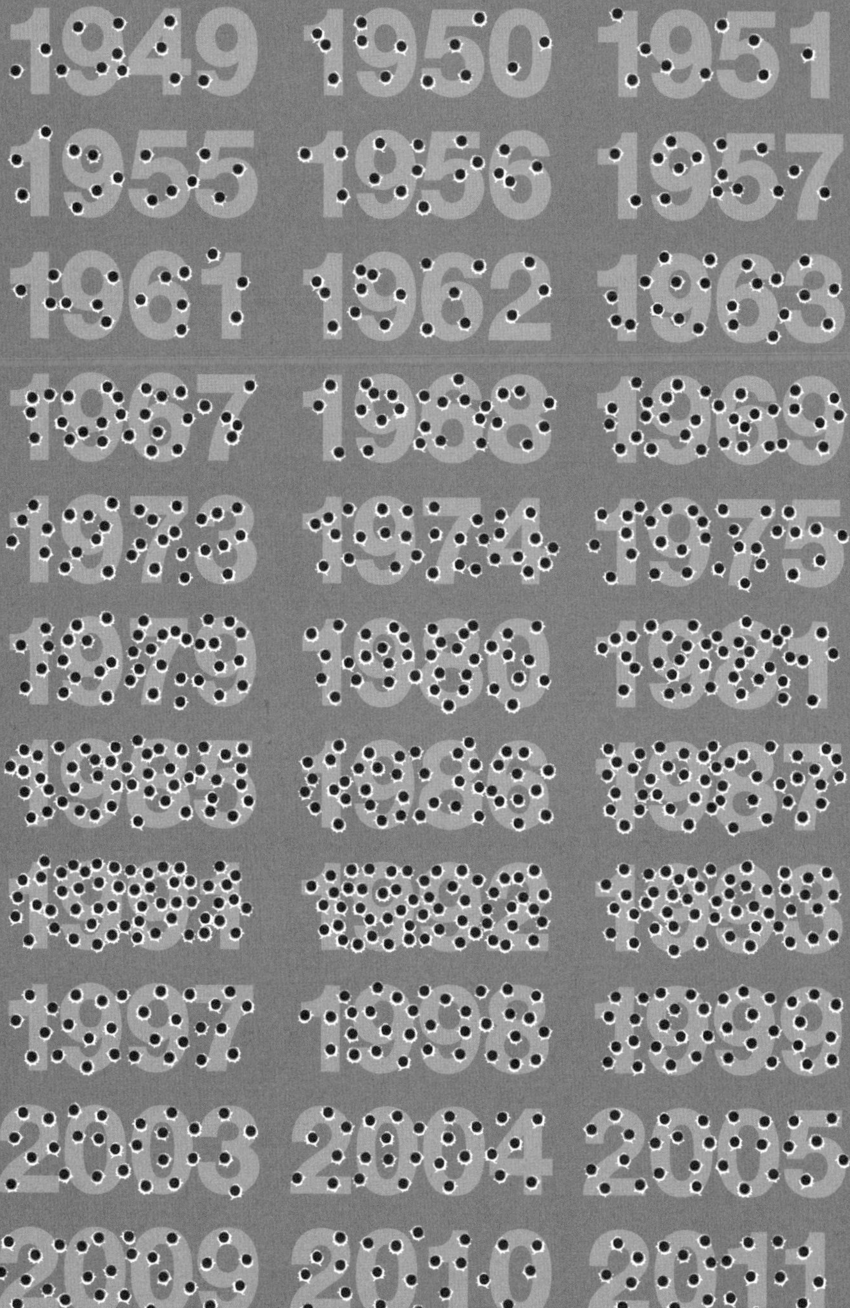

Quelle: Arbeitsgemeinschaft Kriegsursachenforschung (AKUF) der Uni Hamburg

PIZZA-KLASSIKER

Die Speisekarten in Pizzerien werden immer unübersichtlicher. Original neapolitanisch sind jedoch nur diese

Quelle: Associazione Verace Pizza Napoletana

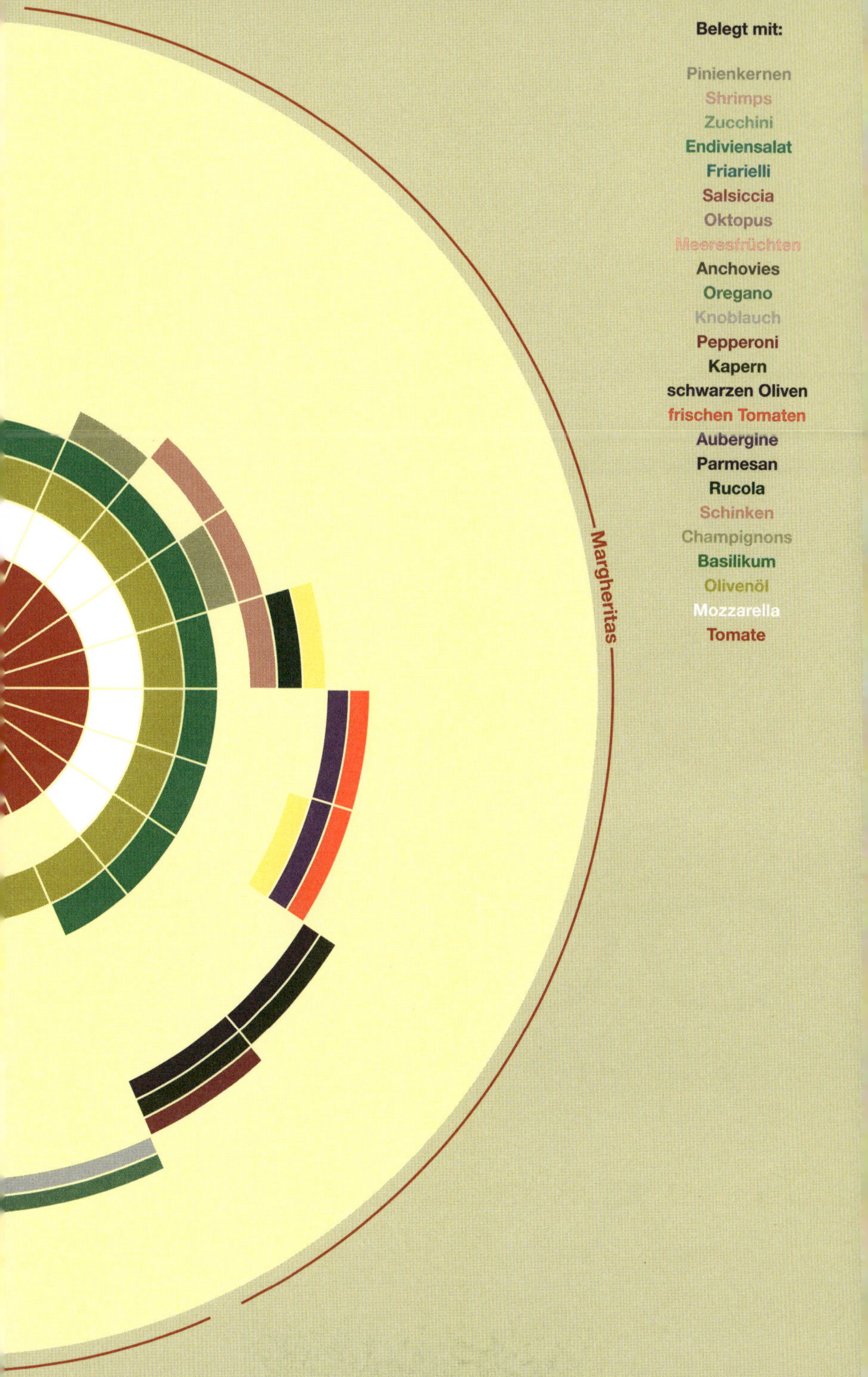
Belegt mit:
Pinienkernen
Shrimps
Zucchini
Endiviensalat
Friarielli
Salsiccia
Oktopus
Meeresfrüchten
Anchovies
Oregano
Knoblauch
Pepperoni
Kapern
schwarzen Oliven
frischen Tomaten
Aubergine
Parmesan
Rucola
Schinken
Champignons
Basilikum
Olivenöl
Mozzarella
Tomate
Margheritas

DIE EVOLUTION DER SONNENBRILLEN

Die einflussreichsten Modelle – und wann sie vor allem getragen wurden

1940 50 60 70 80 90 2000 10
Katzenaugen
1940 50 60 70 80 90 2000 10
Wayfarer von Ray Ban
1940 50 60 70 80 90 2000 10
Modell Jackie O.
1940 50 60 70 80 90 2000 10
Stubenfliegenbrille
1940 50 60 70 80 90 2000 10
John-Lennon-Brille
1940 50 60 70 80 90 2000 10
Audrey Hepburn
1940 50 60 70 80 90 2000 10
Große Pilotenbrille
(später: Pornobrille)
1940 50 60 70 80 90 2000 10
Oakley Eye Jacket
1940 50 60 70 80 90 2000 10
Monoscheiben-Brille
1940 50 60 70 80 90 2000 10
Modell Angelina Jolie
Quelle: Eigene Recherche

WARENKORB
Was ist eigentlich im dem statistischen Korb, mit dem die Inflationsrate berechnet wird?
16,44 Brot und Getreideerzeugnisse
21,54 Fleisch und Wurst
7,7 Zucker, Marmelade, Süßwaren
4,38 Andere Nahrungsmittel
3,95 Kaffe, Tee, Kakao
9,61 Mineralwasser, Limo, Säfte
1,88 Spirituosen
1,12 Bekleidungs-Accessoires
1,2 Reinigung
9,46 Schuhe
203,3 Wohungsmiete
11,84 Reparaturen
12,85 Gas
9,21 Leichtes Heizöl
0,79 Kohle und Briketts
12,38 Fernwärme, Zentralheizung
22,16 Möbel
0,79 Reparaturen Haushaltsgeräte
4,05 Geschirr und Gläser
4,93 Werkzeuge
7,73 Haushaltsführung
11,04 Medizin
34,84 Kaufpreis Auto
1,23 Motorräder
1,43 Fahrräder
6,62 Ersatzteile Fahrzeuge
35,91 Benzin und Diesel
0,62 Schiff-Tickets
8,95 Andere Verkehrsdienstleistungen
2,28 Porto und Kuriere
1,6 Telefongeräte
27,12 Telefonkosten
1,84 Freizeitgeräte für draußen
0,82 Musikinstrumente
5,72 Spiele und Hobby
3,04 Sportgeräte und Camping
7,64 Gartenbedarf
6,29 Bücher
Zeitung
7,76 Zeitungen und Zeitschriften
0,93 Sonstige Druckerzeugnisse
2,58 Schreibwaren
25,93 Pauschalreisen
11,96 Körperpflege
3,02 Schmuck und Uhren
2,8 Andere pers. Gegenstände
11,81 Dienstleistungen soz. Einrichtungen
1,98 Versicherungen Wohnung
Anteile in Promille
Stand: Dezember 2010

3,11
Fische
14,44
Molkereiprodukte
2,55
Speisefette
9,23
Obst
10,6
Gemüse
5,56
Wein
9,03
Bier
0,09
Alkopops
22,43
Tabakwaren
37,1
Bekleidungsartikel
11,09
Wasserversorgung
6,84
Müllabfuhr
9,35
Abwasser
5,76
Dienstleistungen Wohnung
24,61
Strom
3,11
Teppiche
1,23
Reparaturen Möbel
4,07
Heimtextilien
6,76
Große Haushaltsgeräte
1,04
Kleine Haushaltsgeräte
6,51
Therapeutische Geräte
8,32
Arztkosten
5,59
Zahnarztkosten
2,19
Heilpraktiker
6,62
Krankenhauskosten
20,32
Reparaturen Fahrzeuge
12,72
Sonstige Fahrzeugkosten
5,53
Bahnfahrkarten
1,15
Taxi und Bus
2,58
Flugtickets
4,8
Fernseher
2,43
Fotos
6,98
Computer
3,4
Bild- und Tonträger
1,4
Reparaturen
3,6
Haustiere
1,53
Tierarztkosten
15,8
Eintrittskarten Kultur
7,38
Sport-Beiträge
5,81
Glücksspiel
7,4
Bildungswesen
28,81
Restaurants und Kneipen
3,31
Kantinen
11,87
Hotels
9,58
Frisuren
9,39
Gesundheitsversicherung
9,53
Versicherung Auto
2,98
Andere Versicherungen
5,34
Finanzdienstleistungen
5,08
Sonstige Dienstleistungen
Quelle: Statistisches Bundesamt

POLITISCHE HÄFTLINGE IN CHINA

Schriftsteller, Journalisten, Blogger und Künstler und die Dauer ihrer Inhaftierung

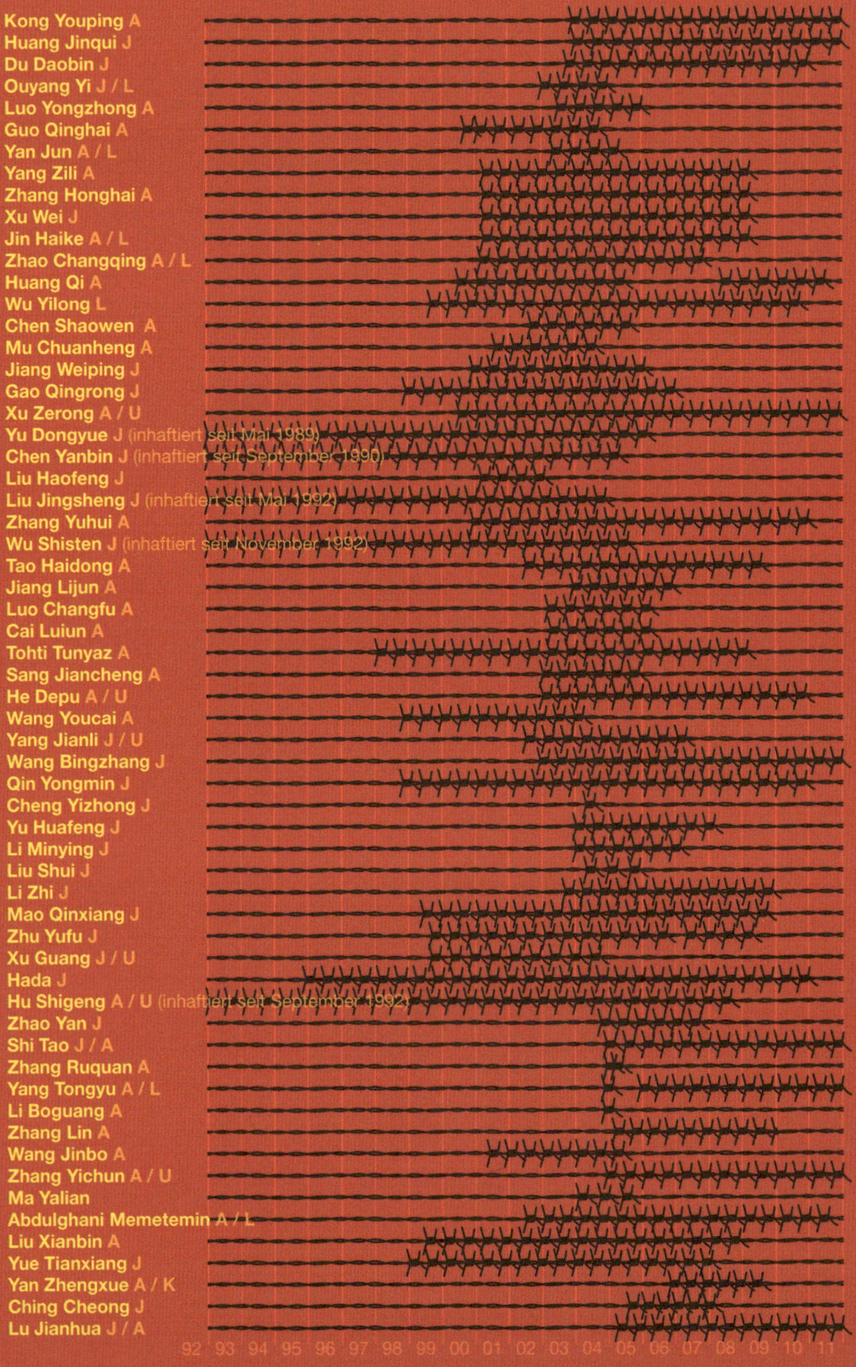

A = Autor B = Blogger J = Journalist K = Künstler L = Lehrer
M = Aktivist für Menschenrechte U = Universität/Wissenschaft

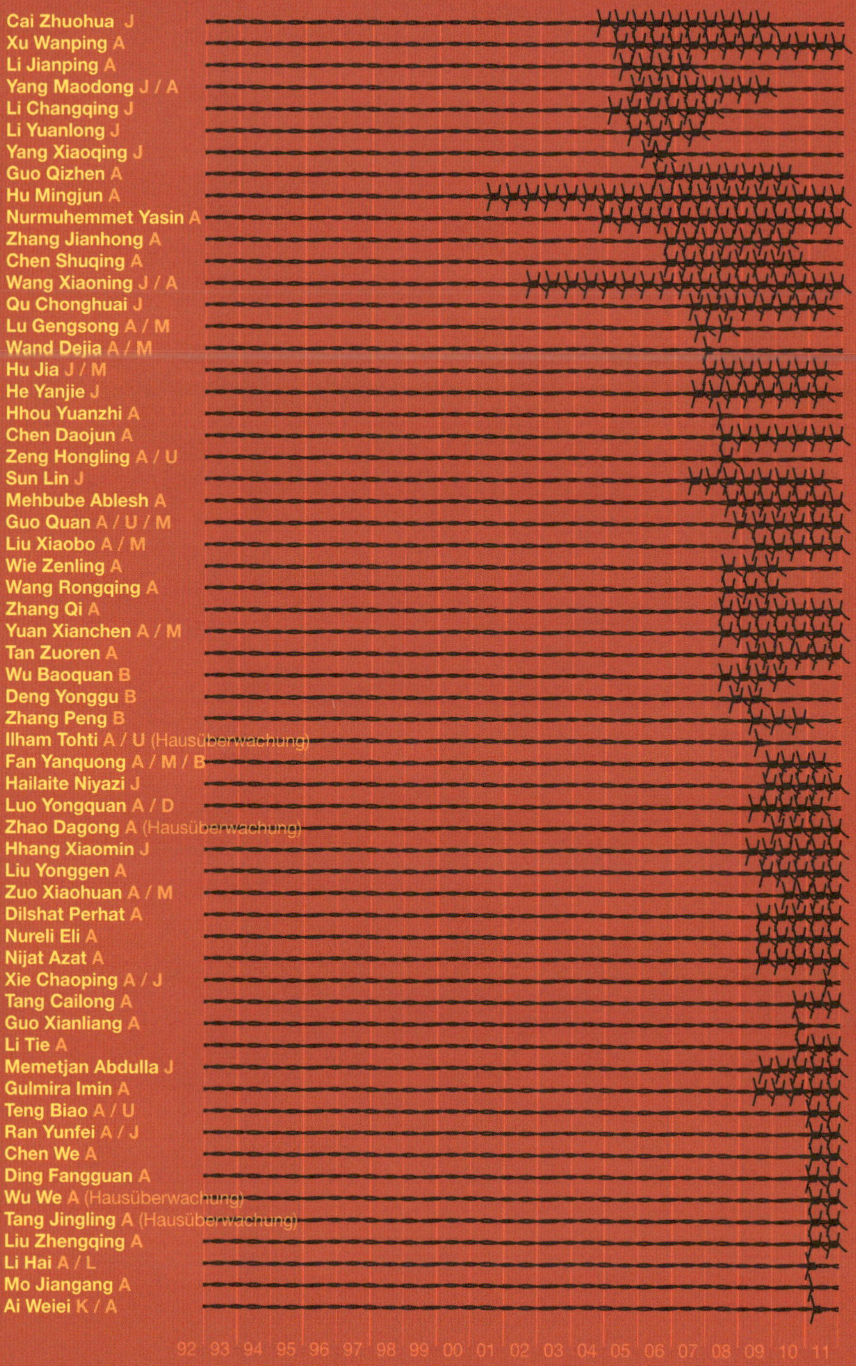

Quelle: Independent Chinese PEN Center

POPULÄRE PILLEN

Die meistverkauften Arzneimittel in Deutschland

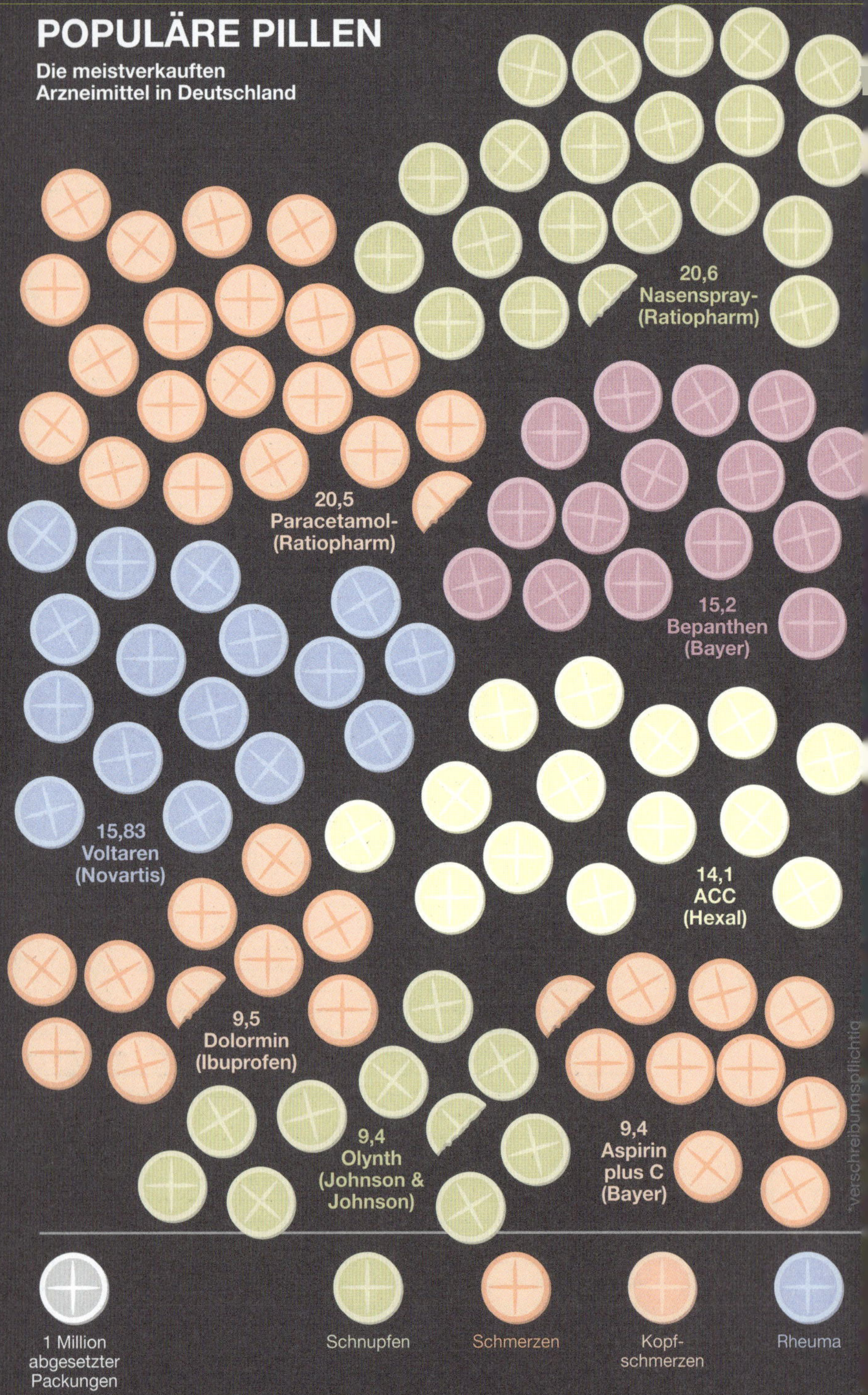

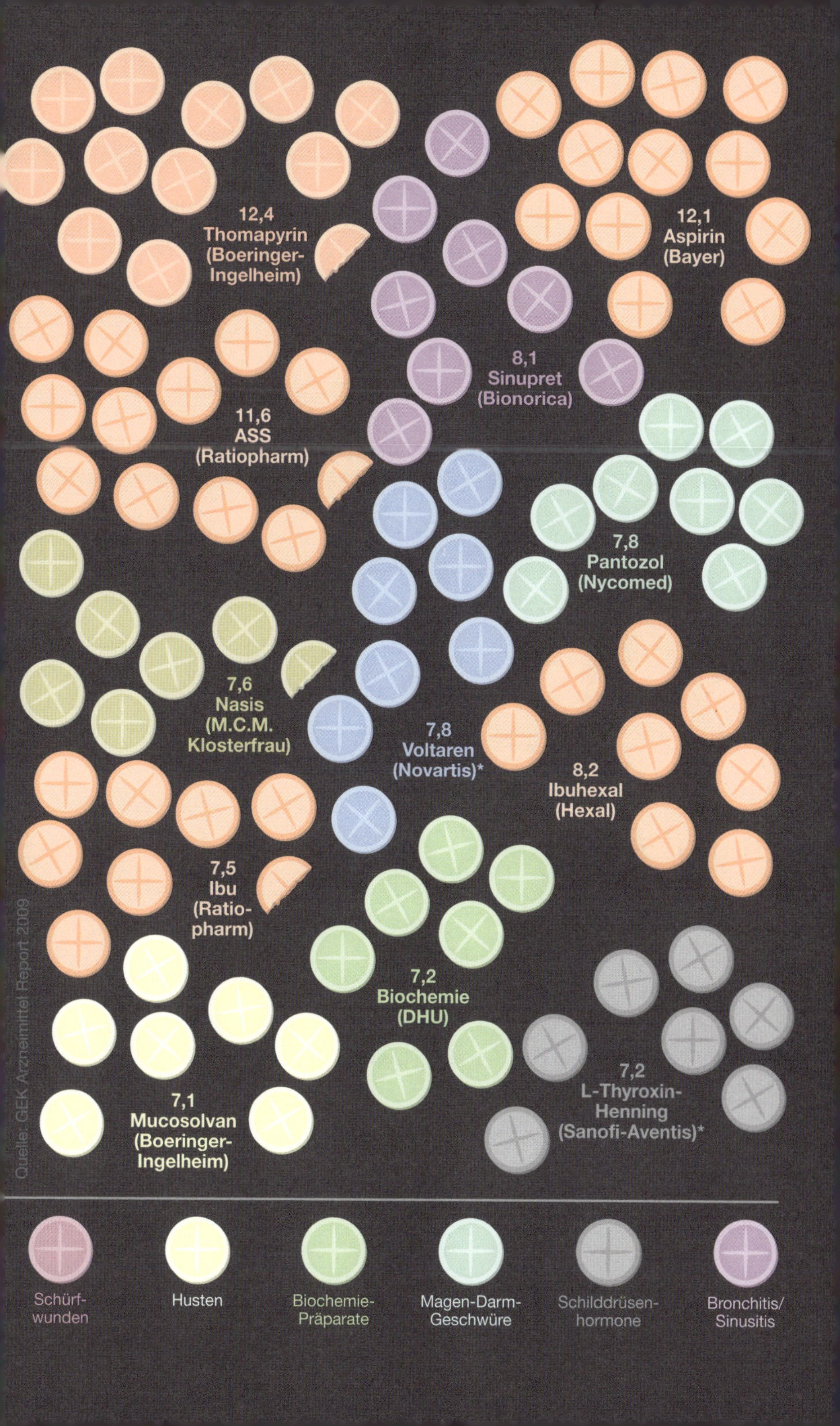
12,4
Thomapyrin
(Boeringer-
Ingelheim)
12,1
Aspirin
(Bayer)
8,1
Sinupret
(Bionorica)
11,6
ASS
(Ratiopharm)
7,8
Pantozol
(Nycomed)
7,6
Nasis
(M.C.M.
Klosterfrau)
7,8
Voltaren
(Novartis)*
8,2
Ibuhexal
(Hexal)
7,5
Ibu
(Ratio-
pharm)
7,2
Biochemie
(DHU)
7,2
L-Thyroxin-
Henning
(Sanofi-Aventis)*
7,1
Mucosolvan
(Boeringer-
Ingelheim)
Quelle: GEK Arzneimittel Report 2009
Schürf-
wunden
Husten
Biochemie-
Präparate
Magen-Darm-
Geschwüre
Schilddrüsen-
hormone
Bronchitis/
Sinusitis

HANDY-STECKER

Eigentlich sollte der einheitliche Stecker für Handy-Aufladekabel schon 2010 kommen. Solange er sich noch nicht durchgesetzt hat: ein Rückblick auf die Vielfalt

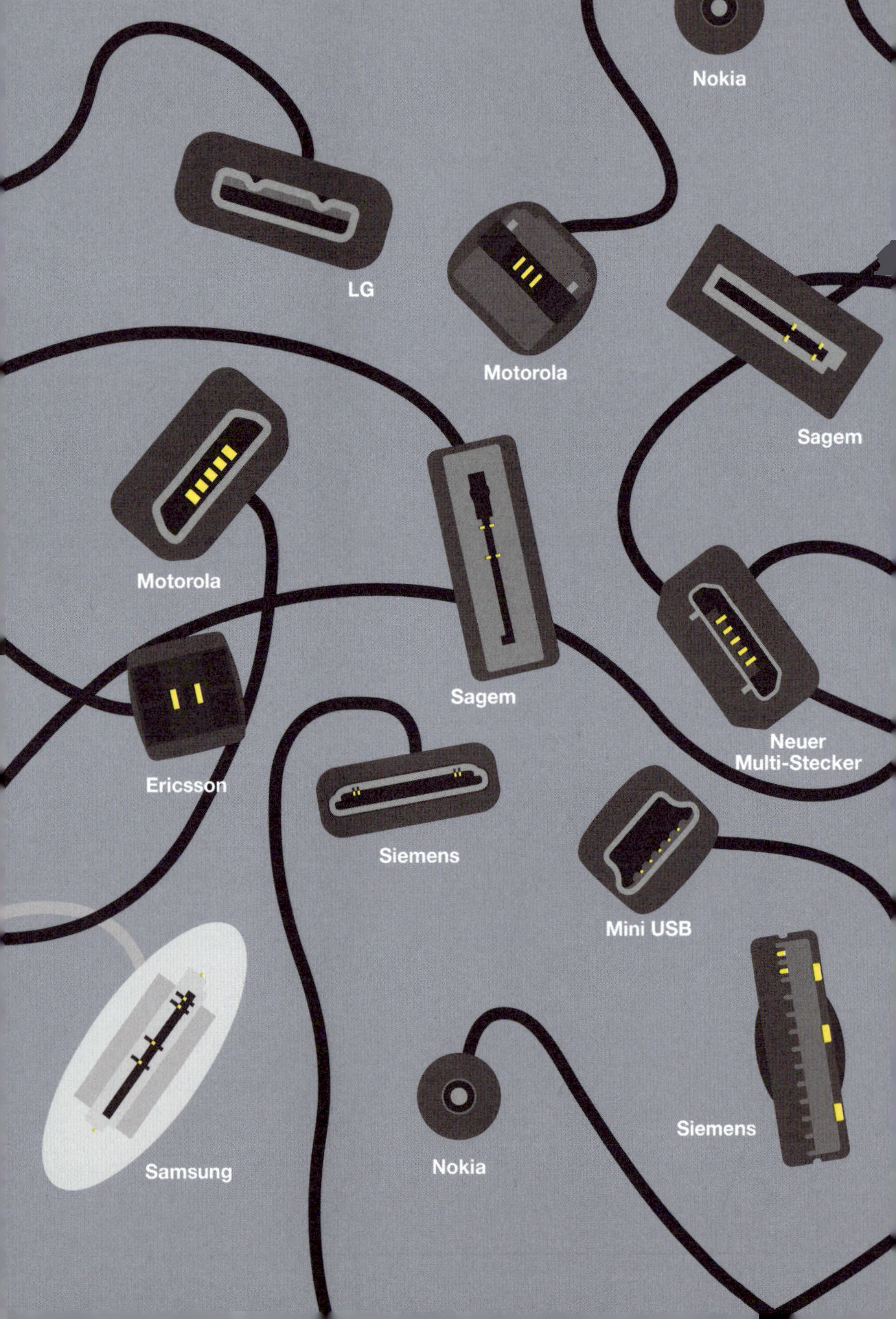

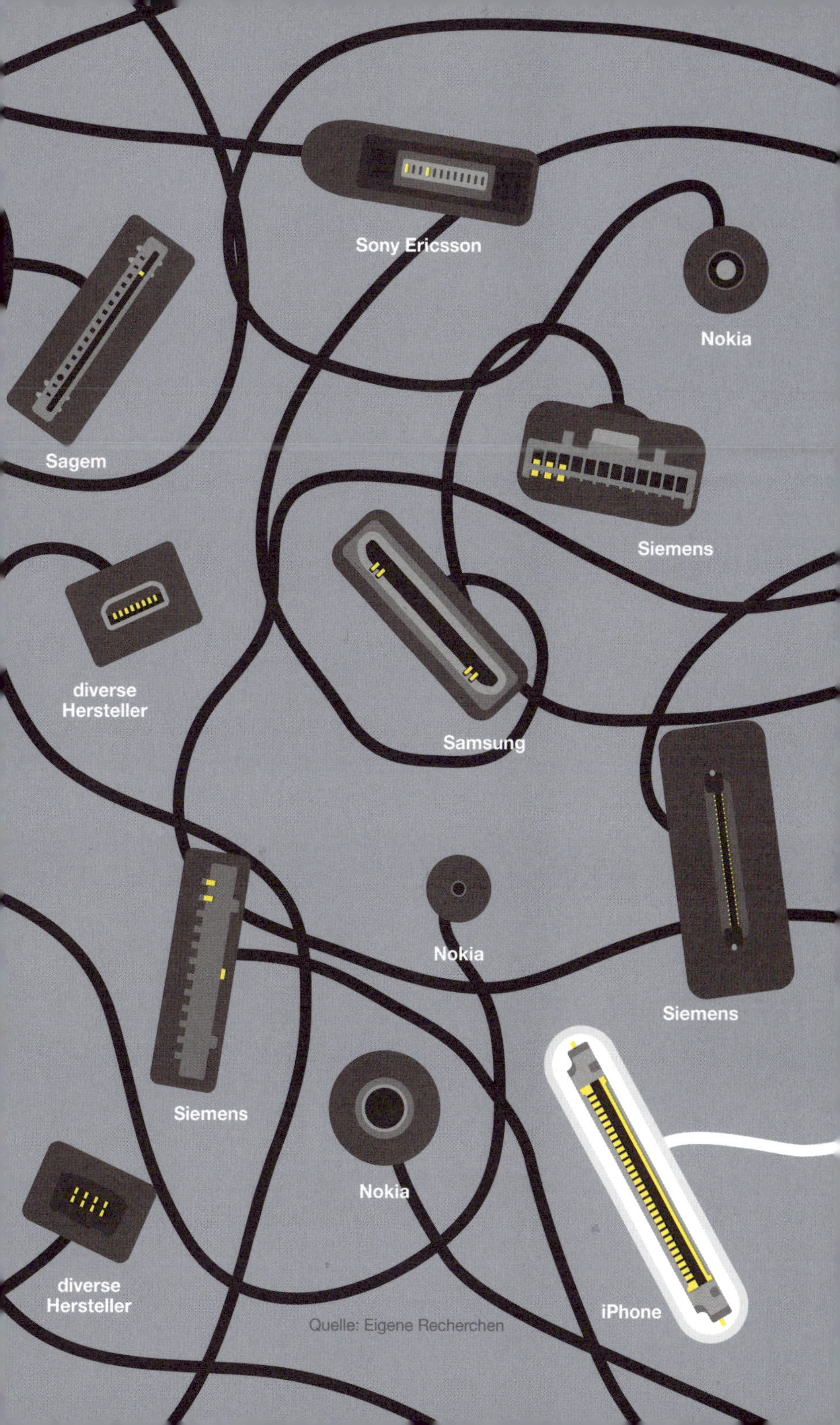
Sony Ericsson
Nokia
Sagem
Siemens
diverse Hersteller
Samsung
Siemens
Nokia
Siemens
Siemens
Nokia
diverse Hersteller
iPhone
Quelle: Eigene Recherchen

DIE POPULARITÄT DER TIERE

Wie oft kommen welche Arten in Kinderbüchern vor – und wie oft in Dossiers der Tierschützer?

Relative Häufigkeit in Dossiers der Tierschutz-organisation WWF
Relative Häufigkeit im Titel von Kinder-büchern
Eichhörnchen
Eisbär
Elefant
Eule
Gans
Giraffe
Hai
Hase
Katze
Kuh
Löwe
Maulwurf
Pferd
Pinguin
Qualle
Rabe
Storch
Tiger
Wal
Zebra
Quellen: DNB, WWF und eigene Auswertungen

VOLL DES LOBES

Seit einigen Jahren sind Buchtitel, in denen gelobt wird, recht beliebt

Ekkehard Martens	2011 Artemis & Winkler	**Alters**
Markus Reiter	2011 Oekom	**Mittelmaßes**
Annete Krüger	2010 Neukirchener	**Schöpfers**
Peter Berger	2010 Kreuz	**Zweifels**
Thomas Chorher	2009 Styria	**Lobens**
Sandra Richter	2009 Beck	**Optimismus**
Monika Metternich	2009 Pattloch	**Sonntags**
Brigitte Blöchlinger	2008 Fischer	**Einzelkindes**
Marleen Stoessel	2008 Insel-Verlag	**Lachens**
Günter Bonheim	2008 Weißensee	**Versagens**
Hans-Otto Hügel	2007 Halem	**Mainstreams**
Erik Orsenna	2006 Beck	**Golfstroms**
Frank-Rainer Wagner	2006 Bel Esprit	**Tores**
Wolfram Eilenberger	2006 Berliner Tb.-Verlag	**Kybernetikers**
Hans-Ulrich Gumbrecht	2005 Suhrkamp	**Sports**
Karel Trinkewitz	2004 Akropolis	**Haiku**
Durs Grünbein	2004 Schäpers	**Taifuns**
Susie Orbach	2003 Goldmann	**Essens**
Jun'ichero Tanizaki	2002 Manesse	**Schattens**
Alois Blumauer	2001 XIM Virgines	**Flohs**
Robert Nef	2001 Academia	**Non-Zentralismus**
Erhard Meueler	2001 Schneider	**Scheiterns**
Annette Feuchter	2001 Pabst	**Sozialen Faulenzens**
Nild Walherr (Hg.)	2000 Galerie Koch	**Blau**
Raimund Ringel	2000 Bernadus	**Leibes**
Wolfgang Roelen	2000 Relais Medias	**Wartens**

des **LO**

Alle seit 2000 neu erschienenen Originalausgaben (ohne Book on Demand)

B – der

- **Jagd** 2011 Kosmos Eckhard Fuhr u. Werner Schmitz
- **Leichtigkeit** 2011 Ed. Atelier Gerald Schmickl
- **Liebe** 2011 Passagen Alain Badiou
- **Schöpfung** 2011 Bonifatius Margarete Niggemeyer
- **Untreue** 2011 Diederichs Franz-Josef Wetz
- **Meisterschaft** 2010 Manesse Jun'ichero Tanizaki
- **Oberfläche** 2010 Fink Thomas Eder (Hrsg.)
- **offenen Beziehung** 2010 Bertz + Fink Oliver Schott
- **Pause** 2010 Oekom Karlheinz Geißler
- **Trägheit** 2010 Rotbuch Fabián Casas
- **Unverschämtheit** 2010 Paulus Hermann-Josef Venetz
- **Weisheit** 2010 Insel Hans-Joachim Simm (Hg)
- **deutschen Sprache** 2009 Wallstein Hans-Martin Gauger (Hg)
- **Krise** 2009 AES Alfred Dietrich
- **Vernunftehe** 2009 Fischer Arnold Retzer
- **Einsamkeit** 2008 Sardes Necati Tosuner
- **Elite** 2008 Beck Heike Schmoll
- **Feigheit** 2008 Hitzel Franz Wuketits
- **Herzensbildung** 2008 Gütersloher Irmgard Tarr
- **Krankheit** 2008 Bastei Lübbe Bert Ehgartner
- **Wilden Fräulein** 2008 vom Wunderbaren Michael Schirmer
- **Ehe** 2007 Manesse Rafik Schami
- **Kybernetik** 2007 Suhrkamp Thomas Meinecke
- **Lüge** 2007 List Claudia Meyer
- **Reiselust** 2007 Lenos Nocolas Bouvier
- **Schule** 2007 Hoffmann und Campe Joachim Bauer
- **Ungleichheit** 2007 Apt Heuling Schulze
- **Vielfalt** 2007 Ecole d'humanité A.v.d. Groeben u. C. Aebi
- **Disziplin** 2006 Ullstein Bernhard Bueb
- **Freundin** 2006 Kreuz Verena Kast
- **Intelligenz** 2006 Wissensch. Buchgesellsch. José Antonio Marina
- **Schöpfung** 2006 Aca. Press Carsten Knigge
- **Dummheit** 2005 Lit Hans Conrad Zander
- **Musik und der Musiker** 2005 Echter Paul-Werner Scheele
- **Rechtschreibung** 2005 Beck Horst Haider Munske
- **Westpfalz** 2005 Arbogast Karheinz Schauder
- **Faulheit** 2004 Insel Joachim Schultz (Hrsg.)
- **Arnachie** 2004 Krämer Harry Pross
- **Kritik** 2003 Berlin-Verlag Marcia Pally
- **Schwarzen Schafe** 2003 Orte Hans Rudolf Hilty
- **Stille** 2003 Fischueberalles Karl-Heinz Prätzler
- **Unvollkommenheit** 2003 Dietz Ilja Seifert
- **Freundschaft** 2002 Ars-Ed. Jane Clarke (Hg)
- **Graphik** 2002 Stadt Unna Dieter Lohl (Hg)
- **Technologie** 2002 CMZ Günter Bader
- **Hängematte** 2001 Herder Karl Forster
- **Peitsche** 2001 Beck Niklaus Largier
- **Provinz** 2001 dtv Erwin Grosche
- **Schwachheit** 2001 Pendo Alexandre Jollien
- **Dummheit** 2000 Reclam Lutz Walther (Hg)
- **Vielheit** 2000 Tyrolia Alois Halbmayr

Stand: Juli 2011 Quellen: DNB und eigene Recherchen

BLONDINENQUOTE

Wie hoch ist der Anteil der blonden Frauen auf Zeitschriften-Covern?

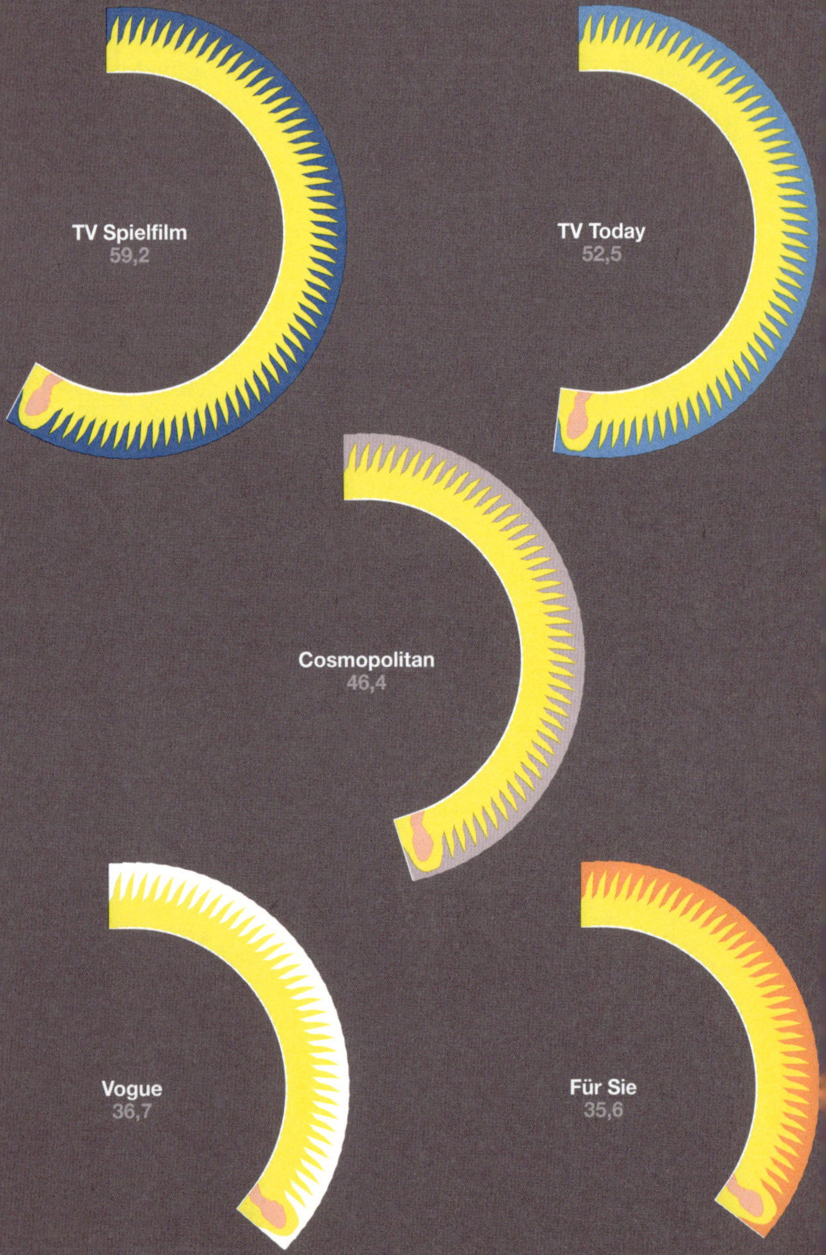

Zeitschriften, die stets eine Frau auf dem Titelbild zeigen – ausgewertet von Januar 2009 bis Juli 2011

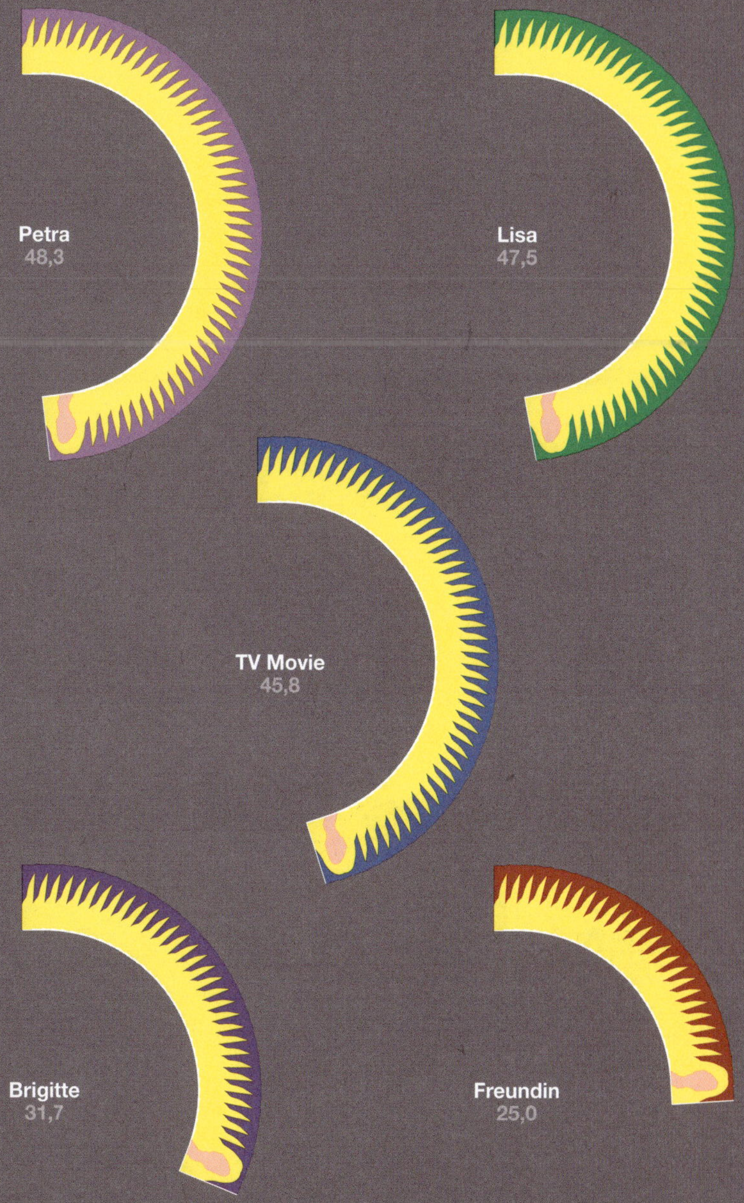

Quelle: Eigene Recherchen

STROMSPARER, STROMVERSCHWENDER

Wie unterschiedlich viel Energie Elektrogeräte mit ähnlicher Funktion verbrauchen

Angegeben ist jeweils der durchschnittliche Jahresverbrauch eines Haushalts

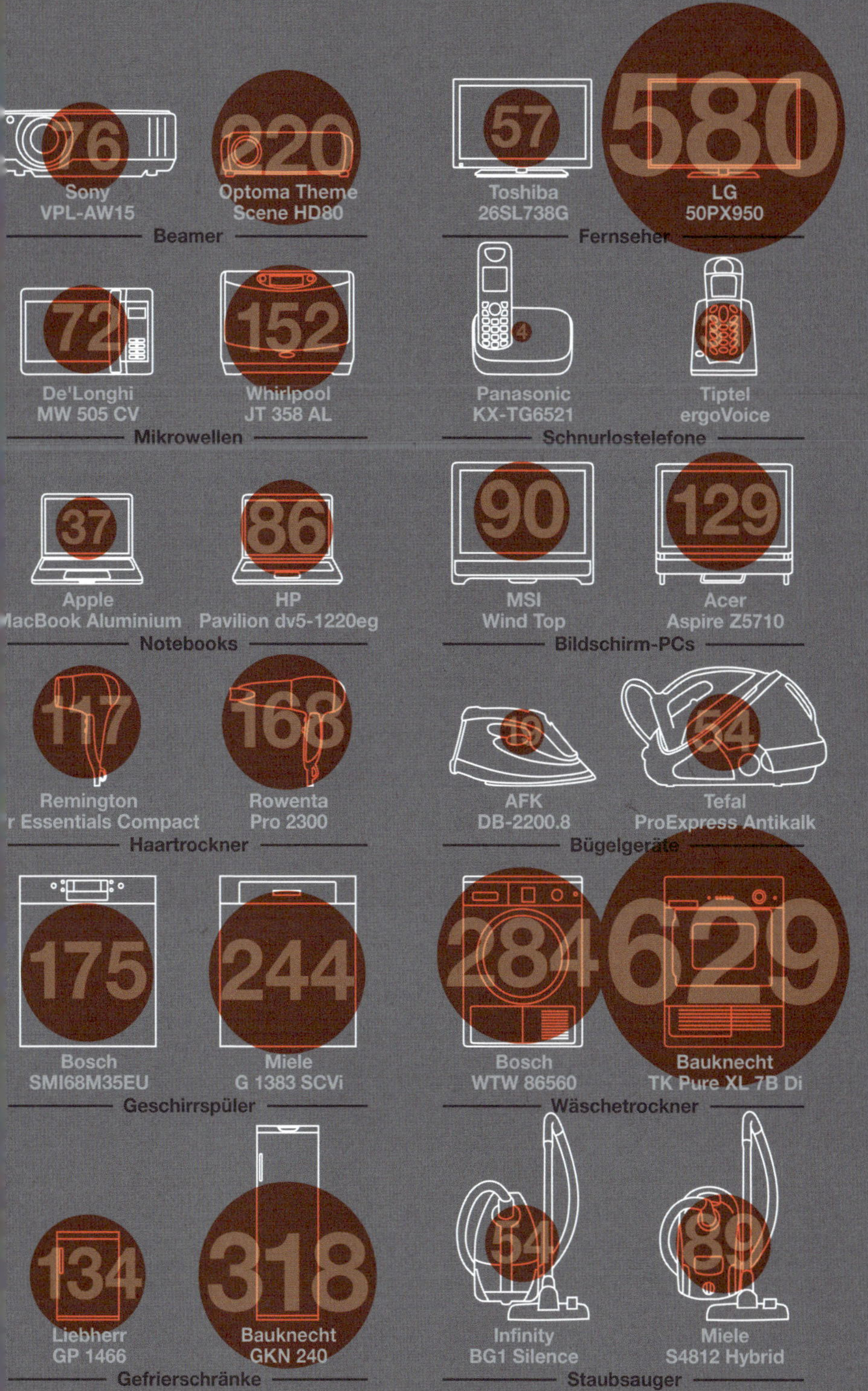

Quelle: Stiftung Warentest

DAS ALTER DES PRENZLAUER BERGS

Wie sich die Altersstruktur des Berliner Stadtteils seit kurz nach der Wende verändert hat

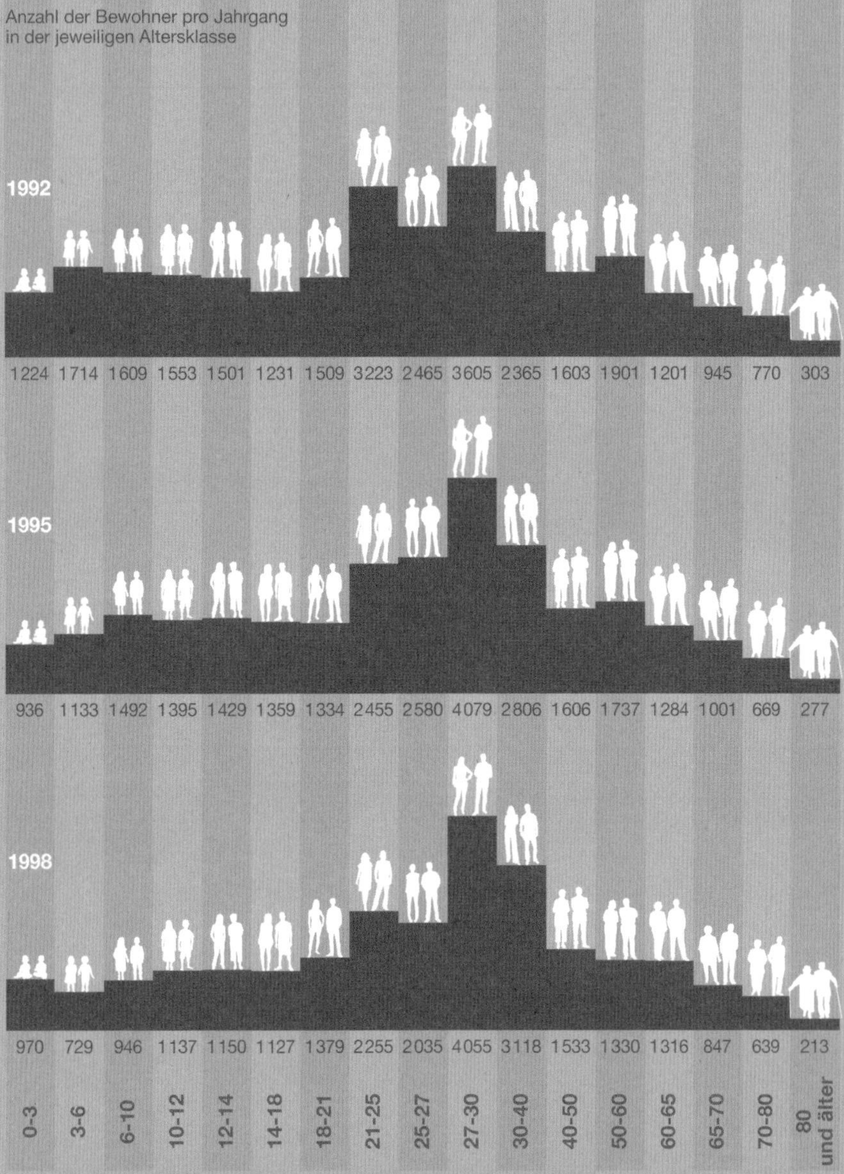

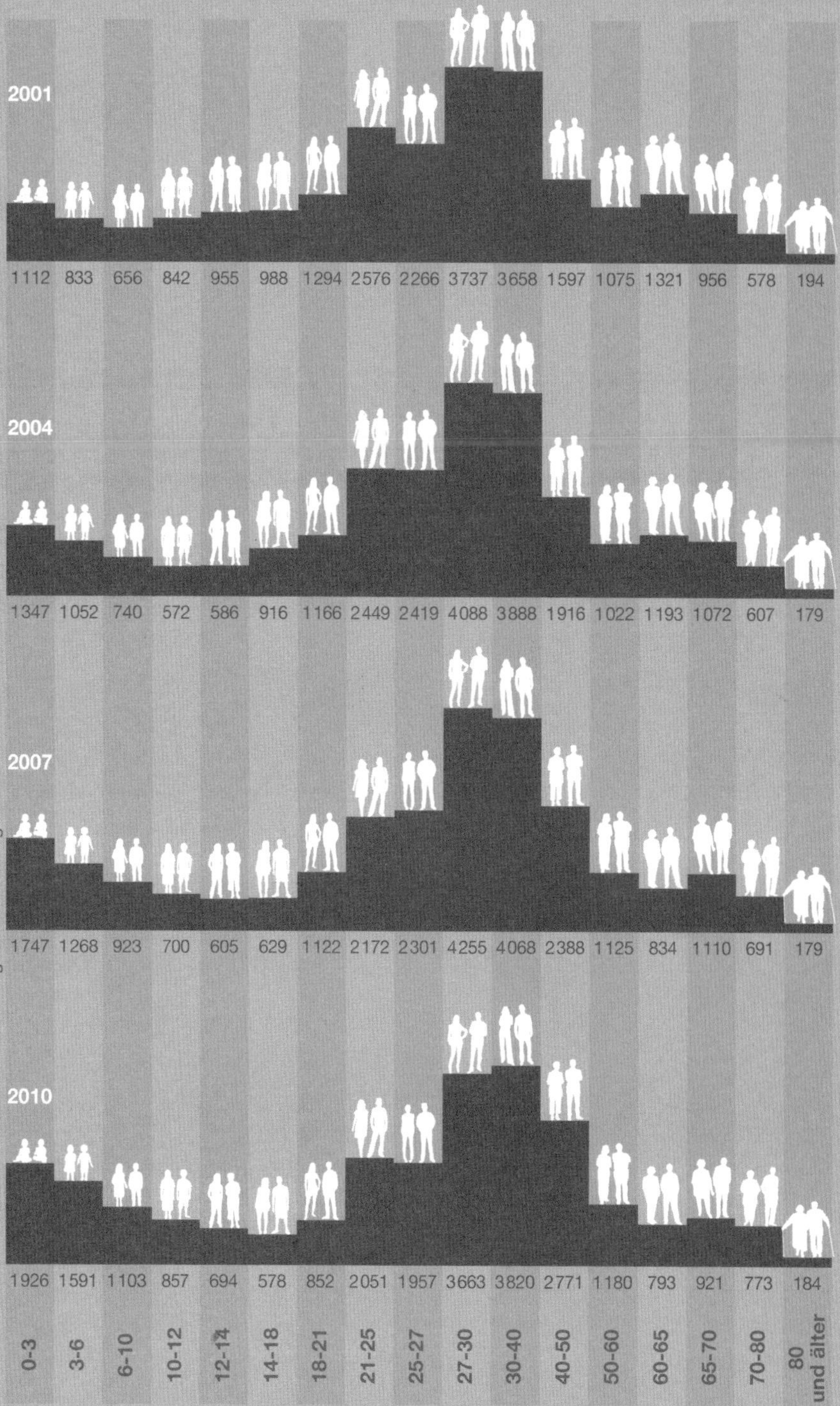

Quellen: Bezirksamt Pankow und eigene Berechnungen

AUSSER AUTOS

Was PKW-Hersteller unter ihrem Markennamen sonst noch alles verkaufen

Stand: Mai 2011

Quellen: Herstellerangaben und eigene Recherchen

MINUTEN VORM BILDSCHIRM

Wie viel Zeit verbringen die Deutschen
im Schnitt täglich mit den beiden Medien?

Fernsehen 233

Stand: 2010 · Quellen: Bitkom, GfK

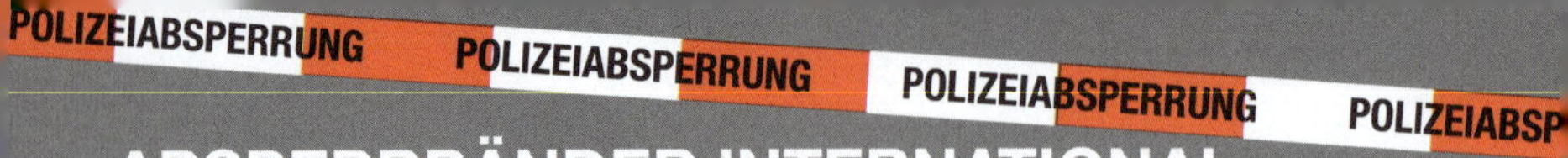

ABSPERRBÄNDER INTERNATIONAL

Womit sperrt man wo einen Unfall- oder Tatort ab?

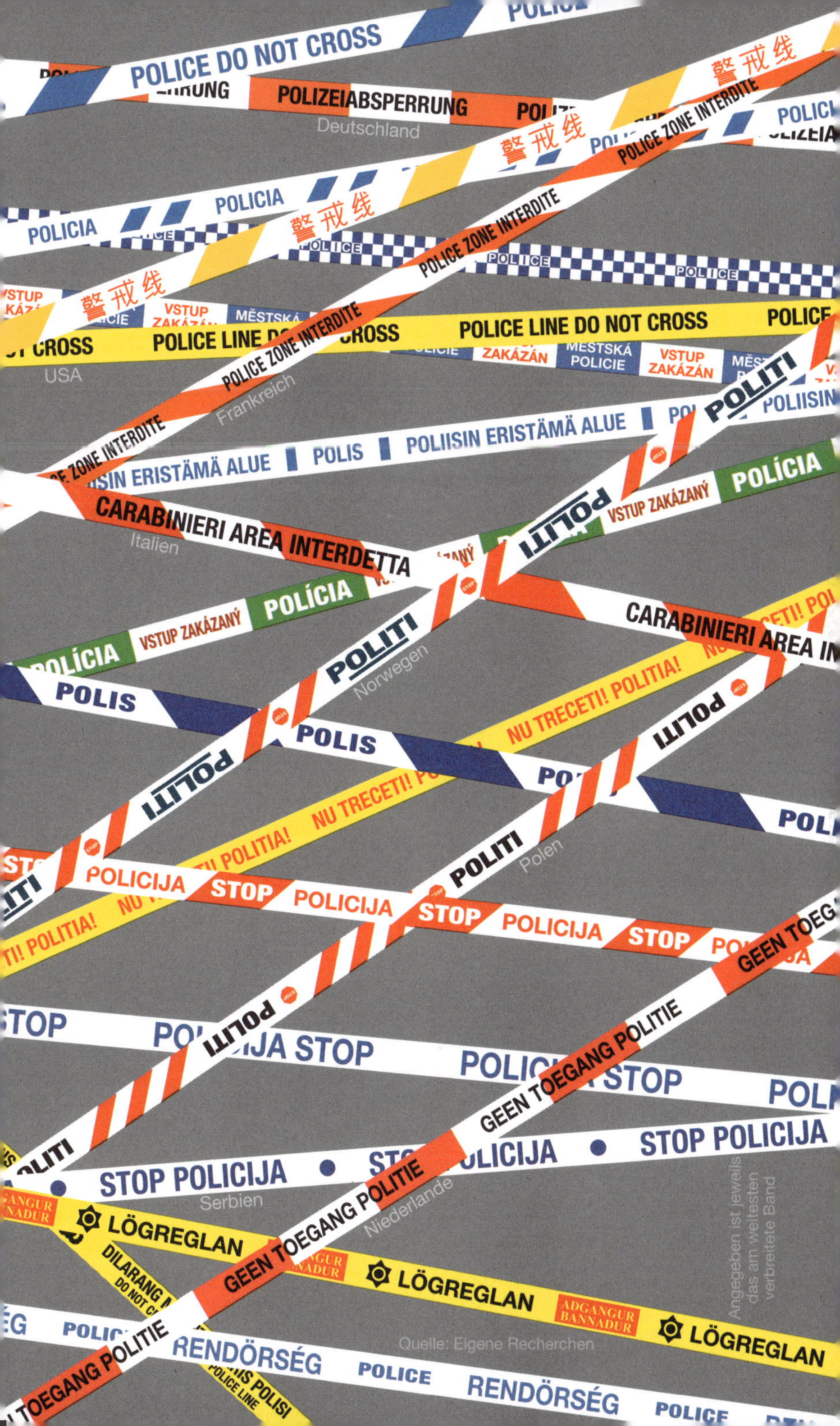

Quelle: Eigene Recherchen

Angegeben ist jeweils das am weitesten verbreitete Band

GEBURTSMONATE DER FUSSBALLER

Wann im Jahr wurden die Spieler deutscher Auswahlmannschaften geboren?

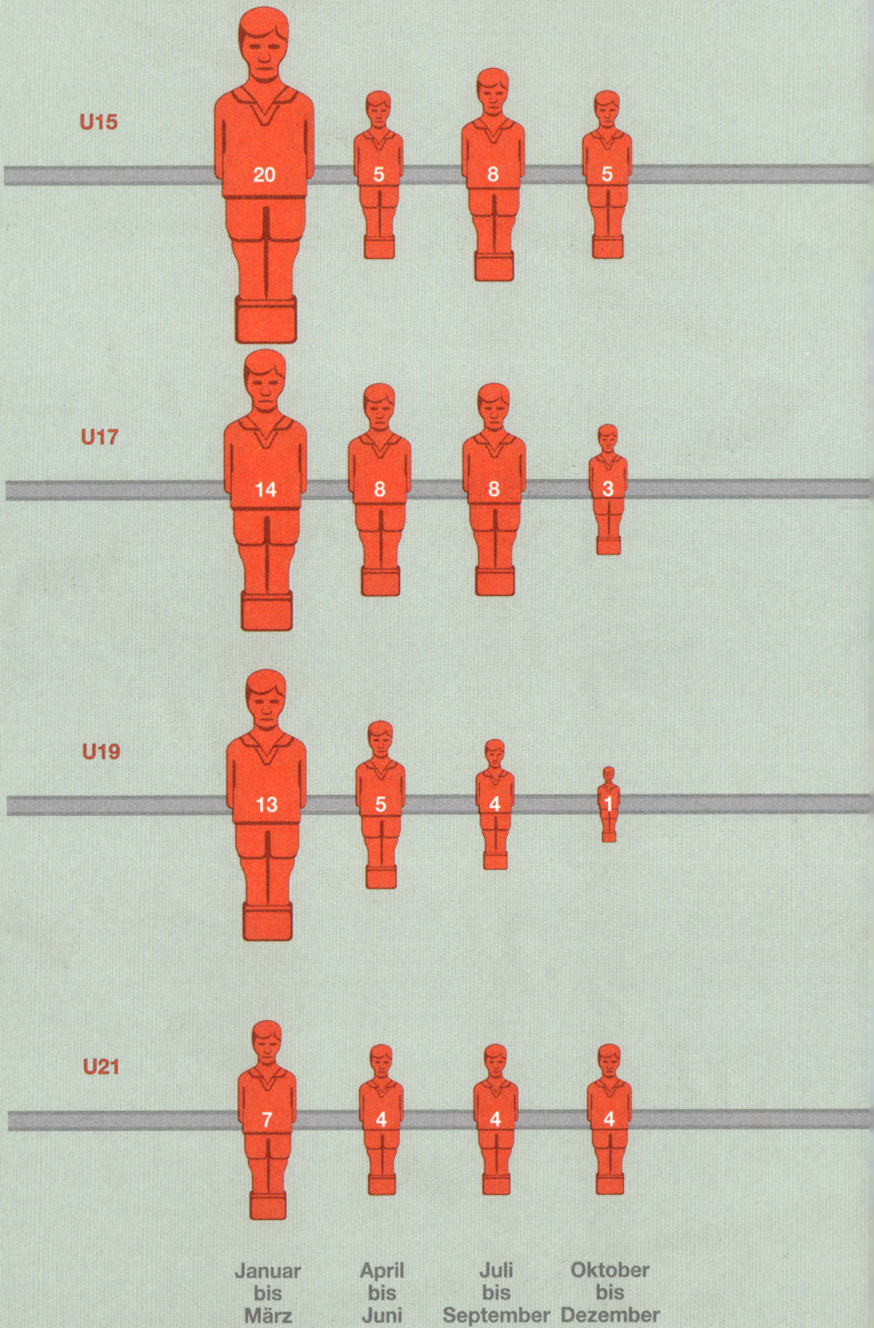

Der Stichtag für die Auswahlmannschaften bis U21 ist der 1. Januar. Wer früh im Kalenderjahr geboren ist, ist vergleichweise alt – und dadurch im Vorteil. Stand: November 2010

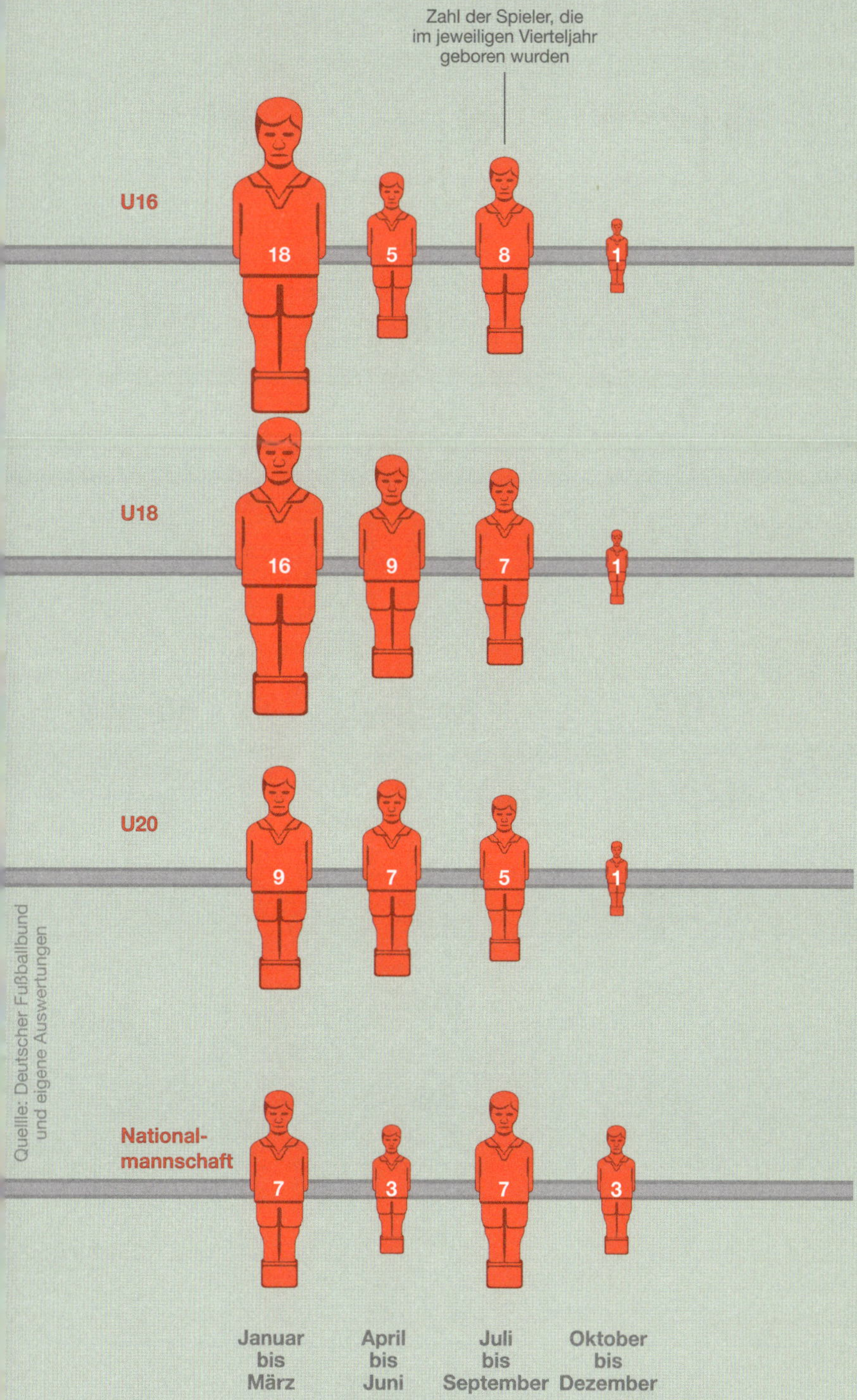
Zahl der Spieler, die im jeweiligen Vierteljahr geboren wurden
U16
18
5
8
1
U18
16
9
7
1
U20
9
7
5
1
National-
mannschaft
7
3
7
3
Januar bis März
April bis Juni
Juli bis September
Oktober bis Dezember
Quellle: Deutscher Fußballbund und eigene Auswertungen

BILLIGKRÄFTE IN DER REGIERUNG

Zu welchen Bedingungen Praktikanten in den Ministerien arbeiten

	Auswärtiges Amt	Bundesministerium des Inneren	Bundesministerium der Justiz	Bundesministerium für Verkehr, Bau und Stadtentwicklung	Bundesministerium der Verteidigung	Bundesministerium für Gesundheit
Gesamtzahl der Praktika (2009)	871	166	110	539	159	K.A.
Davon: Anzahl der Hochschulabsolventen/-innen	0	0	3	151	59	3
Dauer der Praktika	6 Wochen bis 6 Monate	1 Wochen bis 6 Monate	1 Wochen bis 6 Monate	1 Wochen bis 6 Monate	1 Wochen bis 12 Monate	6 Wochen bis ~~Monate~~
Vergütung für Praktika	0 €	82-511 €	50-255 €	0-500 €	0-1200 €	0 €

Deutscher Bundestag (Drucksache 17/3567)

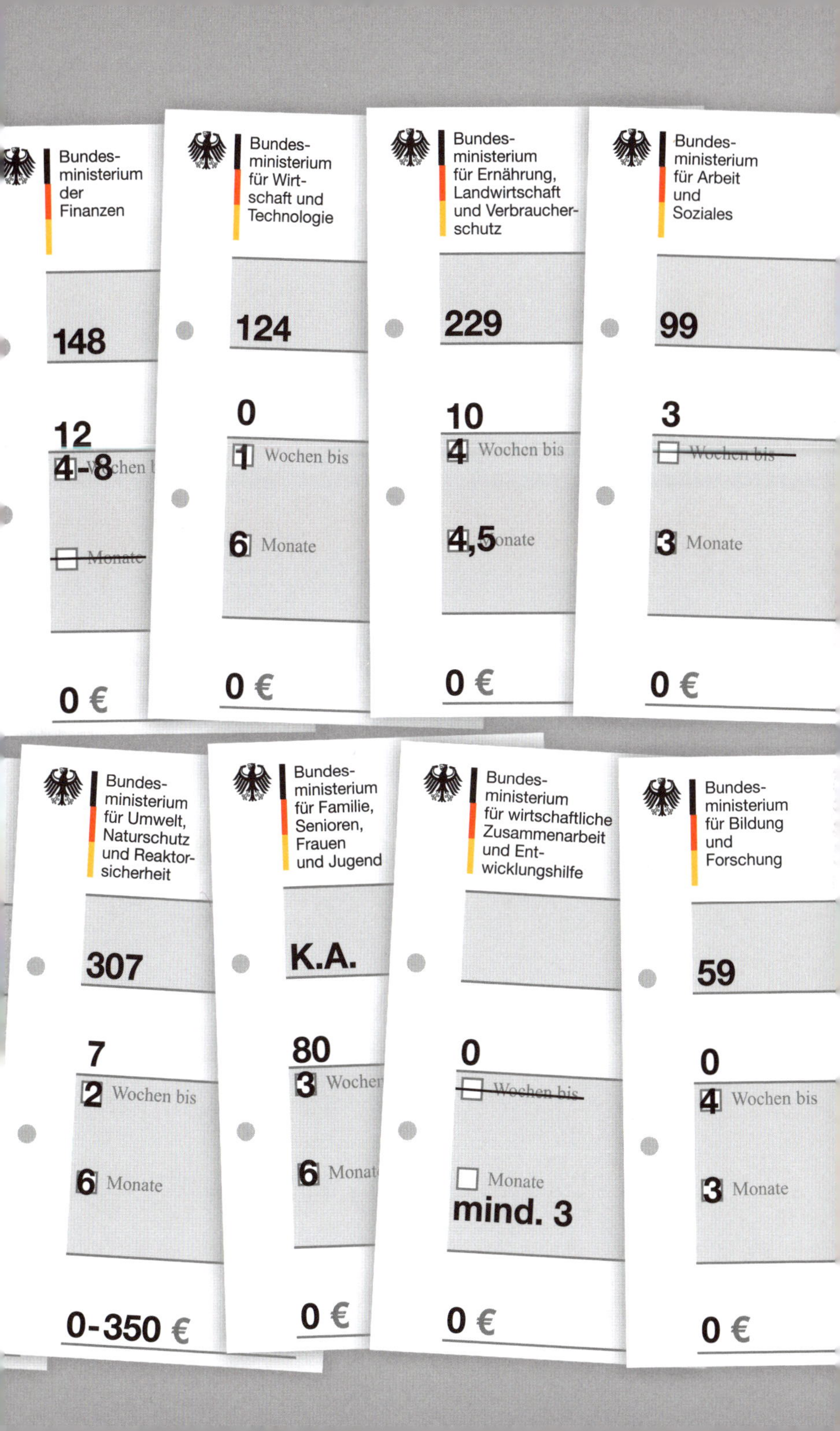
Bundesministerium der Finanzen
148
12
4-8 Wochen bis
Monate
0 €
Bundesministerium für Wirtschaft und Technologie
124
0
1 Wochen bis
6 Monate
0 €
Bundesministerium für Ernährung, Landwirtschaft und Verbraucherschutz
229
10
4 Wochen bis
4,5 Monate
0 €
Bundesministerium für Arbeit und Soziales
99
3
Wochen bis
3 Monate
0 €
Bundesministerium für Umwelt, Naturschutz und Reaktorsicherheit
307
7
2 Wochen bis
6 Monate
0-350 €
Bundesministerium für Familie, Senioren, Frauen und Jugend
K.A.
80
3
6
0 €
Bundesministerium für wirtschaftliche Zusammenarbeit und Entwicklungshilfe
0
Wochen bis
Monate
mind. 3
0 €
Bundesministerium für Bildung und Forschung
59
0
4 Wochen bis
3 Monate
0 €

DIE FARBEN DES AUTOS

Wie sich die Moden verändert haben

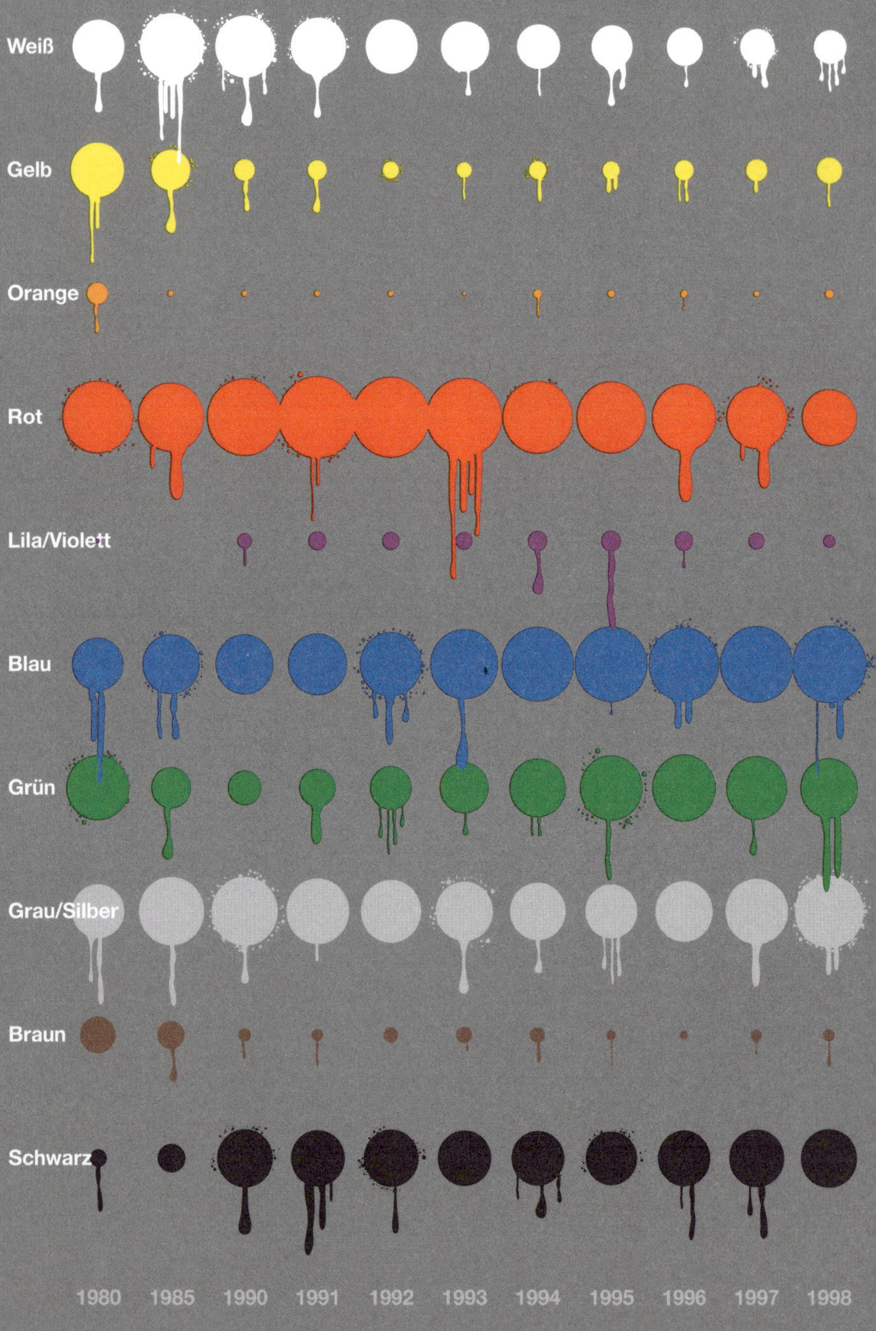

1 %
25 %
45 %
Anteil an allen im jeweiligen Jahr neu angemeldeten PKW
1999
2000
2001
2002
2003
2004
2005
2006
2007
2008
2009
2010
Quelle: Kraftfahrt-Bundesamt

HÄFTLINGE IN GUANTANAMO

Wie viele von ihnen bekamen einen Prozess?

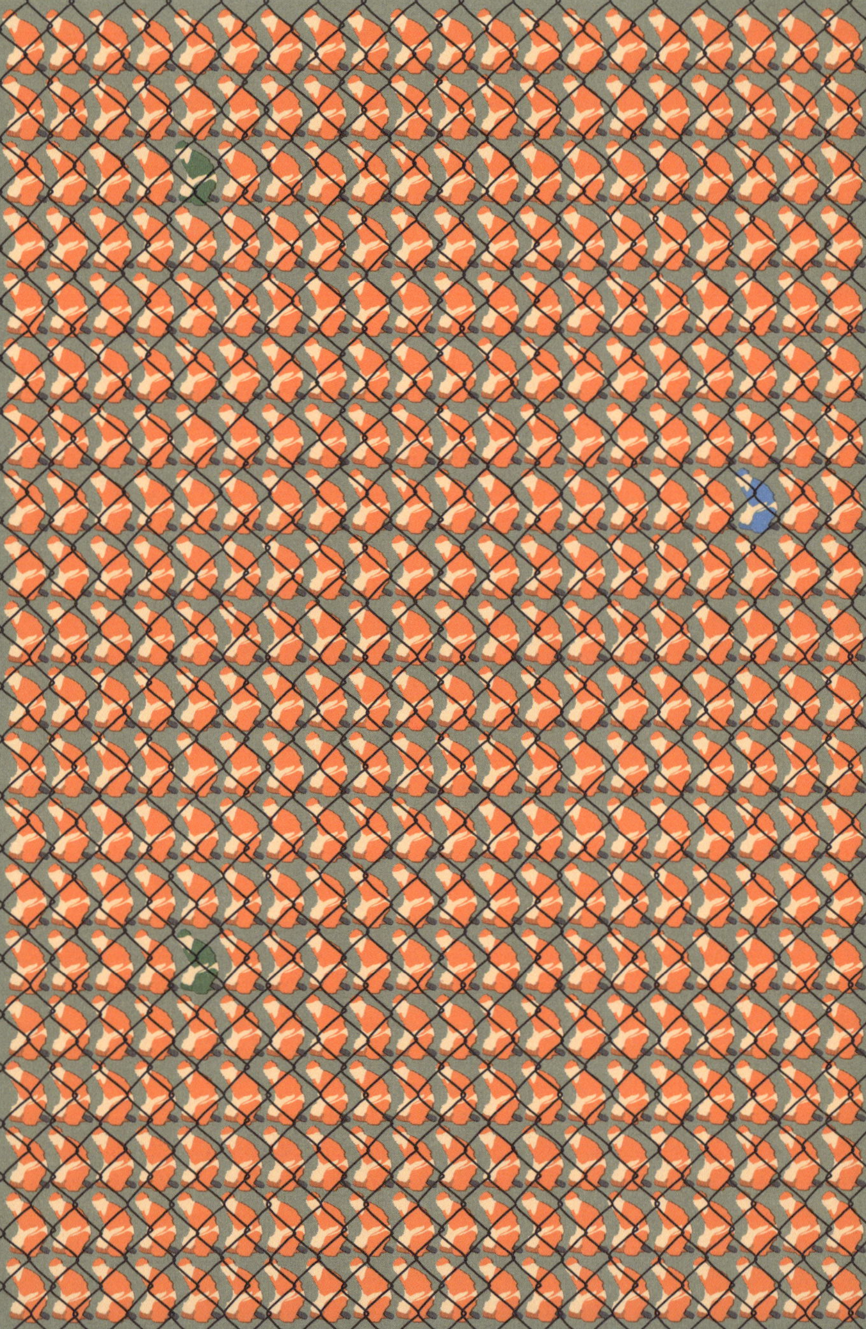

Stand: Juli 2011

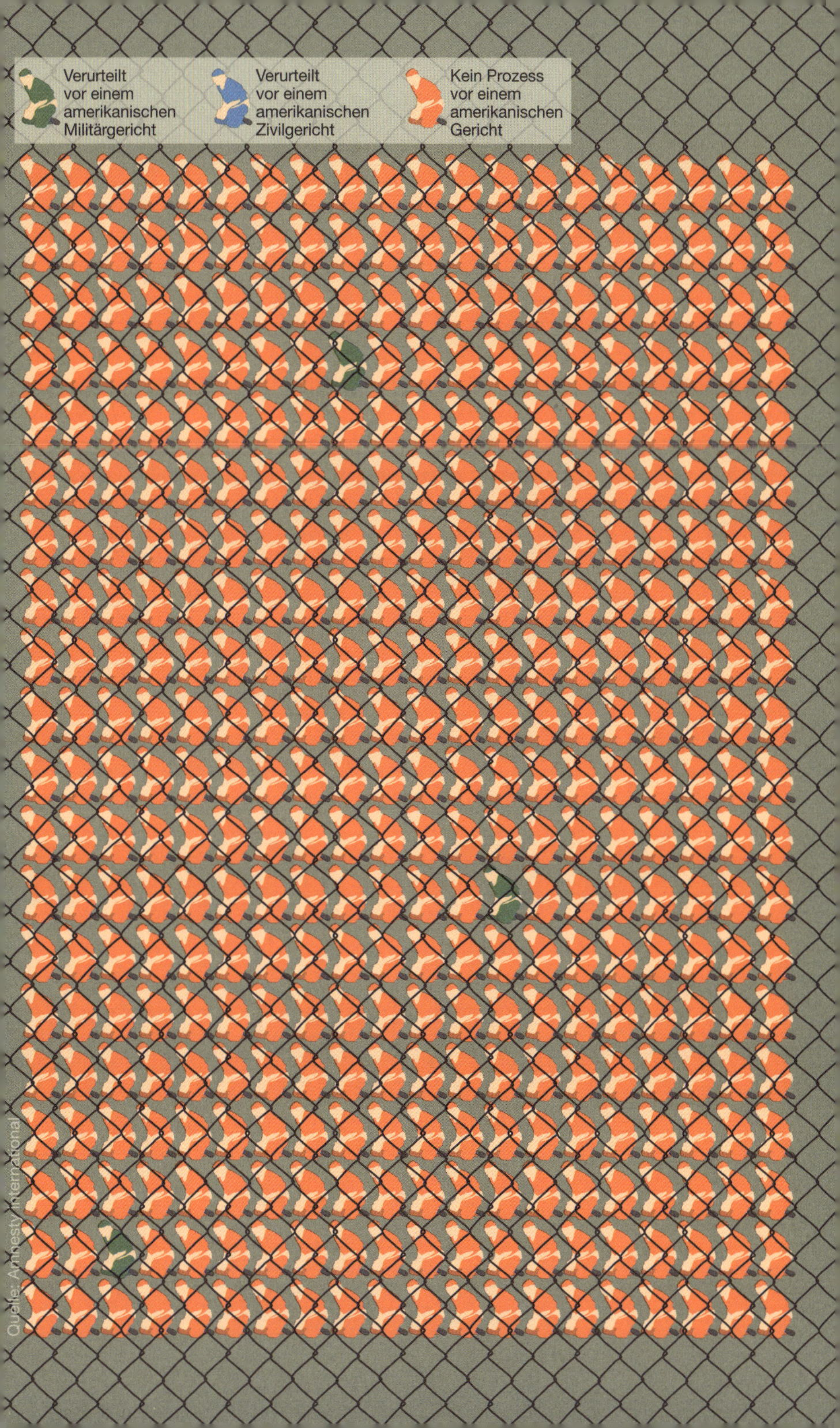
Verurteilt vor einem amerikanischen Militärgericht
Verurteilt vor einem amerikanischen Zivilgericht
Kein Prozess vor einem amerikanischen Gericht
Quelle: Amnesty International

DIE FARBE DER BÜRSTEN

Wie sind Zahnbürstenköpfe gestaltet?

Quelle: Eigene Recherchen

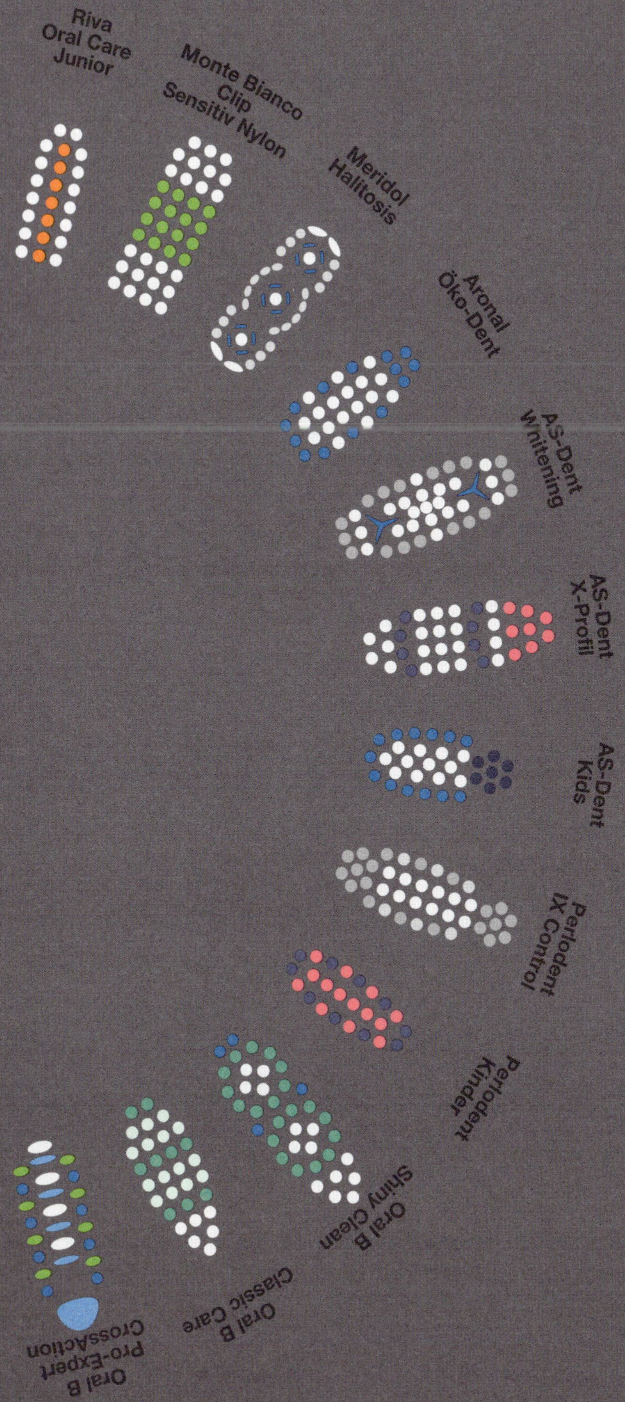
Riva Oral Care Junior
Monte Bianco Clip Sensitiv Nylon
Meridol Halitosis
Aronal Öko-Dent
AS-Dent Whitening
AS-Dent X-Profil
AS-Dent Kids
Perlodent IX Control
Perlodent Kinder
Oral B Shiny Clean
Oral B Classic Care
Oral B Pro-Expert CrossAction

KUNST FÜR MILLIONEN

Pablo Picasso Nude, Green Leaves and Bust 95 000 000	Alberto Giacometti L'Homme qui marche 1 92 521 600	Amedeo Modigliani Nu assis sur un divan (la belle romaine) 61 500 000	Andy Warhol Men in her life 56 500 000	Alberto Giacometti Grande tête mince 47 500 000
Gustav Klimt Kirche in Cassone 38 284 800	Roy Lichtenstein Ohhh...Alright... 38 000 000	Lawrence Alma-Tadema The Finding of Moses 32 000 000	Andy Warhol Coca-Cola (4) 31 500 000	Edouard Mane Potrait de Manet par lui-même, en bust 29 674 000
Gustav Klimt Frauenbildnis 24 754 820	Beihong Xu Landscape and Figures 23 026 500	Alberto Giacometti La Main 23 000 000	Da Zhu Landscape 22 500 000	Claude Monet Le bassin aux nympheas 22 000 000
Henri Matisse Danseuse dans le fauteuil, sol en damier 18 500 000	Meng Wang Landscape 17 885 200	Weicheng Quian Yandang Mountain 17 005 600	Amedeo Modigliani Jeanne Hébuterne (au chapeau) 17 000 000	Paul Cézanne Pichet et fruits sur une table 16 749 600
Jeff Koons Balloon Flower (Blue) 15 000 000	Keran Li Long march 14 486 400	George Stubbs Brood Mares and Foals 14 187 600	Claude Monet Effet de printemps à Giverny 13 500 000	Henri Matisse Nu au coussin bleu 13 400 000
Zhimian Zhou Flowers 12 174 300	Peter Paul Rubens Portrait of a commander 12 115 220	Yang Xu Landscape 11 971 800	Vincent van Gogh Parc de l'hôpital Saint Paul 11 823 200	Gerhard Richter Matrosen 11 750 000
Chaïm Soutine Le valet de chambre 10 385 900	Edouard Manet Bouquet de Pivoines 10 089 160	Kees van Dongen La gitane 10 039 680	Gerhard Richter Abstraktes Bild 10 000 000	Daqian Zhang Fairy Scattering Flowers 9 994 950
Ying Chou Landscape 9 529 000	Pablo Picasso Le peintre et son modèle 9 500 000	Joan Miro L'Air 9 150 000	Alberto Giacometti Femme de Venise V 9 100 000	Natalia Sergeevna Goncharova Espagnole 9 083 520
Da Zhu Landscape 9 000 000	Willem de Kooning Montaik III 8 800 000	Beihong Xu Riding a Donkey in Spring 8 796 000	Henri Matisse Nu à la chaise longue 8 719 610	Pablo Picasso Homme assis sur une chaise 8 605 440
Daqian Zhang The Magical Rock and Mountain Scenery 8 416 800	Yves Klein RE 49 8 286 300	Ruzhou Cui Landscape 8 277 500	Pablo Picasso Femme au grand chapeau, buste 8 250 000	Frans Francken II Der Mensch [...] 8 216 090

Alle Preise in US-Dollar

Die 100 Werke, die 2010 die höchsten Preise erzielten

Amedeo Modigliani Tête 46 650 450	Pablo Picasso Potrait d'Angel Fernandez de Soto 45 814 900	Wen Zong Emperor & Fang D. Landscape 44 850 000	Henri Matisse Nu de dos, 4 état (Back IV) 43 500 000	William Turner Modern Rome – Campo Vaccino 40 211 100
Andy Warhol Self Portrait 29 000 000	Mark Rothko Untitled 28 000 000	Juan Gris Violon et guitare 25 500 000	Jasper Johns Flag 25 500 000	Henri Matisse Bouquet des fleurs pour le quatorze juillet 25 500 000
André Derain Arbres à Collioure 21 513 650	Andy Warhol Big Campell's Soup Can with Can Opener 21 250 000	Zhou Shen Landscape 20 400 000	Mark Rothko Untitled 20 000 000	Alberto Giacometti Le Chat 18 500 000
Andy Warhol Silver Liz 16 300 000	Pablo Picasso Femme au chat assise dans un fauteuil 16 000 000	Pablo Picasso Le baiser 15 961 320	Da Zhu Mandarin ducks and bamboo 15 931 800	Henri Matisse Odalisque jouant aux dames 15 578 850
Keran Li The Long March 13 226 400	Daqian Zhang Aachensee 13 203 000	Francis Bacon Figure in Movement 12 500 000	Roy Lichtenstein Ice Cream Soda 12 500 000	Amedeo Modigliani Jeanne Hébuterne au collier 12 500 000
Emperor Qian Long An Old Cypress 11 723 400	Gerhard Richter Zwei Kerzen (499-2) 11 500 000	Pablo Picasso Tête de femme (Jacqueline) 11 473 920	Yves Klein Anthropométrie Le Buffle (ANT 92) 11 000 000	Auguste Rodin Le penseur 10 500 000
Robert Rauschenberg Studio Painting 9 800 000	Beihong Xu Figure 9 574 500	Daqian Zhang Mountains and Temples 9 574 500	Baishi Qi Flowers 9 535 500	Beihong Xu Twelve Animals 9 529 000
Andy Warhol Silver Liz 9 042 600	Nikolay Feshin The Little Cowboy 9 041 620	Georges Braque La Treille 9 000 000	Roy Lichtenstein Untitled Composition 9 000 000	Auguste Renoir Femme nue couchée, Gabrielle 9 000 000
Beihong Xu Lady 8 502 800	Brice Marden Cold Mountain I (Path) 8 500 000	Mark Rothko No. 18 (Brown an Black on Plum) 8 500 000	Ning Guan Landscape 8 461 600	Da Zhu Bird 8 428 000
ierre Bonnard Le petit déjeuner, radiateur 8 160 350	Yves Klein Relief éponge or (RE 47 II) 8 143 720	Andy Warhol Campbell's Soup Can (Tomato) 8 000 000	Baoshi Fu The Song of the Pipa Player 7 985 600	Chang Xia Storm over the Xiang River 7 769 800

Quelle: artprice

GELD FÜRS ESSEN

Wie viel Prozent ihres Einkommens geben Europäer für Lebensmittel aus?

Die Größe des Etiketts gibt an, wie groß das mittlere Netto-Einkommen ist

Quelle: Eurostat

SELBSTMORDE

Wodurch sich Männer und Frauen das Leben genommen haben

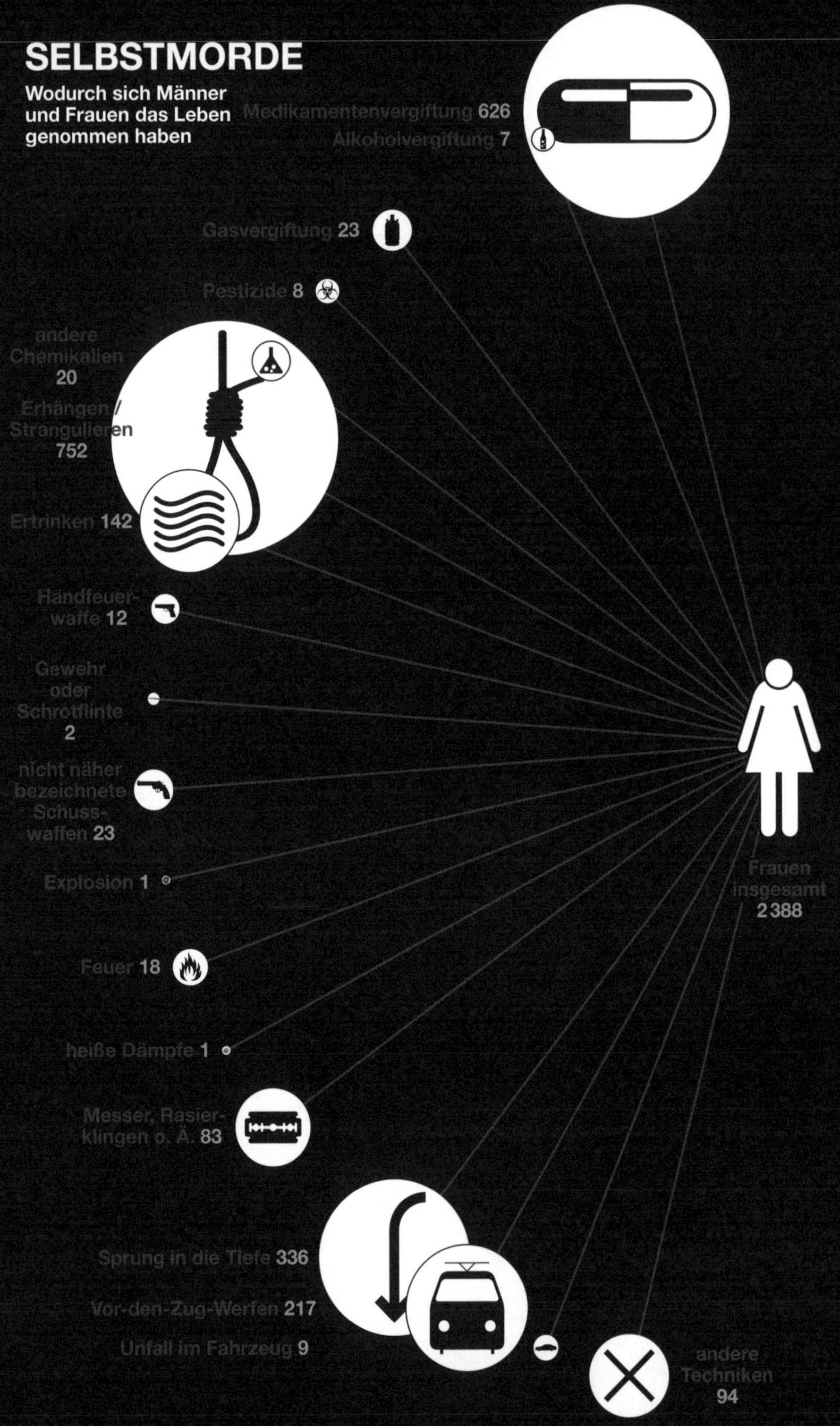

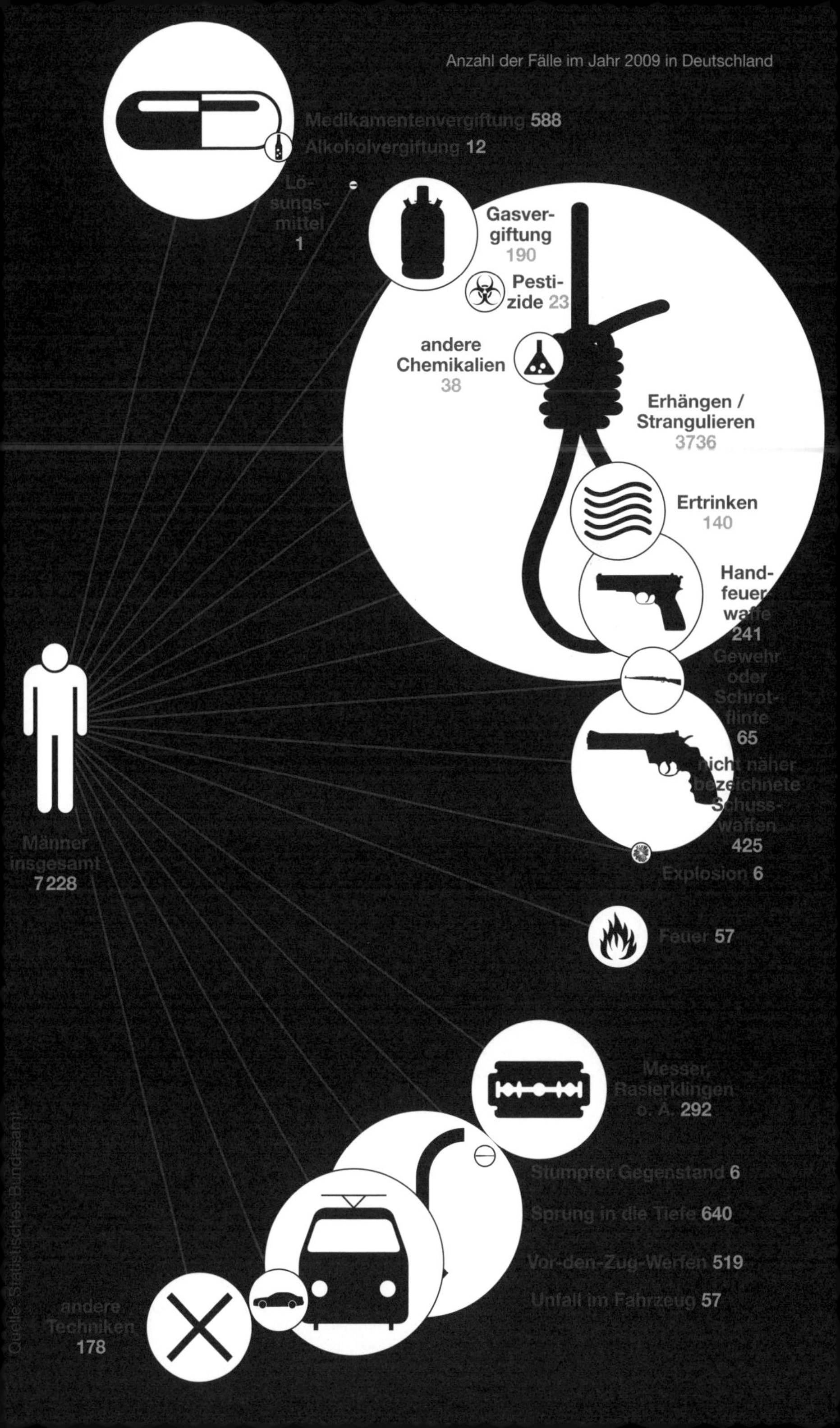

Anzahl der Fälle im Jahr 2009 in Deutschland
Medikamentenvergiftung 588
Alkoholvergiftung 12
Lö-sungs-mittel 1
Gasver-giftung 190
Pesti-zide 23
andere Chemikalien 38
Erhängen / Strangulieren 3736
Ertrinken 140
Hand-feuer-waffe 241
Gewehr oder Schrot-flinte 65
nicht näher bezeichnete Schuss-waffen 425
Explosion 6
Feuer 57
Männer insgesamt 7 228
Messer, Rasierklingen o. Ä. 292
Stumpfer Gegenstand 6
Sprung in die Tiefe 640
Vor-den-Zug-Werfen 519
Unfall im Fahrzeug 57
andere Techniken 178
Quelle: Statistisches Bundesamt

DÜNNE WELT, DICKE WELT

Welchen durchschnittlichen Body-Mass-Index haben Frauen und Männer in welchen Ländern?

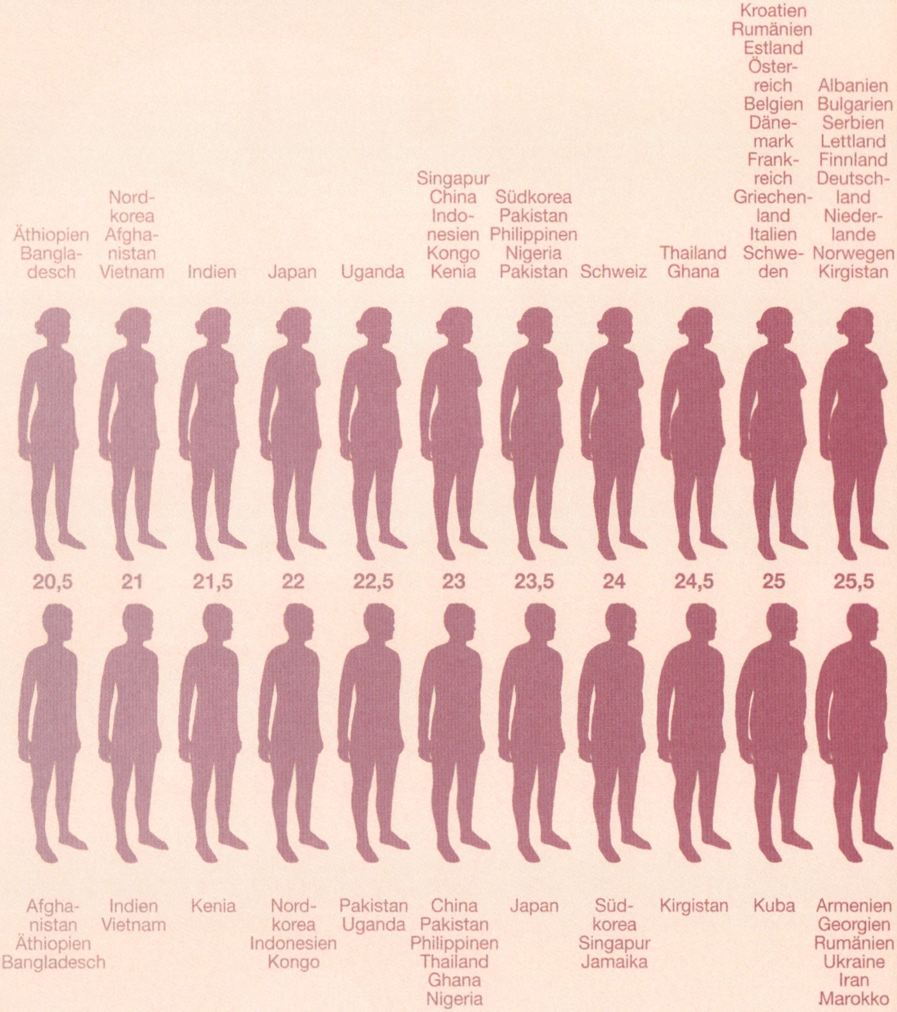

Stand: 2008

Der Body-Mass-Index berechnet sich aus dem Körpergewicht in Kilo dividiert durch das Quadrat der Körpergröße in Metern

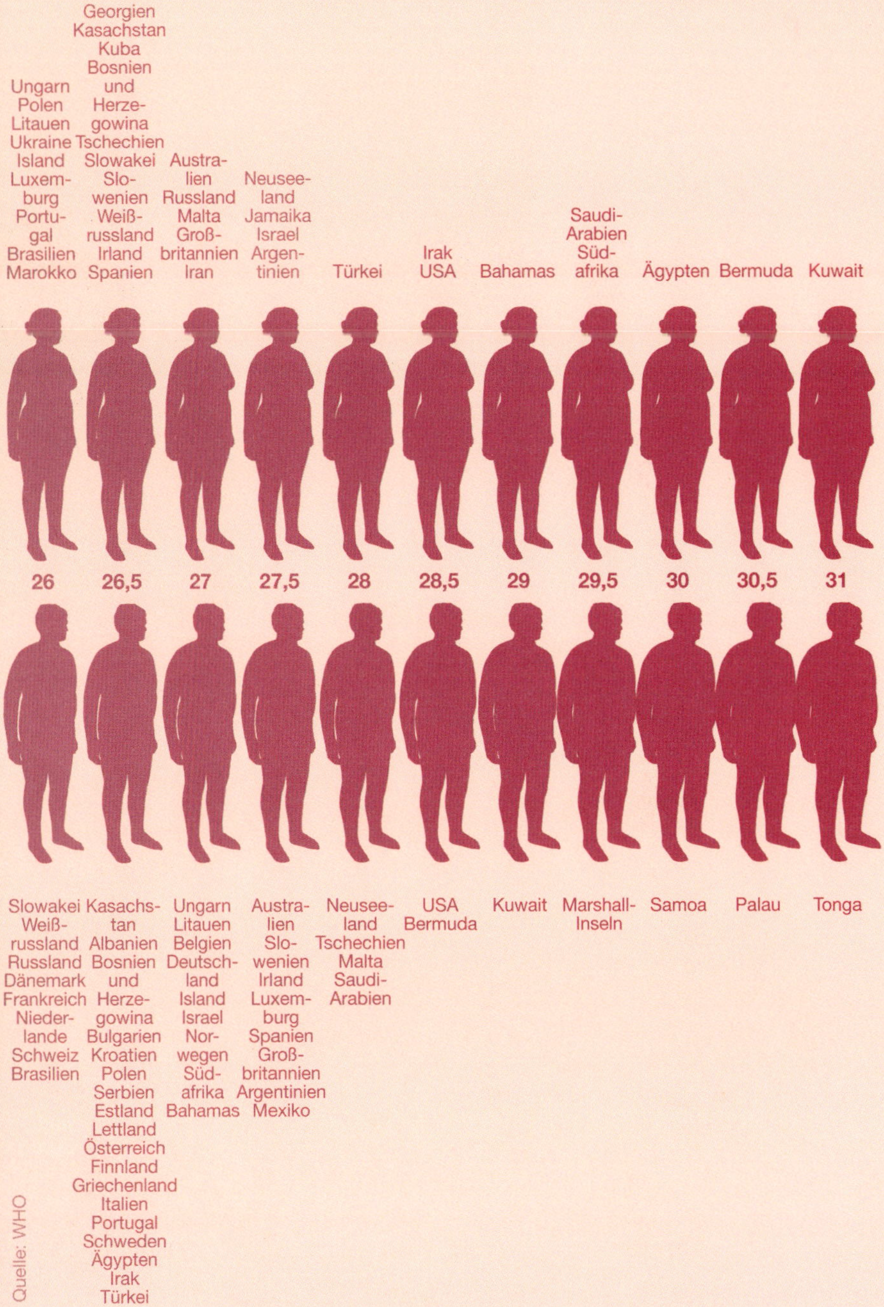
Ungarn
Polen
Litauen
Ukraine
Island
Luxemburg
Portugal
Brasilien
Marokko
26
Slowakei
Weißrussland
Russland
Dänemark
Frankreich
Niederlande
Schweiz
Brasilien
Georgien
Kasachstan
Kuba
Bosnien und Herzegowina
Tschechien
Slowakei
Slowenien
Weißrussland
Irland
Spanien
26,5
Kasachstan
Albanien
Bosnien und Herzegowina
Bulgarien
Kroatien
Polen
Serbien
Estland
Lettland
Österreich
Finnland
Griechenland
Italien
Portugal
Schweden
Ägypten
Irak
Türkei
Australien
Russland
Malta
Großbritannien
Iran
27
Ungarn
Litauen
Belgien
Deutschland
Island
Israel
Norwegen
Südafrika
Bahamas
Neuseeland
Jamaika
Israel
Argentinien
27,5
Australien
Slowenien
Irland
Luxemburg
Spanien
Großbritannien
Argentinien
Mexiko
Türkei
28
Neuseeland
Tschechien
Malta
Saudi-Arabien
Irak
USA
28,5
USA
Bermuda
Bahamas
29
Kuwait
Saudi-Arabien
Südafrika
29,5
Marshall-Inseln
Ägypten
30
Samoa
Bermuda
30,5
Palau
Kuwait
31
Tonga

Quelle: WHO

PROMINENTE HOBBYS

Womit bekannte Menschen gerne ihre Freizeit verbringen

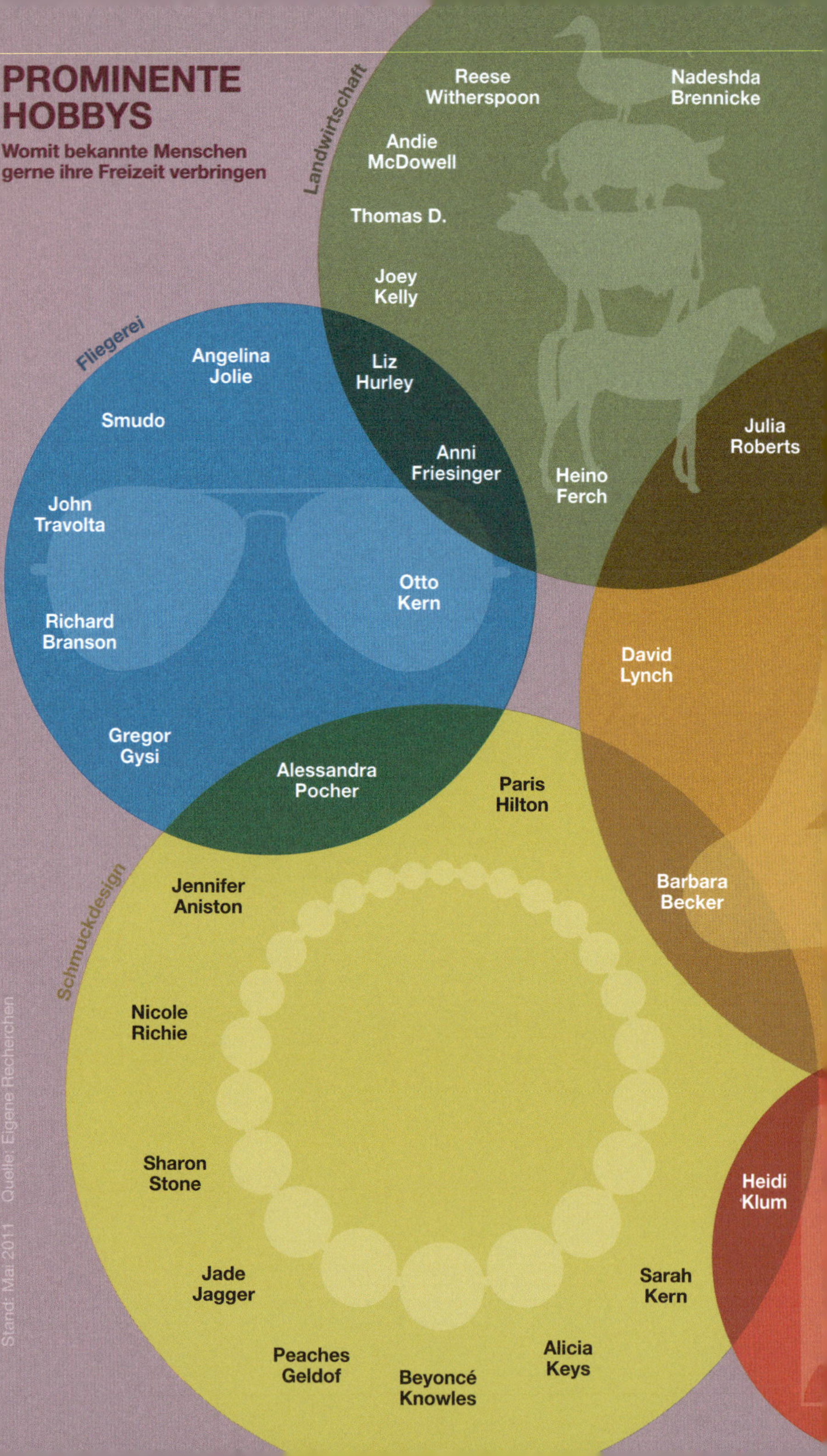

Stand: Mai 2011 Quelle: Eigene Recherchen

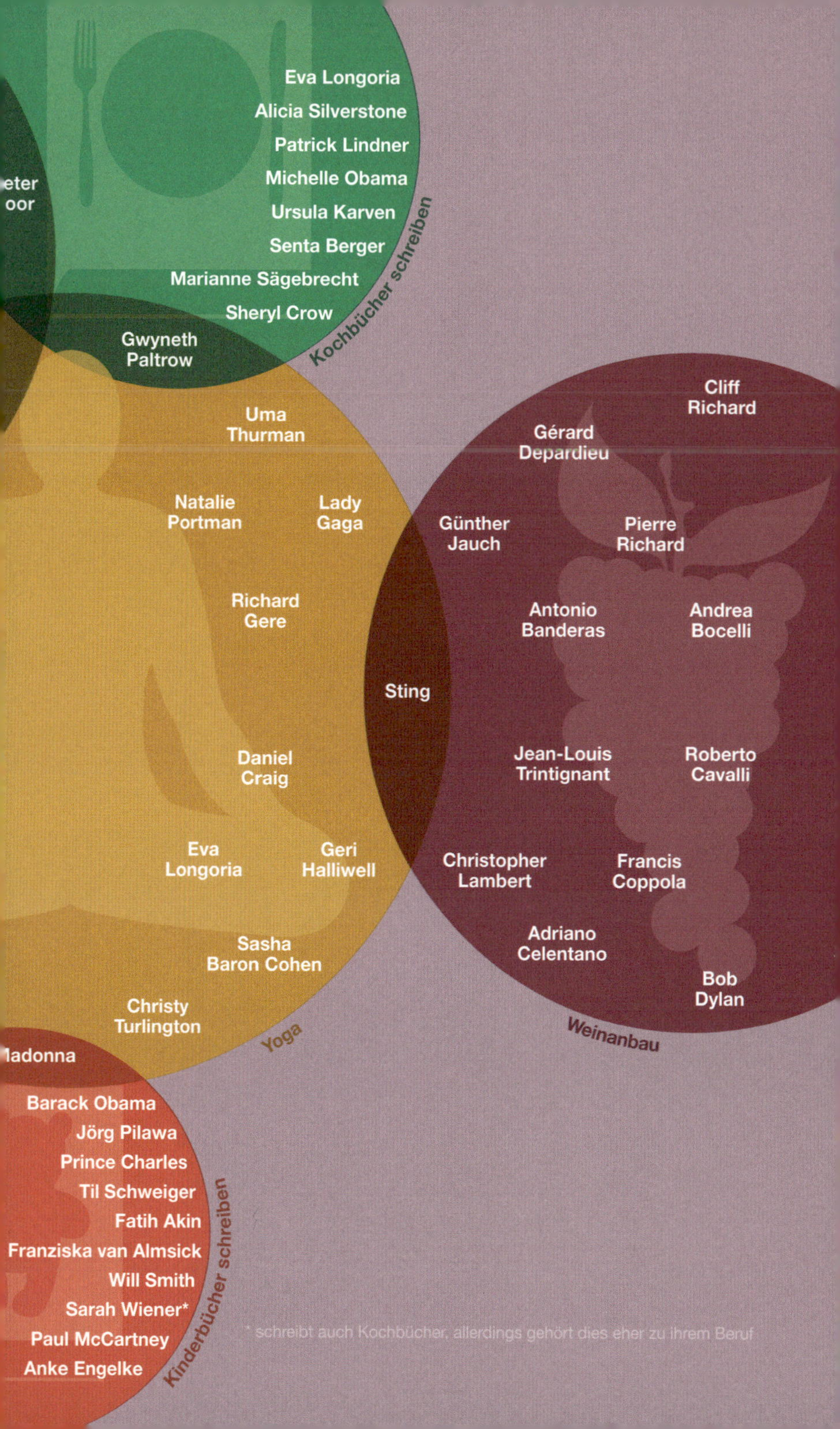

* schreibt auch Kochbücher, allerdings gehört dies eher zu ihrem Beruf

WESTERWELLES KRAWATTEN

Vom Sieg bei den Bundestagswahlen 2009 bis zur Abwahl als Parteichef 2011

Alle Krawatten, mit denen Guido Westerwelle bei öffentlichen Terminen fotografiert wurde

* getragen bei Trauerfeiern

November 09
Dezember 09
Februar 10
Juni 10
September 10
Oktober 10
Februar 11
März 11
April 11
Mai 11
Quelle: Eigene Recherchen

WAFFEN FÜR ARABIEN

Rüstungsexporte aus Deutschland

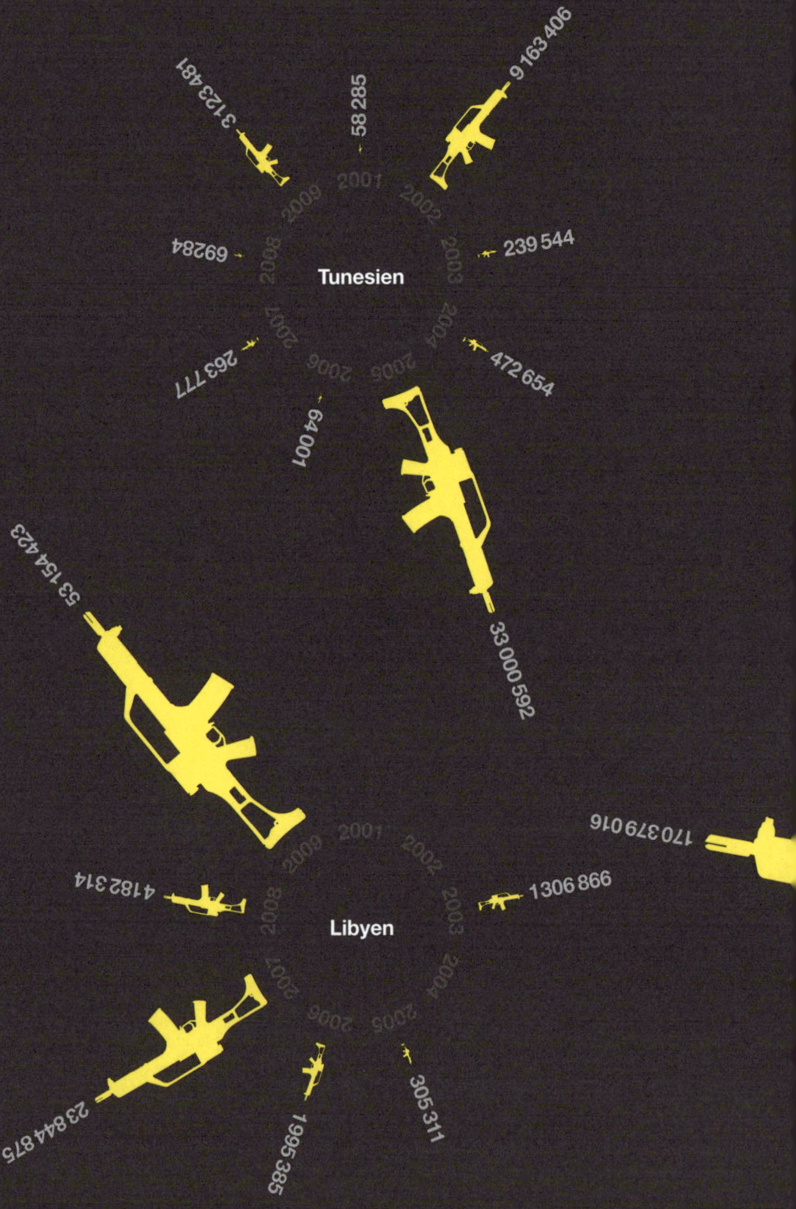

Quellen: Rüstungsexportberichte der Bundesregierung von 2001 bis 2009

Alle genehmigte Exporte – und die jährliche Gesamtsumme in Euro

EIS AM STIEL

Welche Sorten gab es in welchem Jahr?

Quellen: Herstellerangaben (Langnese und Schöller)

20 JAHRE INTERNET

EINE KLEINE UEBERSICHT

JAHR	SCHLAGWORTE	DAS BOESE
1991	SURFEN	:-)
1992	GENERATION @	TELEFONKOSTEN
1993	INTERNETCAFE	COMPUTERVIREN
1994	MULTIMEDIA	RAUBKOPIEN
1995	DATENAUTOBAHN	HACKER
1996	CHAT	ANIMIERTE GIF'S
1997	DOWNLOAD	MS INTERNET EXPLORER
1998	FOREN	INFORMATION OVERKILL
1999	NEW ECONOMY	MILLENIUM BUG
2000	DOTCOM-BLASE	I-LOVE-YOU-VIRUS
2001	FILESHARING	TROJANER
2002	BLOGGER	CYBER TERRORISM
2003	PODCAST	'LOL'
2004	WEB 2.0	PHISHING
2005	SOCIAL BOOKMARKS	SPOOFING
2006	TAGGING	KILLERSPIELE
2007	VIRALES MARKETING	YOUPORN
2008	GREEN IT	CYBER MOBBING
2009	SOCIAL MEDIA	NETZSPERRE
2010	CLOUD COMPUTING	GOOGLE STREET VIEW
2011	LOCATION BASED SERVICES	DATENKLAU

NEUE TECHNIK	HYPES	FLOPS
BROWSER	COMPUSERVE	BILDTELEFONIE
HTML	AOL	PALM ZOOMER
MODEM	MOSAIC	INTERNETFAX
GRAFIKEN	NETSCAPE	INTERNET-ADRESSBUECHER
BOOKMARKS	AMAZON	E-MAIL-VERZEICHNISSE
ISDN	EBAY	POINTCAST
METASUCH-MASCHINE	YAHOO	ELEKTRONISCHE WAEHRUNGEN
DSL	GOOGLE	SWATCH-INTERNETZEIT
MIT DEM HANDY INS INTERNET	NAPSTER	MICROSOFT PASSPORT
MP3	HOTMAIL	NEW ECONOMY
DIGITALES TV	WIKIPEDIA	INTERNETFAEHIGE KUEHLSCHRAENKE
PDA	PAYPAL	NETSCAPE 6
OPEN SOURCE	ITUNES	COM.WIN
WLAN	SECOND LIFE	GOOGLE ORKUT
INTERNET-TELEFONIE	YOU TUBE	ONE LAPTOP PER CHILD
HDTV	MYSPACE	INTERNET-TERMINALS IM OEFFENTLICHEN RAUM
BITTORRENT	SKYPE	SECOND LIFE
SMARTPHONES	TWITTER	MYSPACE
GPS	FACEBOOK	COMPUSERVE
IPAD	FOURSQUARE	GOOGLE WAVE
STREAMING	GROUPON	FLIP CAM

QUELLE EIGENE RECHERCHE

UNTERHOSEN

Welche Modelle stehen den Geschlechtern zur Auswahl?

MÄNNER

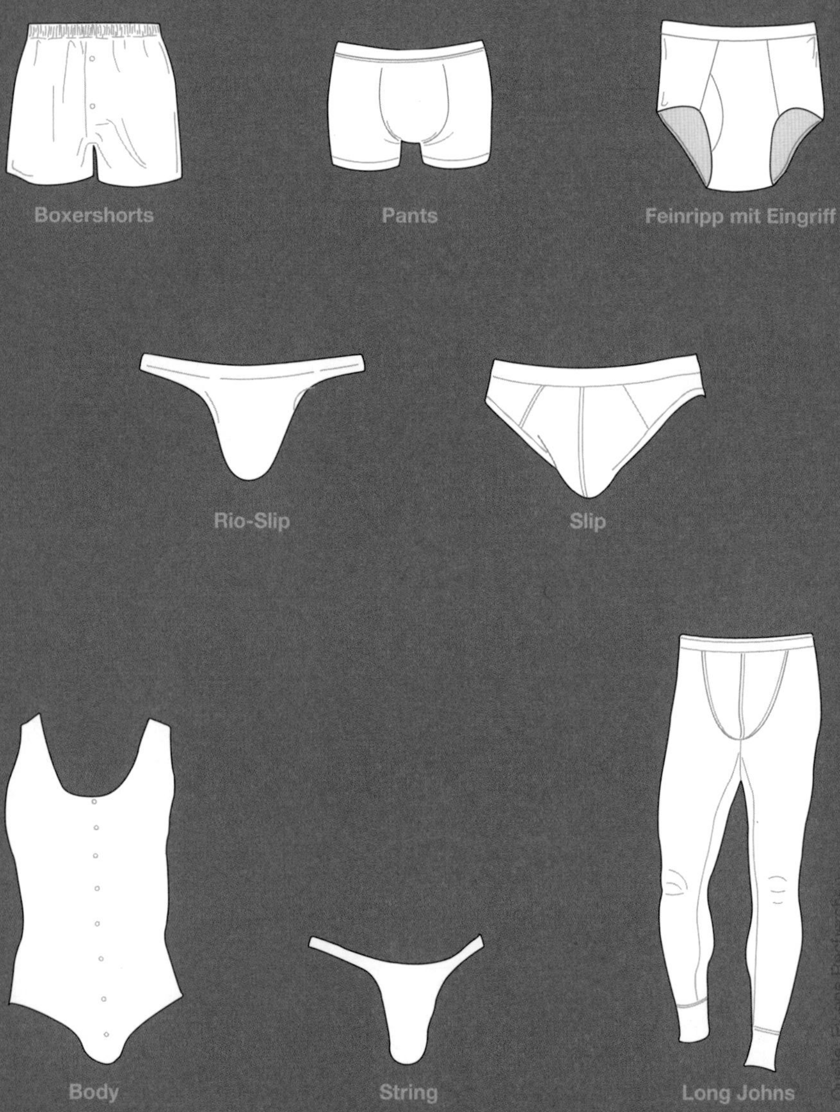

Quelle: Eigene Recherche

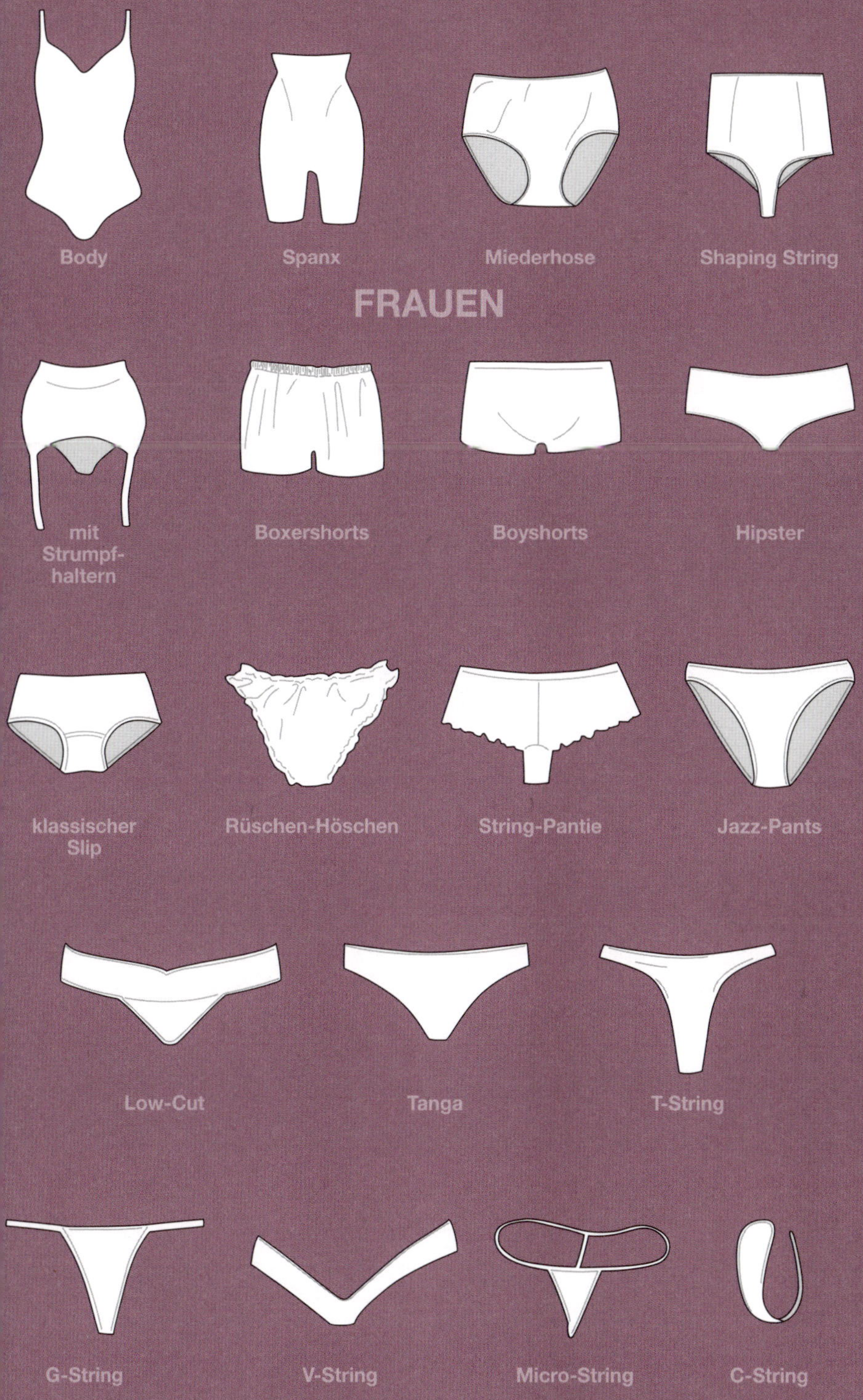
Body
Spanx
Miederhose
Shaping String
FRAUEN
mit Strumpf-haltern
Boxershorts
Boyshorts
Hipster
klassischer Slip
Rüschen-Höschen
String-Pantie
Jazz-Pants
Low-Cut
Tanga
T-String
G-String
V-String
Micro-String
C-String

DER PLATZ IN DER WELT

Wo befinden sich Deutschland, Österreich und die Schweiz in weltweiten Rankings?

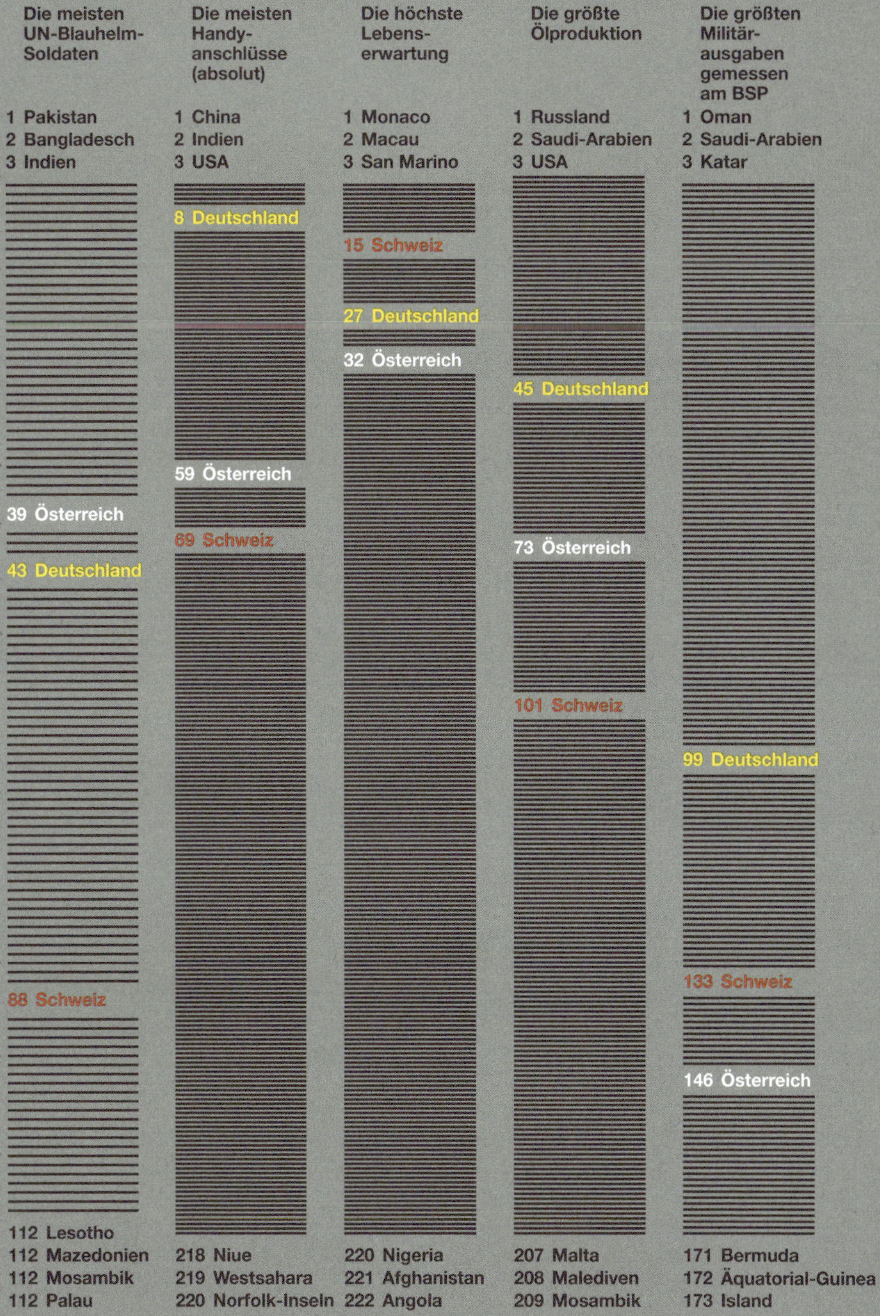

Quellen: HDI 2010, UNO 2010, FAO 2009, CIA Factbook 2010, Small Arms Survey 2007, Transparency International 2010, Reporter ohne Grenzen 2010

GEBÄRDENSPRACHE

Welche Zeichen Gehörlose für zeitgemäße Begriffe verwenden

Afghanistan iPhone

Plagiatsaffäre

Stuttgart 21

USA vor 2001

Elterngeld

Finanzkrise

Facebook

Selbstmordattentäter

Tsunami

USA nach 2001

Quellen: Andreas Costrau, gebaerdenservice.de

NAMEN VON BERLINER CLUBS

Wonach benennen sie sich?

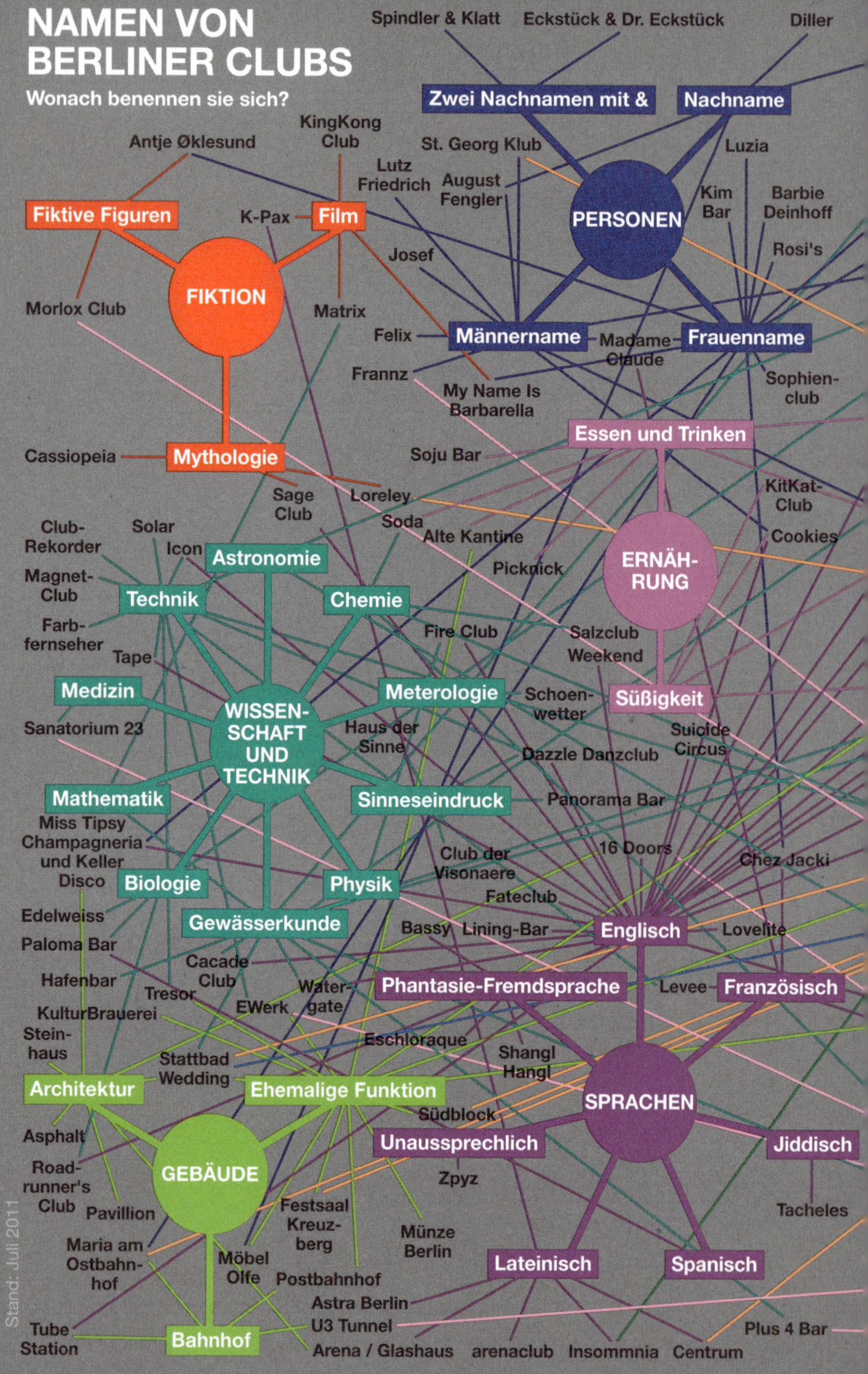

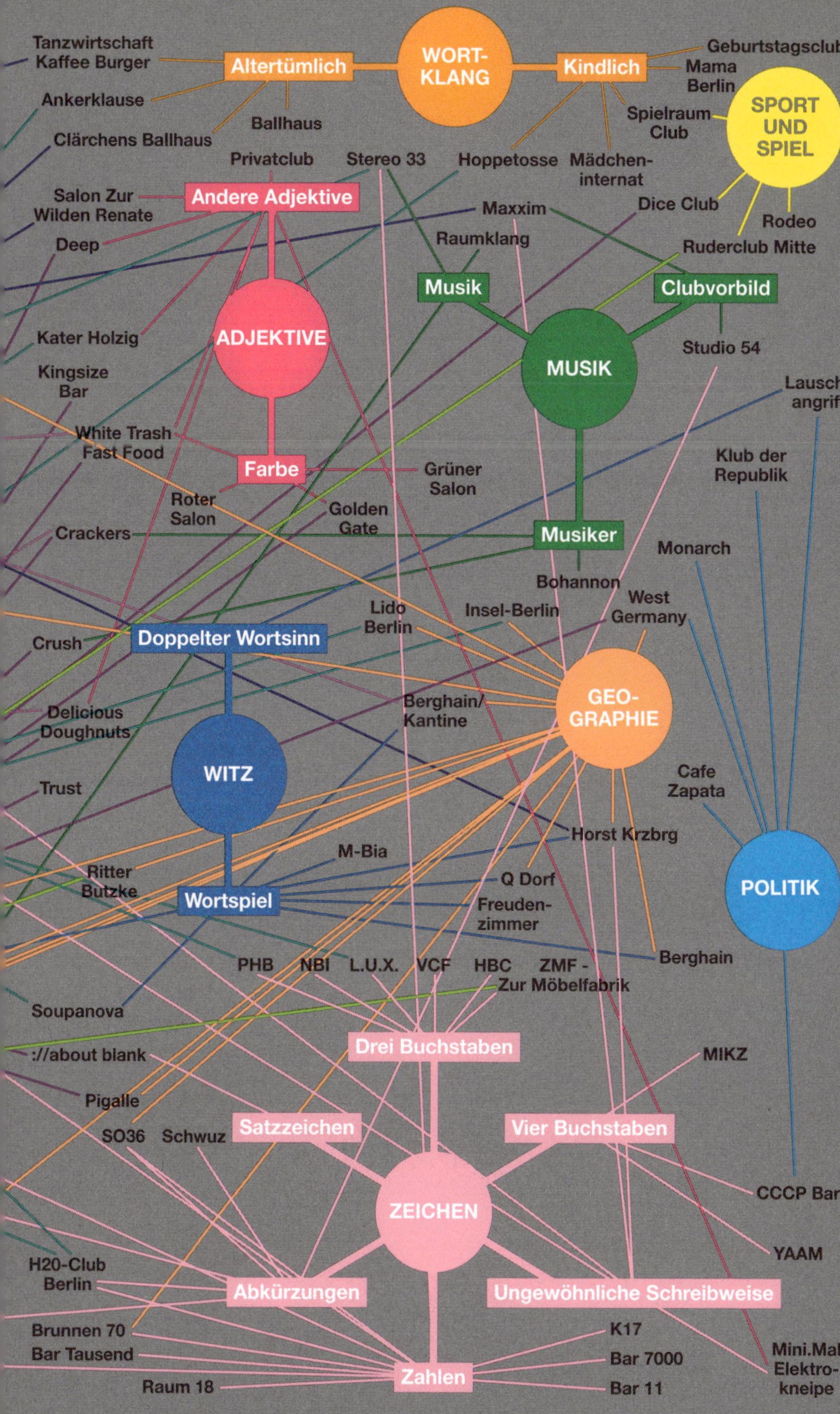

Inspirationsquelle: »Grand Taxonomy of Rap Names«

ES HABEN MITGEMACHT

Die Mitarbeiterinnen:

Nina Bengtson
grafische und inhaltliche Beratung,
Illustrationen der Jeans und verbotenen Pflanzen

Friederike Milbradt
Recherche

Birgit Vogel
Mitarbeit Zeichnungen

Außerdem danken wir:

Isabel Canet
moralische Unterstützung und Kritik

Maribel Canet
Schlusskorrekturen

Cornelia Durka
Mitarbeit Zeichnungen,
Einarbeiten von Korrekturen

Juli Eirich
Vorlage für die Tanzstile,
moralische Unterstützung

Usho Enzinger
Foto-Recherche

Martin Fischer
Recherche

Anna Gritz
moralische Unterstützung und Kritik

Judith Innerhofer
Recherche

Eric Kuetgens
Ablenkung und moralische und kulinarische Unterstützung

David und Jakob von Schlebrügge
Vorlage für die raufenden Jugendlichen

Lisa Strunz
Recherche

Christoph Amend, Matthias Stolz

SIND SIE WAS BESONDERES?

Die 1000 beliebtesten Meinungen unserer Zeit

»Das Hinterland von Mallorca ist ja schöner als man denkt.«
»Lustige Krawattenmotive gehen gar nicht.«
»Deutschland ist nach wie vor eine Servicewüste.«

Haben Sie diese Sätze schon mal gehört? Oder selbst gesagt? Damit sind Sie nicht allein. Ob zu Politik oder Urlaub, dem eigenen Geschmack oder der Liebe: Christoph Amend und Matthias Stolz vom ZEITmagazin haben die 1000 beliebtesten Meinungen unserer Zeit zusammengetragen – und beschreiben damit das Lebensgefühl der Deutschen. Mit großem Selbsttest: Wie besonders bin ich wirklich?

»Die ultimative Sammlung der 1000 beliebtesten Meinungen unserer Zeit ist ein echter Small-Talk-Seller.«
Tagesspiegel Online

Knaur Taschenbuch Verlag

Christoph Amend • Matthias Stolz

SIND SIE WAS BESONDERES?

DIE 1000 BELIEBTESTEN MEINUNGEN UNSERER ZEIT

Oliver Kuhn, Alexandra Reinwarth, Axel Fröhlich

BGB

Besseres Gesetzbuch

Leimhaftungsgesetz, Elternverfügung, Geschlechterverkehrsordnung, Büroverfassung und Karnevalsgrundsätze

Nach 111 Jahren und 66 Auflagen schickt Bestsellerautor Oliver Kuhn das Bürgerliche Gesetzbuch in den längst verdienten Ruhestand. Verstanden hat es eh keiner mehr, und spaßig war es nie. Es wird ersetzt durch das Bessere Gesetzbuch, in dem so zentrale Rechtsbereiche wie die Beziehungsgesetze, das Bestäubungsmittelgesetz, die Gaststättenunordnung und das Uhrheberrecht neu und überzeugend geregelt werden.
Ein schlüssiges Beispiel aus den Büro-Gesetzen:
»§4 Die Entscheidungsträger einer Firma sind hierarchisch geordnet und unterliegen folgender Reihenfolge:
1. Chef; 2. Stellvertreter des Chefs; 3. Büroleiter;
4. Menschenverstand, gesunder«.

Knaur Taschenbuch Verlag

Knaur.

BGB*

Besseres Gesetzbuch

LeimhaftungsG
Elternverfügung
Geschlechterverkehrsordnung
Büroverfassung
Karnevalsgrundsätze

1. Auflage

*Aus juristischen Gründen weist der Verlag darauf hin, dass es sich bei diesem Buch um eine Parodie und nicht um ein Plagiat handelt.